COLLECT

Maurice Duverger

Introduction
à la politique

Gallimard

© *Éditions Gallimard,* 1964.

Professeur, journaliste, écrivain, Maurice Duverger enseigne le droit constitutionnel et la science politique à la Sorbonne, en même temps qu'il publie des éditoriaux dans *Le Monde* depuis 1946 et dans d'autres grands quotidiens européens. Auteur de nombreux ouvrages, parmi lesquels *Les partis politiques* (1951), *De la dictature* (1961), *Introduction à la politique* (1964), *La démocratie sans le peuple* (1967), *Janus : les deux faces de l'Occident* (1972), *La monarchie républicaine* (1974), *L'autre côté des choses* (1976), *Échec au roi* (1978), *Les orangers du lac Balaton* (1980), il est traduit en dix-huit langues.

A Odile.

Avertissement

Il était facile d'écrire une Introduction à la politique au XVIIIe siècle. Il est facile de le faire aujourd'hui en U. R. S. S. C'est une tâche très difficile au contraire dans l'Occident de 1964 : parce qu'on n'y peut trouver une théorie d'ensemble de la politique, généralement admise, comme au temps de l'Encyclopédie, comme dans le monde communiste. Une telle entreprise a donc le caractère d'un essai personnel.

Elle se situe malgré tout dans une ligne commune à beaucoup de sociologues contemporains. Le problème n'est pas de bâtir une nouvelle théorie occidentale vis-à-vis de la théorie marxiste, mais de considérer les idées d'en face et les nôtres comme des vues relatives et partielles, qui doivent s'intégrer dans une synthèse globale. Édifier celle-ci sera une œuvre de longue haleine, qu'on ne prétend pas avoir accomplie dans ces quelques pages. Ceci n'est point une théorie de la politique, mais seulement l'esquisse d'une introduction à cette théorie. Son contenu, qui renferme beaucoup d'hypothèses, est moins important que son orientation générale.

On s'est décidé à publier cette ébauche, parce qu'une tentative de ce genre intéresse tous les citoyens, en démocratie. Un des obstacles qui les empêchent d'exercer pleinement leurs droits, dans l'Occident d'aujourd'hui, c'est qu'ils sont écartelés entre des problèmes politiques particuliers, qu'ils ne parviennent pas à situer dans un ensemble. L'abondance des informations sur toutes les questions va de pair avec une absence quasi complète de vue générale, qui permettrait seule de comprendre l'importance et la signification de chacune. Il est utile de contribuer à combler une lacune aussi fondamentale, même si cette contribution reste insuffisante. D'une telle insuffisance, l'auteur est conscient.

INTRODUCTION

Les deux faces de Janus

« *Politique*, s. f. : 1° Science du gouvernement des États », disait Littré en 1870. « *Politique*, n. f. : 1° Art et pratique du gouvernement des sociétés humaines », dit Robert en 1962. Le rapprochement de ces deux définitions, données à près d'un siècle de distance est intéressant. L'une et l'autre font du gouvernement l'objet de la politique. Mais on rapproche aujourd'hui du gouvernement des États celui des autres sociétés humaines : le terme gouvernement désignant alors, dans toute communauté, le pouvoir organisé, les institutions de commandement et de contrainte. Les spécialistes discutent à ce propos. Quelques-uns considèrent toujours la politique comme la science de l'État, pouvoir organisé dans la communauté nationale ; le plus grand nombre y voit la science du pouvoir organisé dans toutes les communautés.

La querelle a peu d'importance. En effet, même ceux qui définissent la politique comme la science du pouvoir en général reconnaissent qu'il atteint dans l'État sa forme la plus achevée, son organisation la plus complète, et qu'on doit surtout l'étudier dans ce cadre ; dans les autres sociétés humaines, il reste embryonnaire. Cependant, la conception de la politique « science du pouvoir » a une supériorité fondamentale sur l'autre. Elle est plus opérationnelle, parce qu'elle permet seule la vérification de son hypothèse de base. En étudiant de façon comparative le pouvoir dans toutes les collectivités, on peut découvrir les différences entre le pouvoir dans l'État et le pouvoir dans les autres communautés, s'il y en a. Au contraire, en se bornant à étudier le pouvoir dans le seul cadre de l'État, sans comparaison avec les autres, on s'interdit de vérifier si la différence de nature qu'on a posée a priori existe ou n'existe pas.

Certains suggèrent d'établir une frontière entre les petites et les grandes communautés. Dans les premières, la compétition pour le pouvoir oppose surtout des individus ; le pouvoir lui-même est faiblement organisé ; il correspond à peu près à la distinction élémentaire des « gouvernants » et des « gouvernés », des chefs et des membres. Dans les grandes communautés, au contraire, la lutte politique concerne des catégories sociales, des groupes intermédiaires constitués à l'intérieur de la société globale, aussi bien que des individus ; le pouvoir est une organisation structurée, hiérarchisée. Des sociologues limitent la politique à l'étude de ce pouvoir complexe, fonctionnant dans les grandes communautés, et en excluent l'analyse du leadership dans les petits groupes.

Les deux phénomènes sont trop liés pour qu'on

puisse les étudier séparément. Dans les conseils des ministres, les commissions administratives, les comités directeurs des partis, à chaque échelon du gouvernement des grandes communautés, on trouve des petits groupes où la nature politique de l'autorité n'est pas contestable. Il faut plutôt distinguer deux niveaux d'analyse, celui de la « micropolitique », au plan des relations interindividuelles, fondées sur le contact personnel ; et celui de la « macropolitique », au plan des grands ensembles, où le contact personnel n'existe pas, où il est remplacé par des rapports médiatisés, par des relations administratives, ou par un contact théâtral, factice (la poignée de main du ministre, le discours télévisé du chef de l'État). La recherche doit être poursuivie simultanément aux deux niveaux. Le passage de l'un à l'autre, le changement d'échelle, pose d'ailleurs un problème important.

Les définitions de Littré et de Robert diffèrent sur un autre point : le premier fait de la politique une science, le second la considère seulement comme « art et pratique ». A priori, l'inverse paraîtrait plus naturel. Aujourd'hui, la science politique est reconnue par presque toutes les Universités du monde. Elle a des chaires, des professeurs, des étudiants, des crédits de recherches. On publie chaque année plusieurs milliers de livres ou d'articles la concernant directement. Il y a un siècle, on commençait à peine à parler d'elle :

c'est seulement entre 1859 et 1872 que Paul Janet a changé le titre de son grand ouvrage, *Histoire de la philosophie politique dans ses rapports avec la morale*, remplaçant « philosophie politique » par « science politique ». Aucune institution universitaire ne relevait alors de celle-ci, qui n'avait pas de place officielle dans le Panthéon du savoir. L'évolution sémantique semble aller à rebours de l'évolution scientifique.

Cependant, la première est conforme à la seconde. Littré écrivait dans cette fin du xixe siècle, où l'on croyait que la science permettrait d'étudier toutes les relations humaines, et pas seulement les phénomènes physiques ou biologiques, où s'entrevoyait l'avènement de l' « âge positif » annoncé par Auguste Comte. Le développement même des sciences sociales a conduit à restreindre ces ambitions. On dispose aujourd'hui de moyens d'investigation très perfectionnés et très nombreux, dans la vie sociale et politique. Mais on mesure mieux, du même coup, les limites de leur emploi, qui sont étroites. La politique est beaucoup plus scientifique en 1964 qu'au temps de Littré. Les hommes d'État peuvent utiliser — et utilisent effectivement — des statistiques, des sondages d'opinion, des techniques de manipulation des masses, des calculatrices électroniques, etc. Mais on sait maintenant que le secteur de cette politique scientifique est beaucoup plus petit que celui de la politique « art et pratique », basée sur des données imprécises, non mesurables, intuitives, irrationnelles.

Il est vain d'espérer que le premier puisse recouvrir entièrement le second, un jour, que la politique puisse devenir totalement scientifique. Les décisions politiques ne mettent pas seulement en jeu des données objectives, mais aussi des jugements de valeur sur l'homme et la société. Que ces jugements de valeur ne soient pas indépendants de la situation de ceux qui les formulent, qu'ils reflètent au contraire en partie leur classe sociale ou leurs intérêts personnels, cela ne change rien. La liberté n'est jamais une liberté d'indifférence : elle s'exerce toujours à travers des conditionnements vécus. L'écart entre les fins proclamées et les fins réellement poursuivies, le camouflage des secondes par les premières, n'empêche pas que les choix politiques soient dominés par une finalité. La science politique a une grande importance parce qu'elle démasque les camouflages, parce qu'elle démystifie. Elle peut préciser les vrais termes des choix. Mais elle ne peut choisir.

Dans la mesure où la politique repose ainsi sur des choix, sur des engagements, ses concepts sont relativisés. Ils se définissent par rapport à des systèmes de valeurs déterminés. Ils ne signifient pas la même chose dans chacun. On peut décrire l'image marxiste de la politique, l'image libérale, l'image conservatrice, l'image fasciste, etc. Mais il n'existe pas d'image totalement « objective » de la politique, parce qu'il n'y a pas de politique totalement objective. La science politique peut séparer les éléments objectifs de ceux qui ne le sont pas, et faire ainsi la critique de chaque conception. Elle peut déterminer les degrés d'implantation des différentes conceptions à une époque donnée, et leur évolution. Elle peut aussi, en confrontant ces conceptions, les compléter et les critiquer les unes par les autres : de même qu'on rapproche les photographies d'un même objet, prises de points de vue différents, pour avoir une image plus complète de cet objet, dont la vision directe reste impossible.

Derrière tous les systèmes de valeurs et tous les jugements particuliers, deux attitudes fondamentales se retrouvent généralement. Depuis que les hommes réfléchissent à la politique, ils oscillent entre deux interprétations diamétralement opposées. Pour les uns, la politique est essentiellement une lutte, un combat, le pouvoir permettant aux individus et aux groupes qui le détiennent d'assurer leur domination sur la société, et d'en tirer profit. Pour les autres, la politique est un effort pour faire régner l'ordre et la justice, le pouvoir assurant l'intérêt général et le bien commun contre la pression des revendications particulières. Pour les premiers, la politique sert à maintenir les privilèges d'une minorité sur la majorité. Pour les seconds, elle est un moyen de réaliser l'intégration de tous les individus dans la communauté et de créer la Cité juste dont parlait Aristote, déjà.

L'adhésion à l'une ou l'autre thèse est en partie déterminée par la situation sociale. Les personnes et les classes opprimées, insatisfaites, pauvres, malheureuses, ne peuvent considérer que le pouvoir assure un ordre réel, mais seulement une caricature d'ordre, derrière lequel se masque la domination des privilégiés : pour elles, la politique est lutte. Les personnes et les classes nanties, riches, satisfaites, trouvent que la société est harmonieuse et que le pouvoir maintient un ordre authentique : pour elles, la politique est intégration. Souvent, les secondes réussissent plus ou moins à persuader les premières que les luttes politiques sont malpropres, malsaines, malhonnêtes, que leurs participants ne poursuivent que des intérêts égoïstes, avec des méthodes douteuses. En démobilisant ainsi leurs adversaires, elles s'assurent un grand avantage. Toute « dépolitisation » favorise l'ordre établi, l'immobilité, le conservatisme.

Bien entendu, ces deux attitudes n'expriment qu'une partie de la réalité. Les conservateurs les plus optimistes ne peuvent nier que, même si la politique a pour but de réaliser l'intégration sociale, elle l'atteint rarement d'une façon satisfaisante. Ces cornéliens décrivent la politique telle qu'elle devrait être ; plus raciniens, leurs adversaires la décrivent telle qu'elle est. Eux-mêmes peuvent difficilement contester que leur peinture soit trop noire. Les gouvernants les plus oppresseurs, les plus injustes, remplissent quelques fonctions d'intérêt général, au moins dans des domaines techniques : ne serait-ce qu'en réglant la circulation automobile, en faisant fonctionner les P. T. T., en assurant l'évacuation des ordures ménagères.

En définitive, l'essence même de la politique, sa

nature propre, sa véritable signification, c'est qu'elle est toujours et partout ambivalente. L'image de Janus, le dieu à double face, est la véritable représentation de l'État : elle exprime la réalité politique la plus profonde. L'État — et, d'une façon plus générale, le pouvoir institué dans une société — est toujours et partout *à la fois* l'instrument de la domination de certaines classes sur d'autres, utilisé par les premières à leur profit et au désavantage des secondes, et un moyen d'assurer un certain ordre social, une certaine intégration de tous dans la collectivité, pour le bien commun. La proportion de l'un et l'autre élément varie, suivant les époques, les circonstances et les pays : mais les deux coexistent toujours. Les rapports entre la lutte et l'intégration sont d'ailleurs complexes. Toute contestation de l'ordre social existant est image et projet d'un ordre supérieur, plus authentique. Toute lutte porte en elle un rêve d'intégration, et constitue un effort pour l'incarner. Beaucoup pensent que lutte et intégration ne sont pas deux faces opposées, mais un seul et même processus d'ensemble, la lutte engendrant naturellement l'intégration, les antagonismes tendant par leur développement même à leur propre suppression et à l'avènement d'une Cité harmonieuse.

Pour les libéraux classiques, l'intégration est engendrée par la lutte au fur et à mesure du développement de celle-ci : les deux phénomènes sont concomitants. La concurrence produit la plus forte expansion de la production et la meilleure répartition de ses fruits : elle aboutit à chaque instant à la meilleure économie possible. La compétition politique entraîne des résultats analogues : à travers elle, les meilleurs, les plus aptes, l'élite, gouvernent au profit de tous. Une harmonie politique, troublée seulement par les anormaux, les pervers, les malades, est parallèle aux « harmonies économiques ». Pour les marxistes, la lutte est aussi le moteur de l'évolution des sociétés, qui aboutit nécessairement à la fin des antagonismes et à l'avènement d'une société sans conflits. Mais cette intégration n'apparaît qu'à la dernière phase d'un processus à très long terme, dans un avenir lointain. A chaque étape, se produit une intégration partielle, une « synthèse », qui devient aussitôt un nouvelle source de contradiction et d'antagonisme. L'harmonie politique se développe de façon rythmique, jusqu'à cette fin de l'histoire que sera la « phase supérieure du communisme ».

PREMIÈRE PARTIE

Les facteurs de lutte

Le combat politique se déroule sur deux plans : d'un côté entre des hommes, des groupes et des classes, qui luttent pour conquérir, partager ou influencer le pouvoir ; de l'autre, entre le pouvoir qui commande et les citoyens qui lui résistent. Dans toutes les communautés humaines, et même dans les sociétés animales, le pouvoir procure à ceux qui le détiennent des avantages et des privilèges : honneurs, prestige, profits, jouissances. Il est donc l'objet d'une âpre bataille. Elle oppose d'abord des individus, qui luttent pour un siège parlementaire, un poste de préfet, un portefeuille ministériel, les étoiles de général, la pourpre de cardinal. Dans les grandes collectivités, ces conflits individuels se doublent de conflits entre des groupes constitués à l'intérieur de la société globale : rivalités de communes, de provinces, de nations ; luttes de classes, de races, d'idéologies.

Une deuxième forme de combat oppose les citoyens au pouvoir, les gouvernants aux gouvernés, les membres de la collectivité à l'appareil de contrainte sociale. Certes, la lutte n'est pas entre les citoyens d'un côté et le pouvoir de l'autre : mais entre certains citoyens, qui détiennent le pouvoir, et d'autres citoyens, qui le subissent. Le pouvoir s'exerce toujours au profit d'un groupe, d'un clan, d'une classe ; le combat contre lui est mené par d'autres groupes, clans ou classes, qui veulent prendre la place des précédents. Cependant, à l'intérieur même de la classe dominante, l'appareil de l'État reste aux mains d'une minorité, et des conflits naissent entre elle et la majorité, distincts de ceux qui opposent classe dominante et classes dominées. L'antagonisme des gouvernants et des gouvernés, de ceux qui commandent et de ceux qui doivent obéir, du pouvoir et des citoyens, se manifeste dans toutes les sociétés humaines.

Les diverses idéologies politiques s'opposent, non seulement dans l'importance qu'elles accordent à la lutte par rapport à l'intégration, mais aussi dans leur conception de cette lutte et des facteurs qui l'engendrent. Pour les marxistes, les antagonismes politiques sont produits par les structures socio-économiques. L'état des techniques détermine des modes de production (agriculture antique, agriculture féodale, industrie moderne, par exemple), lesquels engendrent des classes sociales, les unes dominantes, les autres dominées, donc en conflit. Les premières utilisent l'État pour maintenir leur pouvoir sur les secondes, qui résistent naturellement à cette oppression. Ainsi, le combat politique est le reflet de la lutte des classes. Il est donc essentiellement collectif : il oppose des groupes (les classes) constitués à l'intérieur de la société globale. La compétition entre individus reste secondaire pour les marxistes. Ils négligent aussi l'opposition des citoyens et du pouvoir, sinon sous la forme du conflit entre les classes dominées et la classe dominante qui détient l'État : cependant, l'expérience du stalinisme les a conduits à poser le problème.

Au contraire, la philosophie libérale envisage surtout les deux autres formes de lutte politique : d'une part, le combat des citoyens contre le pouvoir, oppresseur par nature ; d'autre part, la compétition entre les individus pour obtenir la meilleure place dans la société. Pour les occidentaux l'une et l'autre sont engendrées par des facteurs essentiellement psychologiques. Le pouvoir est corrupteur parce qu'il permet aux gouvernants d'assouvir leurs passions au détriment des gouvernés. « Le pouvoir corrompt, le pouvoir absolu corrompt absolument. » Le pouvoir est une tentation permanente et, comme dit Alain, « il n'est point d'homme au monde qui, pouvant tout et sans contrôle, ne sacrifie la justice à ses passions ». D'autre part, dans une société où les biens disponibles sont moins nombreux que les besoins à satisfaire, chaque homme s'efforce de conquérir pour lui-même le maximum d'avantages sur les autres : détenir le pouvoir est un moyen efficace d'y réussir. Cette psychologie sommaire d'un *homo politicus* mû par le principe d'intérêt personnel, à l'image de l'*homo economicus*, se complique et s'enrichit aujourd'hui par l'apport de la psychanalyse, qui donne aux combats politiques des motivations plus complexes.

L'évolution des nations sur-développées vers la « société d'abondance » conduit les occidentaux à mesurer l'importance des facteurs socio-économiques (progrès technique, rareté économique) dans les luttes politiques, ce qui les rapproche du marxisme. A travers les concepts d'abondance et de pénurie, on retrouve aussi certaines autres sources d'antagonismes signalées par les vieux auteurs et un peu négligées ensuite par les deux grandes doctrines. L'analyse des pays sous-développés remet en lumière le rôle de la démographie. Elle attire l'attention sur l'influence de la géographie, soulignée par tous les auteurs classiques, d'Hérodote à Montesquieu, et plus près de nous par les géopoliticiens du début du xxe siècle. Ainsi les luttes politiques apparaissent comme le résultat de facteurs nombreux, qui réagissent les uns sur les autres. On va essayer d'en dresser un tableau d'ensemble, et de déterminer leurs liens réciproques et leur importance respective.

I

Facteurs biologiques

Deux théories donnent aux facteurs biologiques la première place dans les luttes politiques : celle du « struggle for life » et celle de la race. La première transpose dans les sociétés humaines le schéma darwinien de l'évolution des espèces animales. Chaque individu doit combattre les autres, pour survivre. Seuls les plus aptes y parviennent. Ce mécanisme de sélection naturelle assure la conservation et le développement des meilleurs. La doctrine de Darwin est l'avatar biologique de la philosophie bourgeoise, dont la doctrine de la libre concurrence est l'incarnation économique : la lutte pour l'existence se transforme en lutte pour la satisfaction des besoins. Dans le domaine politique, elle devient la « lutte pour la prééminence » (Mosca), qui sert de base aux théories de l'élite : de la compétition pour le pouvoir, engendrée par les avantages qu'il procure, émergent les meilleurs, les plus aptes, les plus capables de gouverner. Le racisme transpose ces idées du plan individuel au plan collectif. Les différences d'aptitude entre les personnes sont moins importantes que les différences d'aptitudes entre les races. Certaines sont plus capables que d'autres de commander, et naturellement faites pour la domination. Les autres sont faites naturellement pour obéir, mais ne s'y plient pas spontanément. Le combat des races inférieures et des races supérieures constitue la lutte politique essentielle.

Ni l'une ni l'autre de ces théories n'ont de valeur scientifique. Cependant, l'idée que la politique a des bases biologiques ne peut être rejetée complètement. L'étude des sociétés animales montre que des phénomènes d'autorité et d'organisation du pouvoir s'y sont développés, comparables à certains égards aux phénomènes analogues dans les sociétés humaines. La politique apparaît sur la terre avant l'homme. Contrairement à la formule célèbre d'Aristote, l'homme ne peut se définir un « animal politique », car d'autres animaux sont politiques. Bien entendu, les différences sont très grandes entre la politique dans les sociétés humaines et la politique dans les sociétés animales. Les comparaisons trop poussées dans ce domaine fournissent de bons thèmes littéraires, mais ne correspondent pas à la réalité. Il reste que la politique a des bases biologiques.

LA POLITIQUE DANS LES SOCIÉTÉS ANIMALES

A côté de phénomènes sociaux fragmentaires ou limités (groupements temporaires, parasitisme, commensalisme), on trouve chez les animaux de

véritables communautés, les unes restreintes,
à caractère familial, les autres larges, réunissant
un grand nombre d'individus de même espèce.
Certaines ont une organisation très complexe et
très développée. Les sociétés animales sont connues
depuis longtemps, et on tire d'elles depuis longtemps des comparaisons avec les sociétés humaines.
La ruche, la fourmilière, la termitière, ont ainsi
fourni matière à d'innombrables dissertations.
Il est curieux de noter à cet égard une tendance
« homocentrique ». Les comparaisons faites avec
les sociétés animales sont plus ou moins favorables
ou défavorables, selon l'utilité ou la nocivité pour
l'homme des animaux qui leur servent de base.
Comparer un groupe humain à une ruche (formée
d'abeilles utiles) est flatteur ; le comparer à une
termitière (formée d'animaux nuisibles) est péjoratif ; le comparer à une fourmilière (formée d'animaux à peu près indifférents) est neutre ou ambi-
valent.

L'apparition des phénomènes sociaux dans
l'évolution animale est sporadique et aberrante.
Ils se manifestent dans certaines espèces alors que
d'autres, très voisines, les ignorent totalement.
Ils ne sont pas en corrélation avec les classifications zoologiques. Les animaux sociaux ne sont
ni plus évolués, ni moins évolués que les animaux
solitaires. Il y a des animaux peu évolués biologiquement qui sont très évolués socialement
(certains insectes, par exemple), alors que des
animaux très évolués biologiquement ne sont pas
sociaux (certains mammifères). Dans une même

catégorie, il n'y a pas plus de relation entre l'évolution sociale et l'évolution organique. Les termites sont biologiquement beaucoup moins évolués que les abeilles et les fourmis ; mais les termitières sont beaucoup plus perfectionnées que les ruches et les fourmilières. Il semble que la socialisation soit une voie d'évolution des espèces différentes de la voie organique. Tout se passe comme si, à tous les niveaux de l'évolution biologique, certaines espèces s'engageaient sur ce chemin de la socialisation — sans qu'on sache pourquoi — et y trouvaient une autre possibilité d'évolution, qui a conduit certaines à un grand perfectionnement.

Une différence fondamentale paraît séparer deux types de sociétés animales : les sociétés d'insectes et les sociétés de vertébrés. Ces dernières seules peuvent être comparées aux sociétés humaines. Les autres sont plutôt des organismes que des sociétés. Un observateur des termites, E. Marais, a pu écrire : « La termitière est un animal composé, parvenu à une certaine phase de son développement, et seule l'absence d'automobilité le différencie d'autres animaux du même genre » (1953). Les termites dans la termitière, les fourmis dans la fourmilière, les abeilles dans la ruche, ressemblent aux cellules qui constituent l'organisme de l'homme ou des animaux supérieurs, beaucoup plus qu'aux citoyens d'un État, aux castors d'une communauté de castors, etc.

Les groupements d'insectes dans la termitière, la fourmilière ou la ruche semble reposer essentiellement sur des *stimuli* matériels, physiques (tropismes et réflexes basés sur la forme, le mouvement, le contact, etc.). La différenciation des catégories de membres de la société affectés à des tâches différentes se fait sur une base organique : les « rois » et « reines », les « travailleurs », les « ouvriers », les « soldats », les « reproducteurs » ont des caractères physiologiques aussi différents que ceux des cellules musculaires, des cellules osseuses et des cellules nerveuses chez les vertébrés. La coordination et la régulation de l'ensemble est assurée de façon quasi automatique. Si la reine des abeilles meurt ou disparaît, des ouvrières nourrissent spécialement certaines larves, pour les faire devenir reines et assurer le remplacement de l'ancienne. On a pu montrer que cette attitude est commandée, non par le fait que les ouvrières constatent la mort ou la disparition de la reine, mais par l'absence d'une « hormone externe », sécrétée par celle-ci. Dans une ruche où la reine, vivante et visible, est isolée par une enveloppe transparente, les ouvrières se mettent à traiter spécialement des larves, comme s'il n'y avait plus de reine. Dans une ruche où la reine à disparu, mais où l'on introduit un fragment d'étoffe imbibée par son « hormone externe », les ouvrières ne font pas le traitement et se comportent exactement comme si la reine existait toujours. De même, dans l'organisme de l'homme ou des vertébrés, des hormones internes assurent la régulation et la coordination des cellules et des organes.

Il ne faut pas exagérer, cependant, ce caractère d'organisme collectif des sociétés d'insectes. Tout d'abord, les mécanismes de régulation automatique sont moins rigides que dans l'organisme de l'homme ou celui des vertébrés : dans la ruche, il arrive que, malgré la présence de la reine et de son « hormone externe », les ouvrières provoquent l'apparition d'autres reines, ce qui entraîne des conflits de type social. D'autre part, et surtout, les éléments de base de l'organisme collectif, c'est-à-dire les insectes individuels, ont une structure infiniment plus complexe et plus autonome que celle des cellules du corps humain : ce qui donne à l'ensemble un caractère nécessairement différent. En réalité, ces organismes collectifs sont dans une situation intermédiaire entre les organismes proprement dits et les véritables sociétés, celles des vertébrés.

Dans les sociétés de vertébrés, chaque individu a une existence beaucoup plus autonome par rapport à la collectivité. La division des fonctions — s'il y en a — est basée sur des éléments psychologiques, et non physiologiques. Certains vertébrés du bas de l'échelle sociale, privés en fait de la possibilité de se reproduire, deviennent des sortes de castrats psychiques, voués à une continence forcée : la différence est essentielle avec les « travailleurs » ou les « soldats » des sociétés d'insectes, qui sont physiologiquement asexués. La régulation de l'ensemble social est assurée, moins par des mécanismes automatiques, que par l'existence de « chefs », auxquels le groupe obéit. Elle est de nature politique, et non biologique. Dans la termitière, la ruche ou la fourmilière, il n'y a pas de

chefs : les termes anthropomorphiques de « roi »
ou de « reine » sont trompeurs à cet égard. Les
éléments de cet « animal composé », de cet organisme, n'obéissent à personne ; la notion même
d'obéissance n'a pas de signification pour eux, pas
plus que pour les cellules de l'organisme humain
(les cellules cancéreuses ne sont pas « désobéis-
santes » : un mécanisme de régulation automatique
s'est déréglé, et c'est tout).

Dans les sociétés de vertébrés supérieurs, le
phénomène politique se manifeste, sous sa forme
la plus élémentaire, par l'apparition de hiérarchies.
Elles sont le plus souvent linéaires : α domine tous
les autres ; β domine les autres sauf α ; γ domine
les autres sauf α et β, etc. Elles sont quelquefois
triangulaires : α domine β, qui domine γ, qui
domine α. Les hiérarchies sont seulement utiles
à ceux qui occupent les hauts rangs : elles ne paraissent pas servir l'intérêt collectif du groupe. Cependant, chez certains poissons, le malheureux du
dernier rang joue un rôle social important, comme
bouc émissaire ou souffre-douleur. Les attaques
des autres convergent vers lui, ce qui diminue les
tensions à l'intérieur du groupe. Humble, caché
derrière une pierre ou le thermostat de l'aquarium,
il meurt souvent de cet ostracisme. Parfois, au
contraire (chez les choucas, sortes de corbeaux,
par exemple), les individus des rangs supérieurs
interviennent pour défendre les plus faibles, quand
ils sont attaqués : les grands protègent les petits
et maintiennent ainsi l'ordre social. On passe
alors à la notion de chefs proprement dits.

Dans certaines sociétés animales, le chef n'est pas seulement le n° 1 d'une hiérarchie, qui a des avantages sur les autres, mais un gouvernant qui commande l'ensemble du groupe, dans l'intérêt collectif. Tantôt il s'agit d'un chef de troupeau, qui conduit le groupe à la nourriture, qui le ramène, qui le guide. Tantôt il s'agit d'un chef de guerre, qui dirige la défense et l'attaque. Parfois un chef apparaît seulement à la saison des amours, généralement chez les mâles. Dans certaines sociétés familiales, mâle et femelle sont des chefs par rapport aux enfants, mais aucun d'eux ne commande réellement à l'autre : il y a simplement répartition des tâches. Dans quelques sociétés, l'organisation gouvernementale est plus compliquée : on trouve des guetteurs, des flancs-gardes, des gardes-frontières, etc.

Les hiérarchies comportent de grands avantages pour les animaux placés en tête. Les chefs véritables en ont d'équivalents. Ces avantages ressemblent beaucoup à ceux que le pouvoir procure dans les sociétés humaines. Parfois, il s'agit seulement d'un droit d'attaquer, de donner des sortes de « bourrades », d'infliger des brimades : coups de bec, coups de patte ou de griffe, etc. Cela peut se compliquer d'une supériorité de territoire : chez certains poissons en aquarium, le n° 1 occupe un grand espace, où les autres ne s'aventurent pas ; le n° 2 un espace plus petit ; et ainsi de suite. Dans d'autres cas, la hiérarchie et l'autorité impliquent une priorité de nourriture : les premiers numéros se réservent les meilleurs morceaux et réduisent les

derniers à la portion congrue, voire à la famine.
Souvent la hiérarchie et l'autorité dominent les
rapports sexuels. Des études faites sur les grouses
du Wyoming ont montré que le maître coq réalise
à lui seul 74 % des rapports sexuels ; ses seconds
ensemble 13 % ; ses « gardes » (il en a de trois à
six) 3 %. Les coqs de rang inférieur sont réduits
à une continence forcée, qui leur pèse visiblement.
Beaucoup de chefs animaux ont un véritable harem,
à la différence des autres membres de la société.

La hiérarchie ou le pouvoir ne reposent jamais
sur la naissance, dans les sociétés de vertébrés
supérieurs. Elles dépendent parfois de l'âge (le
plus vieil animal prend la tête du troupeau),
parfois du sexe (les mâles occupant les places supérieures : mais l'inverse est possible). Quelquefois
les hiérarchies mâles et femelles sont séparées ;
il arrive alors que l'accouplement d'une femelle
avec un mâle de haut rang confère à celle-ci un
haut rang dans la société de son sexe (chez les
choucas, chez certains lapins et certaines poules).
La plupart du temps, l'accès aux rangs supérieurs
ou au pouvoir résulte d'un combat entre divers
candidats, où les moyens de lutte sont assez analogues à ceux des sociétés humaines : la force,
l'énergie, la ruse, l'audace, souvent aussi le bluff
(ceux qui crient le plus fort ou qui s'agitent le
plus occupent les rangs supérieurs). Cette lutte
pour le pouvoir est constante. Les hiérarchies sont
souvent remises en question ; les chefs sont souvent
renversés. La « mobilité sociale » est grande chez
les animaux ; le combat politique y est vif.

Évidemment, il ne faut pas pousser trop loin les analogies avec les sociétés humaines. Dans ces dernières, les représentations collectives sont beaucoup plus riches et beaucoup plus complexes, les phénomènes de conscience et de croyances sont beaucoup plus importants : représentations collectives, conscience et croyances sont au contraire embryonnaires dans les sociétés animales, même chez les vertébrés supérieurs ; les systèmes de valeurs n'y existent probablement pas. Quatre faits essentiels demeurent. En premier lieu, la distinction des gouvernants et des gouvernés, des chefs et des membres du groupe, existe dans certaines sociétés animales ; les phénomènes politiques sont antérieurs à l'apparition de l'homme dans l'évolution des espèces. En second lieu, les chefs animaux tirent du pouvoir des avantages personnels, qui font de celui-ci un objet de compétition permanente, généralement vive. En troisième lieu, le pouvoir joue dans certaines sociétés animales une fonction d'intégration au profit du bien commun, mais pas dans toutes : quelques hiérarchies procurent des avantages uniquement aux individus de rang supérieur ; la première face de Janus existe toujours, mais pas la seconde. En quatrième lieu, l'occupation du pouvoir ou d'un haut rang hiérarchique dépend uniquement des qualités individuelles, dans les sociétés animales : la naissance n'y joue aucun rôle. Ces quatre faits éclairent certains aspects de la politique humaine.

LES THÉORIES RACISTES

Les théories racistes sont jugées mauvaises, aussi bien dans le système de valeur occidental que dans le marxiste : la doctrine chrétienne, les principes libéraux du xixe siècle, les théories socialistes, les condamnent également. L'hostilité à leur égard s'est accrue depuis le massacre de six millions d'Israélites par les nazis, entre 1942 et 1945, au nom de l'antisémitisme ; aussi depuis l'accession à l'indépendance de nombreux pays d'Asie et d'Afrique, qui a donné aux peuples de race jaune et de race noire une influence internationale. Très peu de gens osent ouvertement s'avouer racistes, à part quelques fascistes et les blancs habitant des pays à structure coloniale (Afrique du Sud, États du Sud des U. S. A.). Cependant, beaucoup le sont au fond d'eux-mêmes, souvent inconsciemment. Bien que les théories racistes soient fausses, qu'elles n'aient aucune valeur scientifique, elles conservent une grande influence, qui est un facteur d'antagonisme politique. Biologiquement, la race n'a pas de signification politique : mais elle en a sociologiquement, à travers les représentations collectives qu'elle suscite. Il est plus commode, cependant, d'étudier ici les théories racistes, puisque leur prétention oblige à examiner aussi les aspects biologiques du problème.

L'idée commune à toutes les théories racistes,

c'est que certaines races sont inférieures aux autres, par leurs aptitudes. En particulier, elles seraient incapables d'organiser et de maintenir des sociétés modernes. Livrées à elles-mêmes, elles ne pourraient dépasser le niveau de communautés assez peu évoluées. Cependant ce niveau serait plus élevé pour certaines races que pour d'autres. Il y aurait des degrés dans l'infériorité. Les noirs pourraient difficilement dépasser des structures tribales primitives. Les jaunes s'élèveraient jusqu'à des États complexes, mais sans pouvoir leur donner une forme démocratique : au mieux, ils atteindraient seulement le niveau des nations européennes du xviie ou du xviiie siècle. Les juifs, remarquablement intelligents, doués pour le commerce, la banque, les arts et la critique dissolvante, seraient incapables d'exercer des fonctions d'autorité, de commandement, et d'organiser un pouvoir politique efficace. Seuls, en définitive, la race blanche non juive créerait des États modernes et les ferait fonctionner convenablement. Mais les autres races ne reconnaîtraient pas spontanément leur infériorité. Un antagonisme fondamental les opposerait donc à la race supérieure, qui serait le moteur essentiel des luttes politiques.

Les théories racistes sont nés au Moyen Age, quand les souverains chrétiens ont voulu s'emparer des biens des banquiers juifs (les israélites seuls pouvaient prêter à intérêt, étant donné les interdictions de l'Église catholique). Elles se sont développées au xvie siècle, quand Espagnols et Portugais ont utilisé des esclaves africains pour mettre en valeur leurs colonies d'Amérique. Mais elles n'ont pris une réelle importance politique qu'au XIXe siècle. Frappé par le caractère violent, profond, irréductible, des luttes politiques qui déchiraient son pays depuis 1789, et qui avaient engendré successivement une Terreur rouge, puis une Terreur blanche, l'historien français Augustin Thierry proposa pour expliquer cet antagonisme une hypothèse raciste, dans ses *Lettres sur l'Histoire de France* (1827). La Révolution française et ses suites seraient l'aboutissement d'une lutte poursuivie à travers les siècles, depuis les invasions barbares, entre deux races : les Gallo-Romains, occupants primitifs du territoire, et les Francs, conquérants germaniques. Les premiers se retrouvent dans la paysannerie et le tiers état ; les seconds dans l'aristocratie. Le combat farouche des conservateurs et des libéraux depuis 1789 ne serait qu'une des formes de cette rivalité séculaire : les Gallo-Romains étant naturellement plus favorables à la liberté et à la démocratie, les Francs plus attachés à des systèmes autoritaires et communautaires.

Cette théorie a probablement inspiré un autre écrivain français, Arthur de Gobineau, qui la généralisa dans son *Essai sur l'inégalité des races humaines* (1853-1855). Gobineau combine l'hypothèse historique d'Augustin Thierry et le mythe de la race « aryenne », qui commençait alors à se répandre. En 1788, un linguiste, Jones, frappé par les ressemblances entre le sanscrit, le grec, le latin, l'allemand et le celte, pense à une origine commune de ces langues. En 1813, Thomas Young appelle

« indo-européenne » cette langue-mère. On nommera ensuite « aryen » le peuple qui la parlait, cette dénomination étant consacrée par le grand linguiste allemand F. Max Müller, en 1861. Ce peuple hypothétique, défini par une langue également hypothétique, va faire alors l'objet de tentatives de localisation par toute une série de pseudo-savants. La contradiction de leurs conclusions en fait éclater l'absurdité. En 1840, Pott estime que les aryens viennent des vallées indiennes de l'Amou-Daria et du Syr-Daria ; en 1868, Benfrey les fait venir du nord de la mer Noire, entre le Danube et la Caspienne ; en 1871, J. C. Cunok trouve leur origine entre la mer du Nord et l'Oural ; en 1890, D. C. Brinton les juge originaires d'Afrique du Nord ; en 1892, V. Gordon Childe les fait venir de la Russie méridionale ; au début du xxe siècle, K. F. Johansson voit leur berceau sur les bords de la Baltique ; en 1921, Kossina, moins précis, le place seulement dans le nord de l'Europe ; en 1922, Peter Giles les fait venir de Hongrie ; etc.

Cette race aryenne hypothétique va servir à Arthur de Gobineau, aristocrate, légitimiste, antilibéral, à justifier les privilèges de l'aristocratie et à expliquer l'antagonisme entre elle et les masses populaires. Les aristocrates sont les descendants des « aryens », qui ont apporté à l'Europe l'organisation politique, la pensée, les arts, la culture, la civilisation, le progrès. Le peuple descend des occupants primitifs, races inférieures par nature, qui ont tout reçu des conquérants aryens, sans qui elles vivaient dans la barbarie, où elles retomberaient si les aristocrates aryens cessaient d'exercer le pouvoir. On notera que la conquête aryenne dont parle Gobineau est différente des invasions barbares où Thierry situait le point de départ de la lutte des races. Déjà, les Grecs, les Romains et les Germains auraient été « aryanisés » : précisément, leur civilisation serait aryenne. Les théories aryennes ont l'avantage de rester dans le vague, ce qui les fait échapper à toute vérification critique. Cependant, des disciples de Gobineau, Vacher de Lapouge et Ammon, ont systématiquement mesuré les crânes dans les cimetières : les dolichocéphales étant assimilés par eux aux aryens. Ammon a formulé ainsi une loi sociologique, d'après laquelle les dolichocéphales seraient plus nombreux dans les villes que dans les campagnes, ce qui allait dans le sens de Gobineau (les conquérants s'installant naturellement dans les villes). On s'est aperçu plus tard que cette loi est entièrement fausse.

Les théories de Gobineau ont été déformées par les nazis, qui ont transformé l'opposition entre aryens-aristocrates et peuple non aryen en celle des non-Juifs et des Juifs, ces derniers constituant dans toute société un élément dissolvant, qui doit être détruit. L'antagonisme des races est renversé : le conflit n'oppose plus une minorité gouvernante, de race supérieure, au peuple gouverné, de race inférieure, mais un peuple de race supérieure et une minorité de race inférieure qui l'empêche de vivre harmonieusement. Le racisme sert alors à rendre cette minorité responsable de tous les maux de la société : il applique la technique du « bouc émis-

saire », employée depuis toujours par beaucoup de
gouvernements. Dans les États coloniaux, le racisme est plus fidèle aux théories de Gobineau,
malgré les apparences : la race blanche, supérieure
et minoritaire, joue le rôle des aryens, porteurs de
civilisation et détenteurs du pouvoir, vis-à-vis des
races de couleur, inférieures, qui retourneraient
sans eux à leur barbarie naturelle.

D'autres théories racistes expliquent les antagonismes entre nations, et non plus entre classes
à l'intérieur d'un même pays. Le passage d'un
plan à l'autre a été fait par l'écrivain anglais
Houston Stewart Chamberlain, fils d'amiral, ami
puis gendre de Wagner, névropathe, admirateur
passionné des Germains (il se fit naturaliser allemand en pleine guerre, en 1916). Dans ses *Fondements du XXe siècle* (1899), énorme ouvrage de
douze cents pages, il utilise le mythe du peuple
aryen pour glorifier les Allemands. Au lieu d'assimiler les aryens à une classe — l'aristocratie —
comme Gobineau, il les assimile à une nation :
l'Allemagne. « Le Teuton, a-t-il écrit, est l'âme
de notre civilisation. L'importance de toute nation, en tant que puissance vivante d'aujourd'hui,
est en proportion de l'authentique sang teuton
de sa population. » Chamberlain essaie d'ailleurs
de montrer que tous les grands génies de l'humanité étaient de sang teuton, y compris Jules César,
Alexandre le Grand, Giotto, Léonard de Vinci,
Galilée, Voltaire et Lavoisier. Pour lui, le Christ
même était teuton : « Quiconque a prétendu que
Jésus était un Juif, ou bien s'est montré stupide

ou bien a menti... Jésus n'était pas juif. » Les Allemands adoptèrent d'enthousiasme les théories de Chamberlain, qui justifiaient leurs visées expansionnistes. Guillaume II invita plusieurs fois leur auteur à Potsdam, lui écrivit souvent et le décora de la Croix de Fer. Adolf Hitler rendit visite à Chamberlain vieilli en 1923 — donc peu de temps avant de composer *Mein Kampf*. Il fut le seul homme politique à assister à son enterrement, en 1927. Le national-socialisme fit des thèses de Chamberlain une des bases de sa doctrine.

Les théories racistes sont fausses scientifiquement. Certes, il existe des races définies biologiquement, par la prédominance statistique, parmi les individus qui la composent, de certains facteurs génétiques (couleur de la peau, texture des cheveux, groupes sanguins, etc.). Tout le monde admet ainsi l'existence de cinq grandes races déterminées par les fréquences relatives de quelques gènes (huit en général) : 1º la race européenne ou caucasienne ; 2º la race africaine ou négroïde ; 3º la race amérindienne ; 4º la race asiatique ou mongoloïde ; 5º la race australoïde. Certains biologistes estiment qu'on peut diviser ces cinq grandes races en petites, toujours basées sur des fréquences de gènes. Quelques-uns définissent ainsi jusqu'à trente races : mais cela est contesté. Cette discussion est sans importance. Il suffit de constater d'abord que certaines races, qui jouent un grand rôle dans les théories racistes, ne correspondent à rien du tout sur le plan scientifique. Aucun biologiste n'a jamais parlé de race aryenne. Aucun n'a jamais parlé de race juive : on a pu montrer au contraire que les fréquences des caractères génétiques sont plus proches pour les Juifs d'une nation et les non-Juifs de cette nation, que pour les Juifs de différentes nations.

Quant aux races véritables (noire, jaune, blanche, etc.), les seules différences que la science reconnaît entre elles sont d'ordre biologique : pigmentation, couleur des yeux et des cheveux, taille, forme du crâne, groupe sanguin, etc. Nul n'a jamais pu établir que des différences d'aptitudes intellectuelles ou de capacités sociales et politiques découlent de ces différences génétiques. Aux États-Unis, certains sociologues ont prétendu utiliser les tests mentaux (tests d'intelligence, tests d'aptitude) pour établir la supériorité de la race blanche sur les races de couleur. Mais on a montré que les tests en question étaient précisément construits dans le cadre de la civilisation blanche : rien d'étonnant que des individus élevés dans un autre type de civilisation y répondent moins bien. En 1931, des savants américains ont alors utilisé des tests de bébés, qui ne font appel à aucun élément intellectuel ; ils ont décelé une certaine supériorité des blancs, à âge égal. Mais on a montré que les bébés noirs testés, plus pauvres que les blancs, étaient plus mal nourris, ce qui entraîne une différence considérable de développement dans le tout jeune âge. Des expériences faites pendant la guerre sur des bébés des deux races nourris de la même façon ont confirmé expérimentalement l'explication précédente : les tests ont donné les mêmes résultats pour les deux races.

Les raisonnements tirés de différences de degré de développement ne sont pas plus valables. Certaines civilisations jaunes, amérindiennes et noires furent supérieures aux civilisations blanches de leur époque. Les différences de développement et de comportement sont le résultat des conditions de vie (matérielles et sociologiques) où se sont trouvés placés les groupes humains, et non d'une prétendue infériorité biologique. Les traits de caractère que les racistes reprochent aux noirs, par exemple, sont exactement ceux qu'on reprochait aux prolétaires d'Europe, il y a cinquante ans : paresseux, imprévoyants, menteurs, etc. Ils sont liés au sous-développement économique : on les voit progressivement disparaître chez les ouvriers noirs dont le niveau de vie s'élève, comme chez les ouvriers blancs. Ce n'est point la nature des « gènes » qui explique l'attitude des noirs américains ou sud-africains, mais le fait qu'ils sont traités depuis toujours comme des êtres différents des blancs et inférieurs aux blancs, que ce traitement leur a donné ainsi des complexes d'infériorité (qu'ils ont plus ou moins liés à la couleur de leur peau) et des ressentiments. De même, la façon dont les Juifs ont été traités depuis des siècles, le ghetto physique ou moral dans lequel on les a enfermés, le sentiment de persécution qu'on a développé chez eux : tout cela explique la différence de leur comportement par rapport à celui des non-Juifs.

La distinction des races constitue certainement un facteur important d'antagonisme politique. Dans certains pays — par exemple dans le sud des U. S. A., en Afrique du Sud, dans diverses nations d'Amérique latine — toute la vie politique est dominée par elle. Mais il ne s'agit pas d'un facteur biologique. L'antagonisme ne résulte pas de la nature physiologique des races, mais des représentations collectives qu'on se fait à propos des races, et des comportements qui en résultent. Ces représentations collectives sont elles-mêmes engendrées par des situations sociologiques ou psychologiques. Elles relèvent, soit de la stratégie politique du camouflage, soit des mécanismes psychiques du transfert. Pour dissimuler leur pillage des banques juives, les souverains chrétiens du Moyen Age ont développé les malédictions sur la race responsable de la mort du Christ. Devant la montée du socialisme dans l'Europe du XIXe siècle, la bourgeoisie a utilisé le même procédé : en dénonçant les banquiers juifs, les industriels juifs, les commerçants juifs, les banquiers chrétiens, les industriels chrétiens, les commerçants chrétiens pensaient faire oublier l'exploitation capitaliste, qu'ils pratiquaient au même titre. Ailleurs, l'antisémitisme a permis aux gouvernants de transférer sur les Juifs la responsabilité de leurs fautes : on l'a fait dans l'Allemagne de 1933-1945, comme autrefois dans la Russie tsariste, comme aujourd'hui au Moyen-Orient. Ainsi les empereurs romains jetaient les chrétiens aux bêtes, pour faire oublier les erreurs du règne.

Montesquieu avait bien compris que la thèse de l'infériorité des noirs sert à justifier leur exploitation par les blancs. Elle s'est développée d'abord au xvie siècle, au moment de la première vague de colonisation ; elle a reparu aux xix-xxe siècles, avec la seconde. La situation d'esclave, de travailleur forcé ou de sous-prolétaire, choquante dans le cadre du principe de l'égalité de tous les hommes, devient admissible si les gens ainsi traités ne sont pas des hommes comme les autres, s'ils sont des « frères inférieurs ». Aux États-Unis, c'est l'extension de la culture du coton dans le Sud, impossible sans main-d'œuvre servile, qui a engendré les théories racistes. Toute l'économie sud-africaine actuelle repose sur le maintien des noirs en état de sous-développement. Le racisme des blancs provoque naturellement un contre-racisme, qui se manifeste aujourd'hui aux États-Unis sous forme de mouvements noirs extrémistes (les « musulmans » noirs), et dans certains pays africains, où les gouvernements rejettent sur l'ancien colonisateur la responsabilité de toutes leurs difficultés.

Dans une société où le racisme existe, où il engendre des inégalités sociales, il sert à certains individus à résoudre leurs problèmes psychiques, par transfert ou compensation. Ainsi, dans les colonies ou dans le Sud des États-Unis, le racisme anti-noir est plus profond et plus agressif chez les « petits blancs », chez les blancs pauvres et misérables, que chez les blancs évolués et haut placés. L'explication est simple : le fait qu'il y a les « nègres » au-dessous d'eux donne à ces malheureux l'impression d'une supériorité. Grâce aux noirs, ils ont un peu d'importance, un peu de prestige, ils ne sont pas au bas de l'échelle sociale. Si l'infériorité raciale disparaissait, ils deviendraient ce qu'ils sont (et ils savent au fond d'eux-mêmes qu'ils le sont) : de pauvres types, des ratés. On aborde ainsi les facteurs psychologiques des antagonismes politiques.

II

Facteurs psychologiques

Pour les marxistes, le combat politique oppose
essentiellement des groupes — les classes — et les
facteurs psychologiques n'y tiennent qu'une place
secondaire. Pour les occidentaux, au contraire,
le combat politique concerne surtout des individus,
qui se disputent le pouvoir ou qui lui résistent :
les facteurs psychologiques y jouent donc le rôle
principal. On les a décrits d'abord avec des arrière-
pensées morales, plus ou moins inspirées par les
théologiens du Moyen Age, qui faisaient du désir
de dominer l'un des appétits humains fondamentaux, à côté du désir sexuel et du désir de connaître,
et dénonçaient ainsi la triple concupiscence de la
chair, de l'esprit et du pouvoir : la dernière — la
« concupiscentia dominandi » — étant le fondement essentiel des luttes politiques. Ensuite, les
libéraux ont adopté une psychologie plus sommaire
encore, basant les antagonismes sociaux sur la
recherche par chaque individu des avantages
maximum pour l'effort minimum : principe qui
servirait de base à la compétition politique aussi

bien qu'à la concurrence économique. Le développement de la psychologie moderne, et notamment de la psychanalyse, a donné des fondements plus solides aux théories occidentales, non sans quelques exagérations. Pour que Freud serve d'antidote à Marx, on a exagéré la portée de ses conclusions, notamment aux États-Unis, où l'on prétend parfois expliquer tous les conflits politiques par des frustrations psychologiques. Une saine réaction contre de tels excès commence à se développer.

PSYCHANALYSE ET POLITIQUE

On ne peut donner ici qu'une idée sommaire, schématique, et par conséquent déformée, des explications psychanalytiques des antagonismes politiques. Les conclusions de la psychanalyse sont complexes, touffues, variables suivant les auteurs, dans ce domaine comme dans les autres. On exposera seulement les principales et les mieux établies. Leur caractère parfois étrange ou paradoxal ne doit pas surprendre : en essayant de pénétrer au cœur même du mystère humain, la psychanalyse s'éloigne nécessairement des fausses clartés. Sa base la mieux établie, c'est que la toute première enfance a une importance décisive pour la formation psychologique de l'individu. Dans cette première enfance, les parents jouent un rôle essentiel : c'est à travers eux que l'homme se définit d'abord par rapport à la société. Ensuite, ces relations parentales influenceront, de façon inconsciente, toutes les autres relations sociales, et spécialement les relations d'autorité.

Ces théories sur l'importance de la première enfance ont un fondement biologique, peu souligné par Freud. Suivant le mot d'Aldous Huxley, l'homme est un « fœtus de singe », un singe embryonnaire : le petit homme naît à un stade de développement beaucoup moins avancé qu'aucun autre mammifère. Cela veut dire qu'il est plus tôt en contact avec les impressions extérieures, au lieu de rester enfermé dans le sein maternel : son intelligence doit donc fonctionner plus tôt. En même temps, il est beaucoup plus tôt un animal social. Les rapports mère-enfant sont des rapports sociaux chez l'homme, alors qu'ils sont beaucoup plus longtemps des rapports purement physiologiques chez les autres animaux. Quoi qu'il en soit des conséquences de cette naissance prématurée du fœtus humain, on retiendra l'importance capitale attachée par la psychanalyse aux premières années et même aux premiers mois de la vie.

A ce stade de son existence, l'enfant vit dans un état dominé par la jouissance et la liberté. Toute son existence est fondée sur la recherche du plaisir. Freud a fort bien décrit ce qu'il appelle la sexualité infantile, diffuse, non concentrée sur des organes particuliers du corps, « polymorphe », s'exprimant par des manifestations très diverses. Cette recherche du plaisir ne se heurte pour l'enfant à aucune règle contraire. Il ne peut pas toujours contraindre les autres à lui donner du plaisir : à le faire téter, à le porter, à le bercer, à le dorloter. Mais les autres ne peuvent pas le contraindre à renoncer au plaisir disponible : il crie, il remue, il dort, il hurle, il « évacue » quand il le veut. Ainsi la vie infantile est-elle dominée par le « principe du plaisir ». L'homme gardera toujours la nostalgie de ce Paradis perdu du premier âge.

Il est forcé ensuite de le quitter : de là vient le premier choc, le premier « traumatisme » de son existence, qui marque l'individu pour toute la vie. Pour s'intégrer dans la vie sociale, il lui faut remplacer le principe du plaisir par le « principe de réalité », c'est-à-dire renoncer au plaisir, ou le limiter très étroitement. Il lui faut se plier à toute une série de règles contraignantes, d'obligations, d'interdictions. Il doit renoncer à suivre ses instinct, ses impulsions, ses goûts, ses désirs. Mais le besoin de plaisir est trop fort pour être ainsi étouffé. Il subsiste toujours. Le conflit entre la société et cet appétit de plaisir entraîne des frustrations, qui sont la cause fondamentale des antagonismes sociaux. Ou bien le besoin du plaisir — la « libido » — est refoulé dans l'inconscient, où il alimente les rêves et les névroses. Ou bien il est transformé en besoin d'une autre nature, par déplacement, substitution ou sublimation. Faute de pouvoir satisfaire ses désirs sexuels, par exemple, on se jette dans la concurrence économique, la compétition sportive, la lutte politique, l'activité créatrice, etc.

Certains psychanalystes estiment ainsi que la civilisation industrielle, qui tend à construire un univers rationnel, mécanisé, moralisé, aseptisé, est en opposition fondamentale avec les tendances instinctives et les désirs profonds de l'homme. Le principe de réalité tend à étouffer complètement, totalement, le principe du plaisir. Ce cadre inhumain conduirait au développement de l'agressivité et de la violence, par compensation. Comme le dit Norman Brown, « l'agression résulte de la révolte des instincts déçus contre un monde désexualisé et inadéquat ». Cette théorie s'oppose directement à celles qui voient dans le développement technique, et l'élévation du niveau de vie qui en résulte, la source d'un affaiblissement des tensions, allant dans le sens de l'intégration. Pour elle, au contraire, le progrès technique, en construisant un monde où les instincts n'ont plus de place, tend à l'accroissement de l'agressivité, de l'autoritarisme, de la violence, donc du développement des antagonismes et des conflits.

La théorie des frustrations reste l'une des bases de l'explication psychanalytique des antagonismes politiques. Mais elle a paru insuffisante à Freud lui-même, qui l'a complétée par d'autres. Dans la seconde partie de sa vie, il a pensé que l'agressivité et la violence, notamment, reposaient aussi sur un « instinct de mort » qu'il a décrit en conflit avec la libido. La lutte d'Éros et de Thanatos, au cœur de chaque homme, est un des aspects le plus grandiose, mais le plus déconcertant et le plus obscur des doctrines psychanalytiques. Chaque être serait poussé, en même temps qu'à vouloir vivre à travers le plaisir, à rechercher sa propre destruction, comme pris par un vertige. Mais nul n'ose regarder sa mort en face : elle repousse en même temps qu'elle attire. On transfère ainsi sur les autres la volonté de destruction de soi-même : l'agressivité, c'est-à-dire la tendance à détruire les autres, serait donc un transfert de l'instinct de mort par ceux qu'il domine, en qui Thanatos tend à refouler Éros.

Agressivité, violence, domination, autoritarisme — facteurs évidents d'antagonismes politiques — peuvent aussi résulter d'un phénomène de compensation. La psychanalyse insiste beaucoup sur l'ambivalence des sentiments et des attitudes, sur leur caractère contradictoire. Pour elle, la propension à l'érotisme peut être la conséquence, soit d'une forte puissance sexuelle, soit au contraire d'une impuissance, qui pousse sa victime à s'affirmer dans ce domaine, pour masquer ses insuffisances. De même, le désir de dominer, l'attitude autoritaire, peuvent résulter soit de la réelle volonté de puissance d'un individu fort et énergique, soit d'une faiblesse psychologique, d'un désarroi intérieur, d'une incapacité à se dominer soi-même et à se faire respecter d'autrui, qui se camouflent derrière l'attitude opposée. A cet égard, la célèbre enquête menée aux États-Unis en 1950 par T. Adorno, sur la « personnalité autoritaire », est intéressante. Elle a montré que l'attitude conservatrice en politique est liée à un certain type de structure psychologique. La personnalité autoritaire est définie par un conformisme rigoureux, par la soumission aveugle aux systèmes de valeur traditionnels, par l'obéissance fidèle aux autorités, par la vision sommaire d'un univers social et moral divisé en catégories bien tranchées (bien et mal, noir et blanc, bons et mauvais), où tout est net, réglé, délimité, où les puissants méritent de commander parce qu'ils sont les meilleurs, où les faibles méritent leur situation subordonnée parce qu'ils sont inférieurs à tous points de vue, où la valeur des gens se détermine seulement par des critères extérieurs, fondés sur la condition sociale.

Cet ensemble de comportements politiques caractérise surtout les individus incertains sur eux-mêmes, qui n'ont jamais réussi à construire leur propre personnalité, à la stabiliser ; qui doutent de leur « moi » et de leur propre identité. Ils se raccrochent aux cadres extérieurs, parce qu'ils n'ont rien à quoi se raccrocher à l'intérieur d'eux-mêmes. La stabilité de l'ordre social devient ainsi le fondement de la stabilité de leur propre personnalité. C'est eux-mêmes, c'est la base de leur moi, c'est leur équilibre psychologique qu'ils défendent en défendant l'ordre social. D'où leur agressivité et leur haine à l'égard des opposants, et surtout des « autres », des « différents », de ceux dont le mode d'existence et le système de valeurs sont un défi à l'ordre social, dont ils mettent en doute le fondement et la généralité. Les personnalités autoritaires adhèrent aux partis conservateurs, dans les temps calmes où l'ordre social n'est pas menacé. S'il est remis en cause, leur agressivité croît naturellement et les pousse vers les mouvements fascistes. Ainsi, les gens les moins solides intérieurement affichent la plus grande solidité extérieure, les partis fondés sur la force sont surtout composés de faibles.

L'autoritarisme, la domination, la violence trouvent encore d'autres explications psychologiques. Ils sont parfois une compensation aux échecs individuels. On se venge sur les autres de ce qu'ils ne vous aiment pas, de ce qu'ils se moquent de vous, de ce qu'ils vous considèrent comme inférieur. Les faibles, les imbéciles, les ratés cherchent à s'affirmer en humiliant ceux qui leur sont supérieurs, en essayant de les rabaisser au-dessous de leur niveau. Un psychanalyste dissident, Adler, a noté que la brutalité et le despotisme sont souvent une surcompensation au sentiment pénible qu'éprouvent les gens de petite taille ou affligés d'une malformation physique (la plupart des dictateurs étaient petits : César, Napoléon, Hitler, Staline, Mussolini, Franco, etc.). Le même Adler considère les tendances autoritaires comme fondamentales. Pour lui, l'instinct de domination est le ressort essentiel de l'homme, qui remplace la « libido » — le besoin de plaisir — dans la conception de Freud. Il est intéressant de rapprocher cette théorie de la vieille conception médiévale de la « concupiscentia dominandi ».

La psychanalyse n'éclaire pas seulement le problème des antagonismes. Elle fournit une explication intéressante du double caractère que les hommes ont toujours reconnu à la politique : lutte et intégration. Les deux faces du pouvoir, à la fois oppresseur et bienfaiteur, exploiteur et créateur d'ordre, refléteraient l'ambivalence des sentiments de l'enfant à l'égard de ses parents. Le pouvoir reposerait toujours plus ou moins, dans l'inconscient des hommes, sur les images du père et de la mère. Le vocabulaire courant traduit ce phénomène. On parle du colonel « père du régiment », du « paternalisme » des chefs d'entreprise, des « patrons », du pape père commun des fidèles, des métropoles (de μητηρ : mère), des patriciens, etc. De même, le patriotisme est une transposition des relations parents-enfants. La patrie n'est pas seulement la terre des ancêtres, le pays des pères ; elle est une entité de nature parentale : la France est notre « mère », et le chef de l'État qui l'incarne, notre « père ». Toutes les idéologies politiques, toutes les croyances relatives au pouvoir gardent ainsi des traces de paternalisme.

Dans la première mutation douloureuse de la vie humaine, dans le passage pénible du « principe du plaisir » au « principe de réalité », les parents jouent un rôle fondamental. Ils formulent les premiers les règles, les obligations, les interdictions, auxquelles l'enfant doit se soumettre désormais. Ils sont l'Archange à l'épée de feu, chassant l'homme du Paradis terrestre et défendant l'entrée de celui-ci, après avoir été l'Ange qui le guidait dans ce Paradis et lui en faisait goûter les fruits. Ce changement de rôle des parents crée un conflit au cœur de l'enfant, à leur égard. Il avait reçu d'eux jusqu'ici, et spécialement de la mère, uniquement de la joie et du plaisir. Maintenant, ils vont être pour lui l'obstacle à la joie et au plaisir, sans qu'il cesse d'avoir besoin d'eux, de dépendre d'eux à cause de sa faiblesse. D'où une ambivalence fondamentale des sentiments à leur égard : à la fois amour et haine, reconnaissance et rancune.

L'ambivalence de toute autorité, ressentie comme tutélaire et insupportable, bénéfique et oppressante, ne viendrait pas seulement de l'expérience, laquelle montre que le pouvoir est à la fois utile et gênant, nécessaire et contraignant. Elle aurait aussi des sources plus profondes et plus secrètes : elle reproduirait plus ou moins, de façon inconsciente, l'ambivalence des sentiments de l'enfant à l'égard de ses parents, qui naît des conflits entre le principe de réalité et le principe du plaisir. Ce caractère paternaliste du pouvoir ne doit pas être exagéré. Certaines formes d'autorité semblent sans rapport avec les souvenirs inconscients de la puissance parentale : par exemple, l'autorité bureaucratique, au sens de Max Weber, fondée sur la compétence, l'efficacité, la technicité. De même, le leadership dans les petits groupes paraît assez peu lié à des images paternelles.

Tous ces phénomènes psychologiques sont en partie engendrés par les structures sociales. Des ethnologues ont montré que le complexe d'Œdipe, que Freud croyait général, est absent dans certains types de sociétés, où les rapports parents-enfants sont organisés de façon différente. De même, beaucoup de frustrations sont le résultat du système communautaire. L'angoisse de la

castration et de l'impuissance n'existe pas chez
les hommes des sociétés où les relations sexuelles
n'impliquent pas de privations. Le conflit entre
le principe de réalité et le principe du plaisir est
plus ou moins aigu suivant les types de cultures :
dans certains, il perd beaucoup de sa virulence.
Peut-être la « libido » n'occupe-t-elle la place centrale de la psychologie humaine que dans les civilisations occidentales contemporaines, où elle a
surtout été étudiée. De toute façon, les explications psychologiques des antagonismes politiques demeurent toujours limitées. Dans une
société donnée, le nombre d'individus frustrés,
refoulés, agressifs, autoritaires, est relativement
constant, durant des périodes historiques assez
longues, pendant lesquelles les antagonismes
politiques sont tantôt violents, tantôt modérés.
Le microbe psychique n'est rien, le terrain sociologique est tout. Si les circonstances et les structures sociales n'avaient point porté Adolf Hitler
au pouvoir en 1933, tout porte à croire que dans
un coin d'Allemagne vivraient aujourd'hui deux
bourgeois tranquilles, sérieux, ponctuels, entou-
rés de l'affection de leurs petits-enfants et de l'estime de leurs voisins : Adolf Eichmann et Hein-
rich Himmler.

LES TEMPÉRAMENTS POLITIQUES

La notion de tempéraments se trouve déjà
dans Hippocrate. Elle repose sur l'idée qu'on
peut classer les individus en catégories de com-

portements et d'attitudes, conditionnées surtout par des aptitudes innées, à base plus ou moins biologique. Le concept de tempérament s'oppose à celui de classes, qui définit les catégories d'attitudes et de comportements par les structures de la société.

En politique, la notion de tempérament tend à expliquer les antagonismes par des dispositions individuelles, plus ou moins congénitales. Certains types d'hommes seraient poussés, par leurs tendances personnelles, vers telle attitude politique, qui les mettrait en conflit avec les types d'hommes que leurs tendances personnelles poussent vers l'attitude politique opposée. On a d'abord cherché les corrélations possibles entre les comportements politiques et les types généraux de tempéraments. Malheureusement, les psychologues ne sont pas d'accord sur la définition de ceux-ci. On se bornera donc à utiliser, à titre d'exemple, les classifications les plus courantes.

On a cherché d'abord des corrélations entre les attitudes politiques et la classification caractérologique d'Heymans et Wiersma, répandue en France par René Le Senne et Gaston Berger. Elle repose sur trois critères de base : *a*) l'émotivité ; *b*) l'activité ; *c*) le « retentissement », c'est-à-dire le degré de persistance des représentations. On distingue à ce dernier point de vue les « primaires », qui vivent dans le présent et l'avenir, non dans le passé, et les « secondaires », chez lesquels le retentissement se prolonge longtemps. En politique, les « amorphes » (inémotifs, inactifs, primaires) et les « flegmatiques » (inémotifs, actifs, secondaires) seraient naturellement indifférents aux luttes, peu portés à rechercher le pouvoir, respectueux de la liberté d'autrui : donc, modérés, et modérateurs des antagonismes. Au contraire, « passionnés » (émotifs, actifs, secondaires) et « colériques » (émotifs, actifs, primaires) seraient attirés par les combats politiques et par le pouvoir, les premiers étant naturellement des chefs autoritaires, les seconds plutôt des meneurs de foule, orateurs ou journalistes, finalement peu portés à l'exercice de la dictature (Danton, Jaurès). Les « nerveux » (émotifs, inactifs, primaires) et les « sentimentaux » (émotifs, inactifs, secondaires) seraient naturellement révolutionnaires, les premiers assez anarchiques, les seconds pas toujours éloignés des méthodes autoritaires (Robespierre). Les « apathiques » (inémotifs, inactifs, secondaires) seraient naturellement conservateurs, et les « sanguins » (inémotifs, actifs, primaires) plutôt opportunistes (Talleyrand). Tout cela reste vague et superficiel.

Emmanuel Mounier a noté de son côté une corrélation entre les attitudes politiques et la classification psychosomatique de Kretschmer, qui modernise de vieilles idées d'Hippocrate en distinguant trois types humains essentiels : le large ou « pycnique », l'allongé ou « leptosome », et l'athlétique ou robuste qui « associe la viscosité tranquille à une certaine explosivité ». Mirabeau, tour à tour souple et fougueux, brillant et populaire, serait le type même du politicien « pycnique » et cyclothymique. Les leptosomes à tendances schizoïdes seraient, au contraire, soit des calculateurs abstraits et sans scrupules, soit des idéalistes sectaires, des tyrans insensibles, « à qui tout l'entre-deux humain paraît étranger ». De telles corrélations sont aussi fragiles que les précédentes. Les rapports entre les attitudes politiques et la classification de Jung, opposant l'extraversion et l'introversion, ne le sont pas moins. L'introverti est essentiellement tourné vers lui-même, vers le monde intérieur, vers les idées. Il se soucie peu de l'opinion des autres, il est naturellement anticonformiste, il reste peu sociable. Au contraire, l'extraverti accorde un intérêt essentiel à tout ce qui est extérieur, à la richesse, au prestige, à l'approbation sociale, au conformisme, à l'activité. Le politicien démocratique, député, conseiller général, notable local, correspondrait assez au type extraverti ; le technocrate ou le jacobin, au type intraverti.

Les efforts pour établir une classification directe des tempéraments politiques sont plus intéressants, notamment ceux du psychosociologue anglais Eysenck. Sur la base d'une analyse factorielle des réponses faites à des questionnaires d'attitudes, il a défini deux oppositions fondamentales, deux axes de coordonnées, qui permettent de distinguer quatre grands types d'attitudes politiques, de tempéraments, et de situer avec précision par rapport à eux les comportements concrets : d'un côté, l'axe « radical-conservateur » (« radical » étant pris au sens anglais, qui signifie partisan du changement, de la transformation, c'est-à-dire « progressiste ») ; de l'autre, l'axe « dur-mou ». Le premier correspond à peu près à la distinction traditionnelle de la droite et de la gauche. Le second rend compte du fait qu'à l'intérieur des deux groupes précédents coexistent des attitudes très différentes : celle des conservateurs proprement dits et celles des fascistes, dans la droite ; celles des socialistes démocratiques et celles des communistes, dans la gauche. Pour Eysenck, ces différences s'expliquent par un deuxième axe de coordonnées : fascistes et communistes d'une part, conservateurs traditionnels et sociaux démocrates d'autre part, se situent aux deux bouts de cet axe. L'entrecroisement des deux axes, l'un figuré en abscisse, l'autre en ordonnée, permet seul de représenter convenablement les différents types de tempéraments politiques.

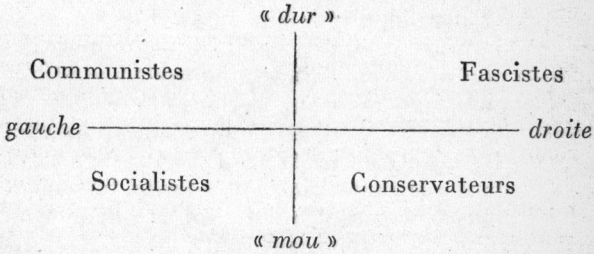

Les théories d'Eysenck sont très utiles pour décrire les antagonismes politiques. Mais elles soulèvent deux catégories d'objections. En premier lieu, il n'est pas sûr que les distinctions « radical-conservateur » et « dur-mou » n'expriment pas des différences sociologiques, plutôt que des différences psychologiques. Les enquêtes d'Eysenck montrent que la répartition des individus entre les quatre types ainsi définis ne recouvre pas exactement leur répartition en classes, en niveau de vie, ni en autres catégories sociales, mais qu'il existe certaines corrélations à cet égard. On ne peut donc affirmer que ces quatre types correspondent à des structures psychiques innées, à des tempéraments, plutôt qu'à des situations sociologiques. En second lieu, la définition de chaque type soulève des difficultés. La distinction radical-conservateur, gauche-droite, est assez claire, et paraît susceptible d'utilisation générale. La distinction « dur-mou » reste beaucoup plus floue, et son usage est plus contestable.

En examinant de près les questions qui servent à Eysenck pour identifier les « durs » et les « mous », on a l'impression qu'il s'agit d'une opposition morale plutôt que politique. La « dureté » se définit un peu par ce que nous appellerions « l'esprit fort », le détachement à l'égard de la morale traditionnelle ; la « mollesse » est au contraire l'esprit religieux et moral, dans une conception protestante, fortement individualiste, reposant sur la volonté de chacun d'accomplir son devoir, sans contrainte extérieure. Elle correspond à la foi en Dieu, à la religiosité, à une moralité sexuelle rigoureuse, à la croyance en l'égalité des hommes, à la douceur et à l'absence de violence, à la charité chrétienne, à la liberté de chaque homme vis-à-vis de l'État (mais non de la religion et de la morale). Il est impossible d'assimiler l'opposition « dur-mou » à l'opposition « autoritaire-démocrate », comme on le fait trop souvent en France. Les notions de « dur » et de « mou » sont très différentes, et elles ne paraissent pas applicables en dehors du contexte social anglo-saxon.

III

Facteurs démographiques

Que la démographie ait une influence sur les antagonismes politiques, c'est une idée répandue depuis longtemps. Le public admet volontiers l'explication des guerres et des révolutions par la pression de la population, imaginée voici plusieurs siècles, avant d'être la base de la propagande hitlérienne sur « l'espace vital » et d'être reprise par des sociologues contemporains. Cependant, les grandes théories politiques ne donnent guère d'importance aux facteurs démographiques. Libéraux et marxistes effleurent à peine le problème. Chrétiens, nationalistes et communistes s'accordent pour critiquer les thèses malthusiennes et s'opposer au contrôle des naissances. Cependant, l'accélération de l'accroissement démographique dans les pays sous-développés est un facteur essentiel d'antagonisme politique.

LA PRESSION DÉMOGRAPHIQUE

Depuis longtemps, certains considèrent la pression démographique comme le facteur essentiel des conflits les plus graves. L'idée est vieille comme le monde que, dans les pays surpeuplés, les tensions sociales sont violentes, les révolutions et les guerres fréquentes. Au contraire, dans les pays moins peuplés, les antagonismes seraient atténués, les gouvernants moins contestés, et la paix plus assurée. Déjà, Aristote et Platon pensaient que l'accroissement excessif de la population entraîne des perturbations politiques. Montaigne, au chapitre XXIII des *Essais*, considère les guerres comme la « saignée de la République », qui purge l'organisme et l'empêche d'être perturbé par un afflux de sang (conformément aux croyances médicales de l'époque). Le thème était alors familier. Beaucoup d'auteurs de la Renaissance expliquaient les troubles du temps par la croissance de la population. « La guerre est nécessaire afin que la jeunesse s'expatrie et que la population diminue », écrivait Ulrich von Hutten en 1518. « Si la guerre et la mort ne viennent pas à notre aide, il faudra quitter notre terre et aller comme des bohémiens », ajoutait Sébastien Franck en 1538. Au xviiie siècle, l'idée que la pression démographique développe les antagonismes politiques a directement inspiré les thèses de Malthus : il craignait qu'un accroissement de la population pauvre, condamnée à plus de pauvreté par cet accroissement même, aggrave son envie des propriétés des riches et détruise l'ordre social.

Les théories de la pression démographique s'appuient sur des faits impressionnants. La population de l'Europe a doublé entre 1814 et 1914 : ensuite, ont éclaté les grands conflits de la première moitié du xxe siècle. A la fin du xviiie siècle, la France était probablement surpeuplée, par rapport aux ressources naturelles et aux techniques de l'époque : à ce moment ont surgi la Révolution de 1789 et les guerres de 1792-1815. Dans les pays sous-développés actuels, la surpopulation coïncide avec des mouvements révolutionnaires multiples, et une attitude souvent belliqueuse. Dans les années trente, l'Allemagne en Europe et le Japon en Asie étaient visiblement surpeuplés : leur expansionnisme et les guerres qu'il a déclenchées avaient pour but de procurer à ces pays l'espace vital qui leur manquait. Inversement, le sous-peuplement des États-Unis au xixe siècle et la possibilité pour les mécontents d'aller vers l'Ouest ont affaibli les tensions sociales et diminué notamment la lutte des classes. On comprend les thèses de Gaston Bouthoul, pour qui les guerres rempliraient aujourd'hui la fonction de régulation qu'assuraient autrefois les grandes épidémies : elles aboutiraient à une « relaxation démographique ». Elles seraient une sorte de soupape de sûreté. C'était à peu près l'idée de Montaigne.

Cependant, sous cet aspect simpliste, les théories de la pression démographique sont critiquables. Les pays les plus peuplés ne sont pas les plus belliqueux, sinon la Hollande serait la nation la plus guerrière d'Europe, étant donné la densité de sa population. La Chine surpeuplée a été très pacifique pendant des siècles, tandis que les tribus de Peaux-Rouges d'Amérique du Nord, éparpillées sur d'immenses territoires, étaient engagées dans des conflits incessants. Beaucoup d'autres facteurs que l'excès de population ont déclenché la Révolution française de 1789 ; d'ailleurs les révolutions russes de 1905 et 1917 ont éclaté dans un pays sous-peuplé, où il est impossible de parler de pression démographique. Cette notion reste très vague. Elle ne peut pas se définir seulement par la densité de population. Il faut tenir compte également de son vieillissement, qui s'accroît au fur et à mesure de l'expansion, ce qui diminue la pression. Les représentations collectives sont importantes aussi : le « péril jaune », à la mode depuis la fin du siècle dernier, repose moins sur l'analyse réaliste de la puissance des Asiatiques que sur l'image vague du grouillement d'immenses foules aux yeux bridés et de leur déferlement sur les nations blanches.

Il faut surtout considérer les ressources naturelles et les possibilités de les exploiter. La théorie de la pression des populations est une théorie de la pénurie : elle est économique plus que démographique. Elle avait été envisagée dans cette optique par Malthus, lorsqu'il formula en 1798 la loi célèbre : « La population tend naturellement à s'accroître en proportion géométrique tandis que les subsistances tendent naturellement à s'accroître en proportion arithmétique. » L'écart entre les deux deviendrait donc de plus en plus grand, la population se développant suivant le rythme 2, 4, 8, 16, 32, 64, 128, etc., pendant que les subsistances se développeraient selon le rythme 2, 4, 6, 8, 10, 12, 14, etc. L'humanité serait ainsi condamnée à la famine, à moins d'une restriction volontaire des naissances : cette famine engendrant des conflits très graves.

Sous la forme mathématique donnée par son auteur, la loi de Malthus n'a jamais été vérifiée et n'est pas vérifiable : que signifie l'accroissement « naturel » d'une population ou des subsistances ? Mais l'idée même que la première s'accroît plus vite que les secondes est restée profondément ancrée dans l'esprit des hommes. A l'époque contemporaine, l'accélération du rythme d'expansion démographique lui a donné un regain d'actualité, et le malthusianisme connaît une véritable renaissance, notamment aux États-Unis. L'opposition est évidente entre le caractère quasi illimité du développement de la population et le caractère limité des ressources. Certains estiment d'ailleurs que la culture intensive tend à épuiser les sols, et que les subsistances sont menacées de raréfaction. Les plus optimistes pensent qu'une exploitation rationnelle permettrait à la terre de nourrir plus de six milliards d'hommes : mais ce chiffre risque d'être dépassé dès l'an 2000. En admettant même la possibilité de nourrir dix milliards d'hommes, ce plafond absolu sera crevé dans moins de trois quarts de siècle. L'optimisme aveugle des théories expansionnistes ne suffit pas à résoudre un tel problème.

Dans l'immédiat, la théorie de la pression démographique exprime la situation des pays sous-développés, où l'accroissement de la population prend un rythme extraordinairement rapide, qui aggrave beaucoup les antagonismes politiques. Deux sortes d'équilibres démographiques semblent d'établir naturellement, par le jeu de facteurs à la fois physiologiques et sociologiques : un équilibre dans les pays primitifs, un équilibre dans les pays industriels très développés. L'équilibre des pays primitifs est de même nature que celui observé dans de nombreuses espèces animales. Il repose sur la combinaison d'une natalité et d'une mortalité très élevées l'une et l'autre. On pourrait l'appeler « l'équilibre de l'esturgeon ».

La femelle de l'esturgeon pond des dizaines de milliers d'œufs. Si tous parvenaient à maturité, et si tous les œufs de ces nouveaux esturgeons avaient la même chance, en très peu de temps toutes les espèces animales seraient anéanties par les esturgeons : la terre deviendrait un immense parc d'esturgeons. Mais des milliers d'œufs ne parviennent pas à maturité, et des milliers d'alevins d'esturgeons sont ensuite anéantis. De sorte qu'un équilibre démographique relatif s'établit dans le monde des esturgeons. L'équilibre démographique de l'humanité primitive est analogue : la fécondité naturelle très forte et l'absence de restriction des naissances entraîne une natalité très élevée. Mais le défaut d'hygiène, les difficultés d'alimentation, les maladies, un vieillissement prématuré, provoquent une mortalité également élevée.

Dans les pays industriels très développés, la situation est différente sur les deux points. Une hygiène meilleure, une nourriture plus abondante et plus équilibrée, le développement de la médecine, font baisser la mortalité. La natalité tend à baisser également, d'abord par l'effet de facteurs biologiques encore mal connus, mais dont l'action n'est guère douteuse. Contrairement à l'opinion courante, la sous-alimentation et la faiblesse physiologique ont pour corollaire une grande fécondité naturelle ; celle-ci paraît diminuer au contraire quand l'alimentation est meilleure et que la vitalité générale est plus forte. D'autre part, le développement du confort, de l'éducation, de l'individualisme, augmente la restriction volontaire des naissances. En définitive, un certain équilibre démographique s'établit, sur la base d'une coïncidence entre une faible natalité et une faible mortalité. La population croît, mais lentement.

Dans les pays sous-développés, l'équilibre primitif est rompu et l'équilibre des pays industriels n'est pas encore établi. L'introduction de quelques règles élémentaires d'hygiène et de médecine, des traitements faciles et peu coûteux de lutte contre les maladies endémiques (emploi massif et régulier de D. D. T., par exemple), font tomber rapidement la mortalité infantile, la plus importante au point de vue de l'accroissement démographique (la prolongation des vieillards, postérieurement à la perte de la faculté de reproduction, n'a pas de signification à cet égard). La natalité tend au contraire à se maintenir longtemps au même niveau, d'abord parce que le genre de vie et les habitudes alimentaires changent peu, et que la fécondité naturelle n'est pas modifiée ; ensuite, parce que les mœurs traditionnelles et la formation générale évoluent très lentement, et s'opposent longtemps encore à la restriction volontaire des naissances. La population tend alors à s'accroître suivant un rythme très rapide.

Ce déséquilibre démographique est d'autant plus grave qu'il survient au moment où la nécessité d'une croissance économique accélérée rend très difficile le maintien des subsistances à son niveau habituel. Il faut enlever des travailleurs à la production des biens de consommation courante, pour les affecter à la construction d'usines, de routes, de barrages, c'est-à-dire aux investissements nécessaires pour bâtir l'infrastructure d'un pays moderne. Les subsistances tendent à diminuer pendant cette période intermédiaire, alors que la population tend à augmenter très fortement. Les pays sous-développés sont ainsi placés dans une situation explosive. Les antagonismes politiques s'y développent avec une grande violence, sous l'effet de la pression démographique. Révolutions, guerres, dictatures politiques risquent d'en sortir, à moins qu'on ne prenne des mesures draconiennes pour propager l'usage de procédés anticonceptionnels.

LA COMPOSITION DE LA POPULATION

La composition de la population par âge et par sexe, et sa répartition géographique, jouent un certain rôle dans les antagonismes politiques. Dans les pays développés, où la vie est longue et la natalité faible, les vieillards sont nombreux, par rapport aux jeunes ; ils sont rares au contraire dans les pays sous-développés. Or, on admet en général que les vieux sont plus attachés à l'ordre existant, plus conservateurs, que les jeunes sont plus révolutionnaires. Cependant, le goût de la jeunesse pour la nouveauté se tourne assez facilement vers de fausses nouveautés, dont le caractère choquant, provoquant, violent en apparence, correspond assez bien aux manifestations psychologiques de la crise d'originalité juvénile. Dans la bourgeoisie, cette crise engendre souvent un conflit entre le besoin de changement qu'elle suscite, et l'attachement profond, instinctif, à une situation sociale privilégiée, lequel risque de conduire au fascisme et à tous les mouvements du style muscadin. Malgré tout, une nation jeune est plus portée vers les révolutions et les changements profonds ; une nation vieille y répugne profondément.

Diverses analyses ont montré que la jeunesse vote moins pour les partis conservateurs et modérés, qu'elle vote plus pour les partis proposant des changements, à gauche et à l'extrême-droite (mais plus à gauche qu'à l'extrême-droite, en définitive, sauf circonstances particulières). La moyenne d'âge de la population se reflète aussi dans les dirigeants : la jeunesse des gouvernants des pays sous-développés actuels, la jeunesse des hommes de 1789 reflètent l'âge moyen des populations. Ces phénomènes démographiques expliquent en partie que les nations industrialisées, à moyenne d'âge élevée, deviennent de plus en plus conservatrices ;

que les pays sous-développés, à faible moyenne d'âge, soient au contraire plus révolutionnaires.

D'autre part, dans une population jeune, du type sous-développé, la fraction des vieillards à entretenir est relativement peu importante ; elle l'est beaucoup au contraire dans les pays industrialisés, à moyenne d'âge élevée. On a prévu qu'elle pourrait s'élever ainsi jusqu'à près de 25 % (elle est à l'heure actuelle de 16 % en France et en Grande-Bretagne, de 12 % en Italie, de 10 % en Espagne). Cela représente une lourde charge pour la population active, qui entraîne un véritable conflit de générations. Enfin, plus la proportion d'hommes âgés est grande dans un État, plus le dynamisme y est faible, plus on y tend vers l'immobilisme. Ces notions sont vagues. Elles n'en répondent pas moins à une certaine réalité. Repliement sur les valeurs établies, recherche de la sécurité avant tout, mentalité de retraité : tout un système de vie se définit par ces formules, que l'élévation de la moyenne d'âge de la population tend à faire prédominer. Il se reflète naturellement dans les antagonismes politiques.

Les différences de répartition des sexes ont une influence plus faible. Le mythe de l'enlèvement des Sabines a perpétué le souvenir de ces guerres pour les femmes, qui furent probablement assez courantes à un certain stade de civilisation. Il n'est pas sûr que la rareté démographique soit leur seule cause, et que le goût du changement n'y ait point sa part. Les histoires folkloriques des communautés de pionniers américains ou de colons de divers pays ont aussi popularisé l'image de conflits internes provoqués par la rareté des femmes. Ces antagonismes par frustration sont réels : il n'en faut point exagérer la portée.

Plus importantes sont les conséquences de la rareté originaire des femmes sur la formation de certaines institutions et de certains comportements, qui subsistent ensuite pendant longtemps. La rareté des femmes blanches, et l'attitude originaire des colons vis-à-vis des femmes de couleur ont joué un certain rôle dans la formation de sentiments racistes (ou, parfois, non racistes). Le sociologue brésilien Gilberto Freyre a écrit des pages pénétrantes à ce sujet, quoique un peu exagérées. La rareté des femmes aux États-Unis, dans la période héroïque, a conduit à les valoriser fortement : ainsi s'est formé un matriarcat moral, plus ou moins consacré dans les lois, qui imprègne encore fortement la société américaine actuelle. L'importance de ce phénomène n'est pas douteuse : la majorité de la fortune américaine est dans les mains des femmes, qui ont une influence sur la presse, la radio, la télévision, etc. On sait aussi le rôle énorme joué par les clubs féminins dans la vie sociale et politique.

La prédominance des femmes dans la population semble renforcer le conservatisme dans les sociétés occidentales développées, où les suffrages féminins sont en général plus orientés à droite que les suffrages masculins. Cependant, la différence est faible. Certains auteurs pensent qu'elle tient à l'âge plutôt qu'au sexe, les femmes vivant en moyenne plus longtemps que les hommes, le poids des femmes âgées, beaucoup plus nombreuses que les hommes des mêmes générations, déporterait ainsi vers les partis de droite l'ensemble des suffrages féminins : car, dans les deux sexes, les votes des vieillards sont plus conservateurs. Qu'un grand nombre de femmes âgées soient des veuves, repliées sur leur passé, accentuerait cette tendance générale.

Cette théorie est très intéressante. Cependant, diverses recherches ont montré que le vote des femmes était également plus conservateur dans les jeunes classes d'âge, notamment dans les milieux populaires. Certains voient ici l'influence de la « presse du cœur » et d'une mentalité générale que la littérature, la télévision, le cinéma, tendent à donner aux jeunes filles. On leur suggère que la meilleure voie pour sortir de leur condition et s'élever dans l'échelle sociale est la découverte du prince charmant et le riche mariage, perspective qui les fait adhérer au système de valeurs de la bourgeoisie et leur enlève tout dynamisme révolutionnaire. Cette explication est intéressante, à condition de n'en point exagérer la portée.

Dans les pays sous-développés, l'influence politique des femmes semble jouer en sens contraire : contre l'ordre établi, pour le changement, vers l'aggravation des antagonismes. Leur situation sociale est en général pire que celle des hommes, notamment dans les pays musulmans, en Asie, en Amérique latine, etc. Elles sont la catégorie sociale la plus opprimée ; il est naturel qu'elles soient la

plus révolutionnaire. Cependant, le thème de
l'émancipation des femmes peut aussi servir de
camouflage au refus d'une transformation réelle
des structures de la société. On l'a vu en Afrique
du Nord, chez les partisans de l'« Algérie française »,
avec la campagne contre le voile ; au Viet-Nam Sud,
avec la propagande de la trop célèbre Mme Nhu.

L'inégalité dans la répartition de la population
engendre des antagonismes politiques. Le sous-peuplement de certaines régions, qui rend difficile leur
vie économique, engendre des frustrations, qui
peuvent se traduire en révoltes de type poujadiste. Inversement, le surpeuplement d'autres
régions y aggrave les antagonismes. Les grandes
migrations vers les villes, dans l'Europe occidentale du XIXe siècle, entraînant des concentrations de populations misérables, mal logées, mal
nourries, soumises à de terribles conditions de
travail, ont certainement joué un rôle de premier
plan dans les mouvements révolutionnaires. La
formation de bidonvilles autour des agglomérations urbaines des pays sous-développés a les
mêmes conséquences. La densité de population
n'est ici qu'un élément, au sein d'une situation
complexe, où se mêlent le bas niveau de vie, l'exploitation patronale, l'encadrement politique, les
idéologies, etc.

Dans presque tous les pays, l'inégalité de répartition de la population entraîne des inégalités
dans la représentation politique. Les régions
dépeuplées ont une proportion de députés supérieure à la proportion de leurs habitants dans

l'ensemble de la population : elles sont donc surreprésentées. Les régions très peuplées ont au contraire une proportion de députés inférieure à celle de leur population : elles sont sous-représentées. Techniquement, ces inégalités de représentation pourraient être très limitées. Même si l'on pose le principe qu'il y a un député par x habitants, on ne peut regrouper des régions trop étendues pour atteindre ce chiffre minimum. Quelques régions très peu peuplées auront donc un député pour un chiffre d'habitants inférieur : mais cela pourrait être très réduit. Au contraire, en fait, les inégalités de représentation sont généralement grandes, pour des motifs politiques.

Dans la plupart des pays d'Europe occidentale, au XIXe siècle, l'aristocratie conservatrice s'est appuyée sur la paysannerie, dans sa lutte contre la bourgeoisie libérale : au fur et à mesure qu'elle était obligée de céder sur l'extension du droit de suffrage, elle avait tendance à favoriser les campagnes au détriment des villes, pour maintenir sa domination. Au XXe siècle, la bourgeoisie s'est aperçu que les socialistes et les communistes, qui la menaçaient, s'appuyaient essentiellement sur les villes, et que le conservatisme des campagnes pouvait l'aider à son tour à maintenir son pouvoir. Elle a donc relayé l'aristocratie, dans l'établissement d'inégalités de représentation au profit des régions rurales moins peuplées, sans que les paysans en soient les bénéficiaires. Dans les deux cas, ils ont joué le rôle de « classe de soutien » d'une autre classe.

IV

Facteurs géographiques

« La politique des États est dans leur géographie » : cette phrase de Napoléon exprime une vieille idée, qu'on trouve en germe, dès le ve siècle avant le Christ, dans le *Traité sur l'air, l'eau et les lieux* d'Hippocrate. Hérodote l'applique dans ses *Histoires*. Au livre VII de sa *Politique*, Aristote formule une théorie des relations entre le climat et la liberté, qui sera reprise ensuite à travers les siècles, notamment par Jean Bodin, avant d'être développée par Montesquieu dans les livres XIV à XVII de *L'Esprit des Lois*. A la fin du xixe siècle et au début du xxe, toute une école de géographes a approfondi ces idées. Un allemand, Frédéric Ratzel, fait paraître une *Géographie politique* en 1897 ; plus tard, ses disciples nommeront « géopolitique » cette discipline nouvelle. L'école française de « géographie humaine », fondée par Vidal de La Blache et Jean Brunhes, aura des conceptions moins déterministes et moins fantaisistes.

Conservateurs, fascistes, libéraux, marxistes : nul ne conteste que la politique dépende ainsi de la géographie. Mais on ne s'accorde pas quant au degré de dépendance. Les conservateurs tendent à exagérer cette influence. Les novateurs sont plutôt portés à la minimiser. Pour Barrès, la politique est fondée sur « la terre et les morts », c'est-à-dire sur la géographie et sur l'histoire, et la seconde dépend largement de la première. L'école allemande de géopolitique a été très liée, d'abord aux pangermanistes, ensuite aux nationaux-socialistes. Que l'homme soit enfermé dans le déterminisme du sol et du milieu, qu'il ne puise échapper à la nature : c'est la base même de la philosophie de droite. A gauche, on pense au contraire que l'homme est libre, qu'il peut s'évader des conditionnements naturels, qu'il tend à le faire. L'influence de la géographie n'est pas séparable de celle des techniques, qui permettent précisément de vaincre les difficultés du milieu naturel. Ainsi les facteurs géographiques sont sociologiques autant que géographiques, et le premier élément croît au détriment du second, au fur et à mesure du progrès technique. Dans les sociétés archaïques, les antagonismes politiques dépendent beaucoup de la géographie ; dans les nations modernes, ils en dépendent peu.

CLIMAT ET RESSOURCES NATURELLES

Les anciens auteurs, d'Hérodote à Montesquieu, ont surtout insisté sur l'influence directe du climat sur les comportements humains : leurs théories sont psycho-géographiques. « La grande chaleur énerve la force et le courage des hommes, lit-on au livre XVII de *L'Esprit des Lois*, tandis qu'il y a dans les climats froids une certaine force de corps et d'esprit qui rend les hommes capables des actions longues, pénibles, grandes et hardies. » La conclusion, c'est « qu'il ne faut donc pas être étonné que la lâcheté des peuples des climats chauds les ait presque toujours rendus esclaves, et que le courage des peuples des climats froids les ait maintenus libres ». La « servitude civile » — c'est-à-dire l'esclavage — est liée au climat de la même façon. Dans les pays chauds, « les hommes ne sont portés à un devoir pénible que par la crainte du châtiment, l'esclavage y choque donc moins la raison ». Ces théories de Montesquieu reproduisent celles d'Aristote. Après avoir constaté que le climat froid conduit à la liberté et le climat chaud à l'asservissement, celui-ci examine le problème du climat tempéré, qui le gêne évidemment ; il estime que les hommes y sont libres, mais qu'ils savent également commander, sans bien expliquer pourquoi. Jean Bodin reprend les mêmes idées. Mais cet angevin se montre plus soucieux de défendre les méridionaux que le girondin Montesquieu ; il pense que leurs qualités intellectuelles compensent leur défaut d'énergie, les deux tenant au climat.

Les idées courantes sur l'influence politique du climat ne sont guère éloignées de ces théories traditionnelles. Au xixe siècle, Michelet souligne l'influence de la chaleur sur les journées révolutionnaires de 1789 (qui ont lieu en général de mai à septembre). Sa théorie s'appliquerait à la révolution de 1830 (juillet), aux journées de juin 1848, mais non au déclenchement de la révolution de 1848 (février). Faut-il rappeler que les révolutions soviétiques ont eu lieu en octobre (1905, 1917), dans un pays pourtant froid déjà en cette saison ? Il y a quarante ans, la mode était aux « taches solaires », expliquant guerres et révolutions : ce n'était pas plus sérieux. L'action du climat est sociologique plutôt que psychologique : il influence le mode de vie en général, les institutions, les mœurs. La démocratie méditerranéenne antique, dont le centre était l'Agora ou le Forum, est évidemment liée à la vie en plein air, de même que les « palabres » africains, les « djemaas » berbères.

Le climat exerce son action la plus grande à travers les ressources végétales ou animales. Il est un élément de la richesse ou de la pauvreté naturelle, en même temps que la composition des sols, leur configuration, les éléments miniers, etc. Ici, la géographie rejoint l'économie. Dans les sociétés archaïques, la seconde dépend très étroitement de la première, la dépendance s'atténuant au fur et à mesure du progrès technique. Comme celle des climats, la théorie politique des ressources naturelles est restée longtemps psychologique. Elle achoppe sur une contradiction de base, à cet égard. D'un côté, la richesse paraît être une source de puissance, donc un moyen de développement social et politique ; de l'autre, elle détend l'énergie, elle amollit le courage, et tend ainsi à la stagnation et à la décadence.

Les anciens auteurs ont plutôt penché dans le second sens. Pour Montesquieu, par exemple, la fertilité des terres et l'abondance des biens conduisent à la servitude ; au contraire la pauvreté en ressources naturelles favorise la liberté des citoyens et l'indépendance vis-à-vis de l'étranger. Dans les pays fertiles, « les gens de la campagne, qui y sont la principale partie du peuple, ne sont pas jaloux de leur liberté ; ils sont trop occupés et trop pleins de leurs affaires particulières. Une campagne qui regorge de biens craint le pillage, elle craint une armée ». Au contraire, dans les pays pauvres, « la liberté est le seul bien qui mérite qu'on le défende ». D'autre part, « la stérilité des terres rend les hommes industrieux, sobres, endurcis au travail, courageux, propres à la guerre ; il faut bien qu'ils se procurent ce que le terrain leur refuse. La fertilité d'un pays donne, avec l'assurance, la mollesse et un certain amour pour la conservation de la vie ». On retrouve dans ce raisonnement la trace des thèses moralisantes, à la manière de Caton, liant frugalité et démocratie, si développées dans l'Antiquité.

Les théories modernes du développement parallèle de la démocratie et de l'abondance sont directement opposées à ces tendances. Elles voient dans la pénurie un facteur d'aggravation des antagonismes politiques, qui rend plus difficile le fonctionnement de démocraties. Au contraire, la richesse tendrait à réduire les conflits politiques, et à favoriser la liberté. Cependant, la compétition internationale interfère avec les rivalités intérieures. A cet égard, certaines richesses peuvent développer les antagonismes au lieu de les réduire. La course aux matières premières a beaucoup d'influence à cet égard : elle engendre des conflits entre États, et aussi des convulsions internes. Beaucoup de luttes au Congo belge et spécialement au Katanga ont leur origine dans les ressources minières de la région. Certaines révolutions dans des nations pétrolières, certains régimes autoritaires chargés d'y maintenir l' « ordre », par exemple, sont directement liés à la pression des États acheteurs. On se gardera d'exagérer toutefois : il y a un mythe du pétrole, aujourd'hui, et de son rôle politique, comme il y avait au xixe siècle un mythe du charbon ou de l'acier.

Les vieilles théories de l'influence politique du climat et des ressources naturelles mériteraient d'être reprises. Modernisées, elles fournissent probablement la meilleure explication de l'inégalité actuelle de développement des diverses nations. Les racistes prétendent que celle-ci tient à l'inégalité des races. Mais toutes les expériences montrent que les Africains, les Asiatiques et les Amérindiens, placés dans les mêmes conditions de vie que les gens de race blanche, ont les mêmes aptitudes et le même niveau intellectuel. Au contraire, le rapprochement de deux cartes est frappant : d'un côté, celle des niveaux de développement socio-économique ; de l'autre, celle des grandes zones climato-botaniques. Le sous-développement maximum correspond à la fois aux zones glaciaires du nord et du sud, à la zone équatoriale et aux zones désertiques subtropicales. Le développement maximum correspond aux zones tempérées (Amérique du Nord, Europe, Russie, frange de l'Afrique du Nord, dans l'hémisphère nord ; Australie, Nouvelle-Zélande, parties du Chili et de l'Argentine, frange de l'Afrique du Sud, dans l'hémisphère sud). Les zones de steppe aboutissent à une sorte de développement moyen, basé sur des sociétés patriarcales, formant le noyau de peuples conquérants. Des circonstances locales, améliorant la situation climato-botanique (la vallée de certains fleuves : Nil, Tigre, Euphrate — la zone asiatique des moussons — l'altitude, pour les empires Inca et Aztèque) entraînent un niveau de développement supérieur à celui de la zone considérée.

Aujourd'hui, les influences climato-botaniques sont secondaires, par rapport à celle du développement technique. Mais elles ont joué un rôle fondamental pendant des siècles. A cause du handicap géographique, les pays des zones glaciaire, équatoriale et tropicale ont pris ainsi un retard considérable, qu'ils peuvent difficilement combler. S'ils étaient industrialisés, l'action du climat et des ressources naturelles serait moins importante. Mais, à cause de cette action millénaire du climat et des ressources naturelles, ils n'ont précisément pas su s'industrialiser. Or, la technique permet aux nations qui l'ont pu d'accélérer considérablement leur rythme de développement : de sorte que l'écart s'accroît plus vite entre elles et les pays sous-développés. La malédiction de la géographie pèse toujours, et même plus lourdement, sur les peuples des zones non-tempérées.

L'ESPACE

Climat et ressources naturelles ne sont pas séparables d'un autre facteur géographique, étudié surtout par les contemporains : l'espace. Un exemple concret montre son importance, et ses liens avec les précédents : celui de l'Égypte ancienne. La vallée du Nil, isolée par des déserts, délimite un cadre naturel. Ses terres sont prodigieusement riches, grâce aux inondations du fleuve, lesquelles ont un caractère régulier. L'utilisation de ce phénomène naturel suppose le développement d'un système de retenues d'eau, d'entretien permanent de canaux et de norias, qui exige une organisation sociale très poussée et très centralisée. On trouve à la fois le besoin impérieux d'un État fortement organisé et tous les éléments permettant le développement d'un tel État dès l'Antiquité : richesse, communications faciles par le Nil, absence de refuges pour les rébellions, etc. Dans les vallées du Tigre et de l'Euphrate la combinaison du climat, des ressources et de la situation a donné les mêmes possibilités de civilisation : mais l'absence de crue régulière du fleuve n'a pas poussé au même centralisme.

La notion d'espace avait été entrevue par Montesquieu à propos des îles. « Les peuples des îles, dit-il, sont plus portés à la liberté que les peuples du continent. La mer sépare (les îles) des grands empires, et la tyrannie ne peut pas s'y prêter la main ; les conquérants sont arrêtés par la mer ; les insulaires ne sont pas enveloppés dans la conquête et ils conservent plus aisément leurs lois. » Il faudrait généraliser d'ailleurs cette notion d'îles, en la prenant au sens large. A côté des îles de la mer, qui correspondent à la définition étroite de l'insularité, il faut placer les oasis, ces îles du désert ; les vallées de certains fleuves (le Nil par exemple) entourées d'espaces désertiques ; des clairières, ces îles dans la forêt, etc. Les peuples des îles n'ont pas de voisins ; ils sont séparés des autres peuples par des « vides », ce qui leur donne une plus grande sécurité. Inversement, l'absence d'obstacles naturels favorise les invasions et rend les États plus menacés, moins stables. La vaste plaine du nord de l'Europe était beaucoup plus prédisposée aux invasions que les zones montagneuses centrales. Le caractère instable, éphémère, des nations qui s'y sont formées, l'incertitude sur leurs limites, les variations qu'elles ont subies à travers l'histoire, sont des phénomènes politiques étroitement liés à la géographie.

La répartition de la population dans l'espace a une grande importance politique. Étudiant la

France de l'Ouest en 1913, André Siegfried constata que les régions d'habitat dispersé étaient plutôt conservatrices, les régions d'habitat aggloméré novatrices. Il expliqua ce phénomène par l'isolement des citoyens dans le premier cas, entraînant un repliement sur eux-mêmes et sur les traditions. Dans le second cas, au contraire, les contacts plus nombreux permettent la diffusion plus facile et plus rapide des idées nouvelles. Cette analyse paraît valable, encore qu'on s'épie mutuellement dans les villages, et que la pression sociale y soit un facteur de conservatisme. La dimension des villages agglomérés est importante aussi : quand ils constituent de véritables villes, comme en Italie du Sud ou en Sicile, par exemple, l'atmosphère y est différente de celle des tout petits bourgs ruraux. Quoi qu'il en soit, la dispersion ou l'agglomération de l'habitat rural dépend essentiellement d'éléments géographiques, et notamment du régime des eaux et de la perméabilité du sol, qui ont ainsi une influence politique.

La concentration de la population dans les villes est plus importante encore, à cet égard. Marx voyait dans l'opposition ville-campagne un antagonisme politique essentiel. La démocratie est née dans les villes, au temps des Cités antiques. A la fin du Moyen Age, au début de la Renaissance, le développement des villes a favorisé l'expansion des idées nouvelles. Le socialisme s'est répandu dans les villes industrielles modernes. Les révolutions sont essentiellement des phénomènes urbains (les jacqueries sont rares, et plus rarement encore constructives). L'influence politique des villes n'est pas seulement directe, par les contacts qu'elles multiplient entre les hommes, par les facilités qu'elles offrent à leur action politique (le droit de réunion, surtout le droit de manifestation, sont essentiellement des droits urbains). Leur influence s'exerce aussi indirectement, par le fait que les villes sont le facteur essentiel de la civilisation et du progrès matériel et intellectuel. Le langage a consacré ce fait, qui considère comme synonymes « urbanité » et « caractère civilisé ».

L'aménagement de l'espace géographique à l'intérieur des villes a aussi des conséquences politiques. On a dit — non sans exagération — que l'intervention de l'ascenseur avait aggravé la lutte des classes, en accentuant leur ségrégation. Auparavant l'aristocratie et la bourgeoisie occupaient les étages inférieurs de l'immeuble, au-dessus de l'entresol (le premier étage étant l'étage « noble », le second un peu moins, le troisième encore moins) ; le peuple vivait dans les étages supérieurs et les entresols. Ainsi des contacts quotidiens s'établissaient entre les classes. Au contraire, en revalorisant les étages élevés, l'ascenseur a aggravé la tendance à former des quartiers populaires séparés. Certaines lois sur les logements à bon marché sont allées dans le même sens. Les urbanistes tendent maintenant à créer au contraire des quartiers mixtes, souvent pour des raisons politiques : affaiblir les revendications ouvrières. Dans ces quartiers mixtes, en effet, les votes ouvriers sont souvent moins orientés à gauche que dans les quartiers purement ouvriers.

L'importance des voies de communications sur la politique est évidente. Voies commerciales, voies de pèlerinage, voies d'invasion, toutes établissent des contacts : elles véhiculent des marchandises, des armées, des maladies, des idées. La géographie électorale montre leur rôle comme voies de pénétration des doctrines nouvelles. Elles favorisent aussi les contacts entre le peuple et le pouvoir, entre les gouvernants et les gouvernés. Les policiers et les soldats les empruntent pour réprimer une révolte ; les îlots de résistance se situent loin d'elles, dans des régions d'accès difficile. « La civilisation, c'est d'abord une route », a dit Kipling. La centralisation, c'est aussi « d'abord une route ». On retrouve toujours cette ambivalence, qui exclut tout déterminisme. Si les vallées de certains fleuves, entourées de déserts, ont été des lieux politiques privilégiés dans l'Antiquité, où se sont développés les premiers grands États (Tigre, Euphrate, Nil), c'est peut-être qu'on y trouvait joints deux avantages contradictoires : l'isolement par les déserts et les contacts par la voie fluviale.

L'avantage de la situation maritime paraît analogue. La mer est à la fois une protection, une barrière, et une voie de communication : la seule dans l'Antiquité pour les transports importants, pondéreux, sur de très longues distances. Ainsi se sont constituées des empires de la mer : grec et

romain. Sur le plan de la politique, on a souvent
noté l'opposition des peuples continentaux, formés
d'agriculteurs plus ou moins isolés sur eux-mêmes,
et des peuples maritimes, commerçants et marins,
ouverts aux communications et vivant d'elles. C'est
l'opposition de Sparte, autocratique, et d'Athènes,
démocratique. C'est l'opposition de l'Europe centrale, autocratique, et de la Grande-Bretagne,
démocratique. Cependant, d'autres considèrent
que les agriculteurs sédentaires sont plutôt poussés
à la démocratie, par rapport aux nomades, autoritaires.

Les voies de communication sont un élément
d'une notion plus générale, qu'on pourrait appeler
la situation. Prenons la France actuelle, avec ses
48 millions d'habitants, ses villes, ses usines, ses
universités, son équipement technique et intellectuel. Transportons-la dans le Pacifique, à l'emplacement de la Nouvelle-Zélande : son importance
politique dans le monde serait réduite des 3/4 (cet
ordre de grandeur étant purement symbolique).
Donc, cette importance politique tient pour 3/4 à
la situation géographique. Bien sûr, une telle
supposition est absurde : si la France était située
en Nouvelle-Zélande, elle serait très différente de
la France. Cela même montre l'importance de la
situation. On pourrait multiplier les exemples
semblables. La neutralité suisse est évidemment
liée à la place de la Suisse en Europe ; le développement éventuel du communisme à Cuba n'a
d'importance qu'à cause de la proximité de cette
île par rapport aux U.S.A. La situation peut

d'ailleurs s'apprécier à divers points de vue : par rapport à d'autres États, par rapport aux grandes voies de circulation, par rapport aux matières premières et aux ressources naturelles en général, etc. Elle dépend aussi de l'histoire. Le déplacement des centres d'importance politique de la Méditerranée à l'Atlantique a modifié la situation des riverains de ces mers.

Enfin, comme tous les autres facteurs géographiques, la situation dépend de l'idée qu'on s'en fait, autant que des éléments matériels. Le grand géographe américain Bowman a écrit à la fin de sa carrière : « Toute ma vie, j'ai lutté pour expliquer aux gens que le milieu naturel ne signifiait pour eux que ce qu'ils voulaient bien y voir. » La formule est exagérée : le milieu naturel a sa réalité propre, indépendamment des représentations collectives qu'on s'en fait. Mais celles-ci jouent un rôle très important. Ainsi, l'idée de frontières naturelles, fausse au point de vue géographique (les fleuves et les montagnes unissent au lieu de séparer), a engendré beaucoup d'antagonismes politiques. L'exemple des systèmes de projection cartographiques est encore plus frappant. La technique employée pour traduire le globe terrestre en planisphère a une influence notable sur certaines attitudes politiques. La place de l'Europe occidentale dans la rivalité U. S. A.-U. R. S. S. est très différente selon qu'on regarde un planisphère basé sur le système traditionnel de projection équatorienne, ou un planisphère utilisant la projection polaire, à la mode depuis vingt ans. Dans

le premier cas, l'Europe est située entre les deux
Grands ; elle semble l'objet même du conflit ; l'idée
d'un « désengagement » européen est absurde.
Dans le second cas, les États-Unis et la Russie sont
face à face et très proches, des deux côtés du pôle
Nord, l'Europe étant rejetée sur le côté ; un neu-
tralisme européen semble possible.

La géographie a servi ainsi de prétexte à l'élaboration de théories fantaisistes destinées à justifier
des revendications. On vient de citer le mythe des
frontières naturelles, utilisé de façon très générale.
Celui de « l'espace vital » — à la fois géographique
et démographique — est resté d'un usage plus
limité : il a servi surtout à l'Allemagne hitlérienne et au Japon. D'autres ont seulement donné
quelque célébrité à leurs auteurs, chez les diplo-
mates et dans les états-majors. Le plus étrange
est celui du « heartland », formulé en 1919 par le
géographe anglais Mackinder. Simplifiant la lecture
du planisphère, celui-ci considère l'Europe, l'Asie et
l'Afrique comme un seul bloc, centre de la vie
politique terrestre, qu'il appelle « l'Ile du Monde »,
formée de pays maritimes très développés et très
peuplés sur le pourtour, de régions plus vides et
moins civilisées à l'intérieur. Dans cette énorme
masse continentale, une zone occupe une situation
fondamentale, d'où l'on peut dominer l'ensemble ;
Mackinder la nomme le « heartland » (cœur du
monde) et la situe sur le territoire russe : en Ukraine.
Sur la base de ces divisions et de cette terminologie,
il résume en une phrase lapidaire, souvent citée,
sa théorie : « Qui tient l'Europe orientale commande

au Heartland ; qui tient le Heartland commande à l'Ile du Monde ; qui tient l'Ile du Monde commande au Monde. » Cette théorie, dont la valeur poétique est certaine, reste fantaisiste sur le plan positif.

V

Facteurs socio-économiques

Les éléments socio-économiques sont probablement les facteurs les plus importants des antagonismes politiques. Depuis les origines jusqu'à nos jours, toutes les sociétés humaines ont été caractérisées par la pénurie, c'est-à-dire par l'insuffisance des biens disponibles par rapport aux besoins à satisfaire. On entrevoit aujourd'hui l'avènement prochain, dans les nations industrielles, de sociétés d'abondance, où seront satisfaits de façon moyenne les besoins des hommes : pas seulement leurs besoins élémentaires (nourriture, vêtement, logement) mais leurs besoins secondaires (confort, loisir, culture). Certains contestent cette possibilité en disant que les besoins humains sont indéfiniment extensibles, qu'ils croissent au fur et à mesure qu'on les satisfait. De toute façon, aucun pays n'a encore atteint ce niveau de développement. Dans tous subsistent des pénuries. Dans la France de 1964, en pleine expansion, les deux tiers des ouvriers d'industrie ne peuvent pas s'éloigner de leur résidence pendant les vacances, comme ils le souhaiteraient parce qu'ils n'ont pas les moyens matériels de le faire.

Dans cette situation de pénurie globale, on peut imaginer que chaque membre du corps social supporte le même degré de privation que les autres, de sorte que tous soient égaux dans la restriction. Une telle hypothèse n'est presque jamais réalisée. On s'en approche dans certaines communautés agraires antiques, dans certains pays socialistes actuels. La plupart du temps, la pénurie engendre l'inégalité. Certaines classes ou catégories peuvent se procurer tout ce qu'elles désirent, pendant que d'autres subissent des privations accrues. Il y a ainsi des privilégiés et des opprimés. Entre eux l'inégalité développe un antagonisme fondamental, qui est la base essentielle du combat politique. Les opprimés luttent pour une vie meilleure ; les privilégiés, pour conserver leurs privilèges. La détention du pouvoir assure un avantage essentiel dans ce combat : elle en constitue l'enjeu principal.

LES CLASSES SOCIALES

« L'histoire de toute la société jusqu'à aujourd'hui est l'histoire de la lutte des classes » : la célèbre phrase qui ouvre le *Manifeste communiste* de 1848 n'exprime pas une idée si neuve qu'on le croit. Avant Marx, beaucoup ont pensé que les antagonismes politiques sont engendrés par l'inégalité des catégories sociales : ces catégories sociales inégales constituant des classes, au sens le plus large du terme. L'originalité de Marx, c'est d'avoir fait de la lutte des classes le facteur fondamental des conflits politiques, et surtout d'avoir donné des classes une définition rigoureuse et restreinte. Avant lui, la notion de classe correspondait à peu près, en général, à celle des sociologies américains actuels, qui délimitent dans la société des « strates » verticales, déterminées par le niveau de vie moyen : cela revient à préciser la vieille opposition des riches et des pauvres, des *have* et des *have not*, des privilégiés et des exploités.

Ainsi définies sommairement, les classes jouent un rôle essentiel dans la vie politique. Tous les sondages d'opinion, toutes les analyses d'élections et de partis, montrent qu'il existe une corrélation assez étroite entre les choix politiques et le niveau de vie. Certes, tous les « riches » ne sont pas du même côté, ni tous les « pauvres ». Mais la plus grande partie des riches sont d'un côté, et de l'autre la plus grande partie des pauvres. Dans toute société, l'opposition entre les privilégiés, qui peuvent satisfaire leurs désirs et jouir pleinement de l'existence, et les opprimés, qui souffrent de privations plus ou moins grandes, est fondamentale : les seconds s'efforçant de prendre la place des premiers, qui luttent pour la conserver. Cet antagonisme est politique, dans la mesure où il concerne le pouvoir. Il le concerne toujours : car la détention du pouvoir est un des moyens les plus efficaces pour bénéficier de privilèges et les conserver.

Cependant, les « strates » constituent des classes

dans la mesure seulement où elles ont une certaine stabilité, une certaine permanence. Si tous les membres d'une société disposaient de chances égales à la naissance, la diversité des niveaux de vie résultant de la diversité des réussites particulières ne formerait pas des classes à proprement parler. Dans une telle hypothèse, les luttes politiques resteraient individuelles ; les antagonismes seraient engendrés surtout par des facteurs psychologiques. La notion de classe est basée à la fois sur l'inégalité des situations sociales et sur le caractère collectif de cette inégalité : c'est-à-dire sur le fait qu'on se trouve rangé dans une catégorie à la naissance, même si l'on en peut sortir ensuite. Le concept de classe est inséparable de celui d'hérédité des privilèges : sur cette base, on essaiera précisément de donner une définition des classes sociales plus compréhensive et plus opérationnelle que celle du marxisme.

Les représentations collectives qu'on se forme à propos des niveaux de vie sont aussi importantes que la définition matérielle de ceux-ci, pour la détermination des classes. L'image que les membres d'une société se font des divers degrés de l'échelle sociale, la façon dont chacun se situe sur cette échelle, bref le sentiment d'appartenance à une classe, la « conscience de classe », jouent un grand rôle dans le développement des antagonismes politiques. Beaucoup d'études intéressantes ont été faites à ce sujet aux États-Unis, après l'enquête sur « Middletown » d'où l'on a tiré la célèbre distinction de six classes : supérieure-supérieure, supérieure-inférieure, moyenne-supérieure, moyenne-inférieure, inférieure-supérieure, inférieure-inférieure. Elles s'inspirent plus ou moins des théories des sociologues français de l'école de Durkheim, suivant lesquels les membres d'une société se répartissent eux-mêmes, de leur propre estimation, en plusieurs catégories, auxquelles correspondent des degrés et des formes différentes de prestige. Émile Goblot a ainsi étudié en 1925 la « barrière » et le « niveau » des différentes classes. Maurice Halbwachs a fait une théorie d'ensemble des classes considérées comme un phénomène de psychologie collective. Le problème est de déterminer les critères du sentiment d'appartenance. Le niveau de vie matériel est sa base fondamentale. Mais beaucoup de gens se situent au-dessus ou au-dessous de leur niveau de classe réel. Ce phénomène a une grande influence sur le développement des antagonismes politiques.

La différence des niveaux de vie entraîne des différences de genre de vie (c'est-à-dire de comportement, de mœurs, d'habitudes, de mentalité) qui renforcent le sentiment de classe. Mais le genre de vie ne dépend pas uniquement du niveau de vie. A revenu égal, par exemple, un épicier et un professeur, un chanteur de charme et un banquier n'ont pas le même genre de vie. Cela influence les comportements politiques et développe notamment des antagonismes de type corporatif. Une différence plus profonde, qui engendre souvent des conflits, sépare les citadins et les ruraux, et l'on parle parfois d'une « classe paysanne », définie essentiellement par son genre de vie. Cette opposition de la ville et de la campagne a frappé Karl Marx lui-même. Mais il la rattache à sa conception générale des classes définies par le mode de production, comme le montre un très intéressant passage de *L'Idéologie allemande* : « La plus grande division du travail matériel et du travail spirituel, c'est la séparation de la ville et de la campagne. L'opposition entre la ville et la campagne commence avec le passage de la barbarie à la civilisation, du régime des tribus à l'État, de la localité à la nation, et se retrouve dans toute l'histoire de la civilisation jusqu'à nos jours... C'est ici qu'apparaît pour la première fois la division de la population en deux grandes classes, reposant directement sur la division du travail et les instruments de production. »

Le marxisme n'écarte pas les notions de genre de vie, de sentiment d'appartenance et de niveau de vie. Marx s'est élevé contre la croyance courante à faire du degré de richesse ou de pauvreté le critère fondamental : « Le grossier bon sens, dit-il, transforme la distinction des classes en ampleur du porte-monnaie. La mesure du porte-monnaie est une différence purement qualitative, par quoi on peut toujours lancer l'un contre l'autre deux individus de la même classe. » Mais Lénine fait entrer « la part de richesses sociales » dont on dispose dans sa définition des classes (*La Grande Initiative*, 1919). Il n'y a pas contradiction. Pour un marxiste, niveau de vie, sentiment d'appartenance, genre de vie, sont des éléments secondaires et dérivés, dans la définition des classes sociales. Ils sont la conséquence et le reflet d'un élément principal, qui est la propriété privée des moyens de production. Il y a face à face deux classes : celle qui détient les instruments de production et celle qui n'a pour vivre que sa force de travail. De là découlent les différences de niveau de vie, de genre de vie et de sentiment d'appartenance, qui engendrent elles-mêmes des antagonismes politiques. La propriété privée des moyens de production est la base de toutes ces différences : c'est elle qui fait naître deux classes, aux intérêts opposés, qui luttent l'une contre l'autre.

L'antagonisme de ces classes, moteur essentiel de la vie politique, tient au fait que la propriété privée des moyens de production permet à celui qui la détient de s'approprier une partie du travail du non-propriétaire. Quand on ôte d'un objet fabriqué par l'homme tout ce qui a servi à le produire (y compris ce qui est nécessaire à faire vivre celui qui l'a produit), il reste quelque chose, qui est la plus-value. Le capitaliste conserve cette plus-value, en donnant seulement au prolétaire ce qui lui est nécessaire pour vivre. Bien entendu, dans les sociétés capitalistes modernes, la pression des syndicats et des partis ouvriers s'oppose à une confiscation totale de la plus-value. Mais l'exploitation ne cesse pas, tant que la propriété privée des moyens de production subsiste. Il est frappant de constater d'ailleurs qu'en Occident, à travail équivalent, à niveau culturel et technique équivalent, les revenus sont en général plus élevés pour les propriétaires des instruments de production que pour les salariés.

Pour les marxistes, cette lutte des classes entre propriétaires et non-propriétaires est la source essentielle des antagonismes politiques, qui en sont le reflet. Les classes elles-mêmes sont déterminées par le système de production et le régime de propriété, lesquels sont engendrés par l'état des techniques (ou « forces productives »). Le schéma de la dépendance des phénomènes politiques par rapport aux systèmes de production est donc le suivant : techniques (forces productives) → systèmes de production et régime de propriété → classes sociales → lutte des classes → antagonismes politiques. Ainsi, les techniques primitives ont engendré le sytème de production et le régime de propriété de l'Antiquité, avec la lutte des maîtres et des esclaves, et l'État esclavagiste ; les techniques agricoles médiévales ont engendré le système de production et le régime de propriété féodal, avec la lutte des seigneurs et des serfs, et l'État d'Ancien Régime ; les techniques industrielles ont engendré le système de production et le régime de propriété capitaliste, avec la lutte des bourgeois et des prolétaires, et l'État démocratique occidental. L'évolution même des techniques industrielles tend à la suppression de la propriété privée, base des systèmes de production antérieurs, et au système de production socialiste, qui met fin à la lutte des classes, selon la doctrine marxiste, et aboutit au dépérissement de l'État, après une phase intermédiaire de dictature du prolétariat.

Chaque système de production (ou régime de propriété) engendre plusieurs variétés de régimes politiques, c'est-à-dire plusieurs formes de luttes de classes. L'État esclavagiste de l'Antiquité a été tantôt un despotisme de type égyptien ou perse, tantôt une tyrannie de type grec, tantôt une démocratie de type athénien, tantôt un Empire de type romain. L'État féodal a évolué, d'une décentralisation basée sur des fiefs indépendants les uns des autres, vers une monarchie centralisée de type Louis XIV. L'État bourgeois est tantôt une démocratie occidentale, tantôt un régime fasciste. Dans l'État socialiste basé sur la dictature du prolétariat, on peut distinguer le régime soviétique et les régimes des démocraties populaires. Les théoriciens marxistes contemporains opposent ainsi les « types d'État » et les « formes d'État ». Les types d'État correspondent à un système de classe déterminé. Ils sont au nombre de quatre : l'État esclavagiste, l'État féodal, l'État bourgeois et l'État socialiste. A l'intérieur de chaque type, il existe plusieurs formes d'État, c'est-à-dire de régimes politiques.

Cependant, pour les marxistes, l'antagonisme fondamental reste toujours le même, à l'intérieur de chaque type d'État. Dans l'État antique, la lutte essentielle oppose toujours les maîtres et les esclaves ; dans l'État féodal, les seigneurs et les serfs ; dans l'État capitaliste, les bourgeois et les prolétaires. Dans tous les cas, le conflit oppose les propriétaires privés des moyens de production et ceux qui ont seulement leur force de travail pour vivre. Mais cette lutte essentielle prend des aspects différents suivant les formes d'État, à l'intérieur de chaque type. Ainsi, dans l'État médiéval, les serfs luttaient séparément contre leur seigneur, sans appui le plus souvent, à l'intérieur de chaque fief ; dans l'État monarchique centralisé, ils ont parfois pris appui sur les bourgeois des villes ou sur le roi, contre les seigneurs ; ils ont ainsi développé des luttes plus générales, sur une échelle plus large. Dans l'État capitaliste, la lutte des bourgeois et des prolétaires n'a pas les mêmes formes dans la démocratie occidentale, où elle se fait par l'intermédiaire des partis, où les ouvriers peuvent librement développer leurs organisations, et dans les régimes fascistes, où la domination bourgeoise est violente et implacable, où la résistance ouvrière prend des formes clandestines et brutales.

D'autre part, des antagonismes secondaires s'ajoutent toujours à l'antagonisme fondamental, fondé sur la lutte des classes. Jamais celle-ci ne se réduit à un conflit entre deux classes seulement : jamais ce type pur ne correspond à la réalité concrète. A côté des deux classes principales correspondant au système de production existant, subsistent toujours plus ou moins des classes qui correspondent au système de production antérieur, lequel n'a pas disparu tout à fait : ainsi, l'on trouve des aristocrates propriétaires fonciers, dans le régime capitaliste, et des paysans. On trouve aussi des classes correspondant au système de production futur, dont les premiers éléments commencent à apparaître progressivement ; ainsi, il y avait des

bourgeois dans la société féodale. Classes montantes
et classes déclinantes jouent des jeux d'alliances
variés avec les classes fondamentales, s'unissant
tantôt à l'une tantôt à l'autre, suivant leurs intérêts propres. Par ailleurs, aucune classe n'est
absolument homogène ; chacune est toujours formée d'éléments assez divers, souvent en conflit
les uns avec les autres : petits commerçants
contre grands magasins, industriels contre banquiers, employés contre ouvriers, etc. A l'intérieur
de chaque classe, il y a des contradictions.

Les grands conflits politiques du xixe siècle et
du début du xxe siècle sont essentiellement des
conflits entre des classes définies au sens marxiste.
L'opposition des conservateurs et des libéraux
(politiques) est avant tout celle de l'aristocratie
et de la bourgeoisie : la paysannerie remplissant
la fonction de classe de soutien à l'égard de la
première. L'opposition des libéraux (économiques) et des socialistes est celle de la bourgeoisie
(qui s'est alors alliée à l'aristocratie déclinante)
et du prolétariat. Sans doute, d'autres facteurs
sont intervenus : religieux, nationaux, raciaux,
etc. Ils restent secondaires par rapport aux facteurs de classe : ils sont le plus souvent un camouflage d'intérêts de classe. Au temps où écrivait
Marx, au temps où sa doctrine s'est développée,
elle a exprimé assez correctement le mouvement
essentiel des luttes politiques. Il est moins sûr
qu'elle s'applique à toutes les autres époques de
l'histoire.

L'analyse marxiste est critiquable à deux points

de vue. Elle surestime le rôle de la lutte des classes dans la formation des antagonismes politiques. Elle donne des classes sociales une définition trop restrictive. Certes, on trouve des éléments de lutte des classes à toutes les époques ; mais le caractère essentiel, prédominant, décisif, de la lutte des classes est parfois contestable. Avant le xixe siècle, les masses populaires sont exclues le plus souvent de la vie politique. Elles sont exploitées, mais elles n'ont ni les moyens intellectuels de comprendre leur exploitation et d'imaginer la possibilité d'en sortir, ni les moyens matériels de lutter contre elle. Les luttes politiques se déroulent au sein d'une élite restreinte, où les différences de classe sont assez faibles. Les fractions rivales qui se disputent le pouvoir ne sont point basées sur des classes : les rivalités nationales ou dynastiques, les conflits idéologiques ou religieux, les disputes de clans, les compétitions personnelles, sont plus importants que la lutte des classes ; ils ne s'y rattachent que très partiellement.

D'autre part, le concept marxiste de classe est trop étroit. La propriété privée des moyens de production est une forme de privilèges transmis par hérédité. Il en a existé d'autres dans l'histoire. Dans les sociétés aristocratiques, la transmission héréditaire de privilèges concernait des statuts juridiques : dans l'ancienne France, naître noble donnait droit à être officier dans l'armée, à recevoir un bénéfice ecclésiastique ou une fonction épiscopale, à être introduit à la Cour, à bénéficier d'apanages, de donations ou de pensions, à percevoir des droits féodaux, à exercer des pouvoirs seigneuriaux. Dans les sociétés antiques, les qualités de citoyen, de pérégrin, de métèque, d'affranchi, d'esclave, transmises par voie héréditaire, déterminaient des variétés de statuts dont le régime des castes dans l'Inde n'est qu'une hypertrophie. Dans cette optique, on aboutit à une définition de la classe sociale plus opérationnelle que la notion marxiste. D'une façon générale, une classe est une catégorie d'hommes dont les conditions de naissance sont relativement homogènes, mais différentes et inégales des conditions de naissance des autres catégories. Les classes sociales résultent de l'inégalité des chances que la société donne à ses membres, à la naissance, et du fait que ces inégalités déterminent quelques grands types de situation de base. Les classes peuvent se définir par un niveau de richesse, par un type de propriété, par des privilèges juridiques, par des avantages culturels. Peu importent les formes d'inégalités de naissance : l'essentiel, c'est qu'il y ait des inégalités de naissance, et qu'elles se répartissent en catégories ressenties comme telles par les hommes, en produisant des diversités de genres de vie et de sentiments d'appartenance.

Le capitalisme a constitué un certain progrès vers l'égalité, en permettant à l'individu, par son travail, son intelligence, ses capacités, d'acquérir librement des avantages et des privilèges, et de les transmettre ensuite à ses descendants, même s'il n'en a pas reçu de ses ascendants. C'était beaucoup plus difficile, voire impossible, dans les aristocraties ou les systèmes de castes. Un intouchable ne peut pas devenir brahmane ; un esclave ne pouvait pas facilement devenir citoyen ; un vilain n'entrait pas aisément dans la noblesse. Devenir capitaliste était plus facile dans l'Europe ou l'Amérique du xixe siècle. Le mythe du *self made man*, l' « enrichissez-vous » de Guizot, correspondent tout de même à quelque chose, si exagérés qu'ils soient. Cependant, l'accumulation du capital dans certaines mains a fini par engendrer des inégalités héréditaires considérables.

L'importance de celles-ci diminue dans les sociétés occidentales les plus développées. D'autres y apparaissent, qu'on retrouve aussi dans les régimes socialistes. En dehors de toute appropriation privée des instruments de production, l'inégalité des salaires et des situations sociales n'est pas sans conséquences héréditaires. Le fils d'un haut fonctionnaire, d'un grand médecin, d'un avocat célèbre, d'un directeur salarié de grande entreprise, d'un ingénieur de haut niveau, a plus de chances au départ que celui d'un ouvrier, d'un paysan ou d'un artisan. D'abord, parce qu'il aura plus de facilités matérielles pour ses études ; ensuite, parce qu'il recevra de son milieu une éducation par osmose, très importante ; enfin, parce que les relations de ses parents l'aideront à débuter dans la vie. Ces phénomènes jouent même en pays socialistes, où se recréent ainsi certains types de classes.

Ils restent beaucoup plus limités que les précédents. D'abord, parce qu'un aménagement convenable des systèmes d'éducation et des mécanismes de recrutement et d'avancement dans les carrières peuvent en diminuer l'effet. Ensuite, parce que la transmission héréditaire est plus restreinte, dans son étendue et sa durée. Un noble transmettait intégralement la noblesse à son fils ; un propriétaire de firme transmet intégralement l'entreprise à son fils. Un haut salarié ne transmet pas un haut salaire : il transmet simplement de meilleures possibilités d'éducation, des appuis sociaux et des avantages matériels indirects, par l'héritage des biens d'usage. Si ce dernier est limité, comme en pays socialistes, la formation de classes et les inégalités qui en découlent sont très réduites.

Curieusement, la situation ressemble alors à celle que Vilfredo Pareto décrit dans sa théorie des élites. Les « élites » sont les individus les plus capables, dans chaque branche de l'activité humaine. Ces élites luttent contre la masse — c'est-à-dire contre les moins aptes, — pour accéder à une situation dirigeante. Dans ce combat, elles se heurtent à la tendance des élites en place à se constituer en oligarchie et à se perpétuer par hérédité. Cela freine la « circulation des élites », c'est-à-dire la libre ascension dans l'échelle sociale des meilleurs et des plus aptes. Ce schéma correspond à peu près à la situation dans une société socialiste, où la tendance des élites en place à se constituer en classe héréditaire est restreinte. Telle n'était pas cependant la pensée de Pareto, qui n'avait guère de sympathie pour le socialisme, et qui a plutôt joué le rôle d'un théoricien conservateur.

Dans les sociétés aristocratiques de l'Antiquité et de l'Ancien Régime, dans les sociétés capitalistes du xixe et du xxe siècle, l'héritage du statut de noble ou de la propriété des instruments de production donnait en général l'avantage aux élites en place et leur permettait de barrer la route aux élites montantes. Bien plus : ces élites en place n'étaient pas des élites au sens de Pareto, car elles ne tenaient pas leurs fonctions de leurs aptitudes, mais d'un héritage antérieur, dans la plupart des cas. Alors, la lutte des classes constituait certainement l'élément essentiel du combat politique. Les conflits individuels avaient un rôle relativement secondaire : ils intervenaient surtout à l'intérieur des classes dirigeantes, pour déterminer lesquels de leurs membres participeraient plus ou moins directement au pouvoir. Dans les sociétés occidentales les plus développées, on se trouve dans une situation intermédiaire. Le haut niveau de vie rend plus supportables les défauts du capitalisme. Les salaires élevés, le confort matériel, la sécurité relative, atténuent la lutte de classes, et lui donnent des formes moins violentes. Mais la propriété privée des moyens de production y demeure la base de privilèges héréditaires très importants, qui maintiennent une lutte de classes. Seule, sa suppression peut réduire les antagonismes de classes à leur plus simple expression.

LE PROGRÈS TECHNIQUE

La distinction des sociétés industrielles, ou développées, ou sur-développées, et des sociétés sous-développées ou en voie de développement, est l'un des fondements actuels de la pensée politique occidentale. Celle-ci rejoint sur ce point, avec un autre vocabulaire, la pensée marxiste, pour qui les « forces productives » — c'est-à-dire les techniques — sont la base des modes de production et de tous les rapports sociaux : « Les rapports sociaux sont intimement liés aux forces productives. En acquérant de nouvelles forces productives, les hommes changent leur mode de production, la manière de gagner leur vie, ils changent tous leurs rapports sociaux. Le moulin à bras vous donnera la société avec le suzerain ; le moulin à vapeur, la société avec le capitalisme industriel. » (Karl Marx, *Misère de la philosophie*, 1847.) Occidentaux et marxistes sont ainsi d'accord pour reconnaître l'influence primordiale du progrès technique sur la société en général, et les antagonismes politiques en particulier. Mais ils ne sont pas d'accord sur le mécanisme et le sens de cette influence. Pour certains occidentaux, le progrès technique engendre un monde inadapté aux besoins et aux désirs de l'homme, ce qui aggrave les tensions, les conflits et les antagonismes. Les guerres, les révolutions, les dictatures du xxe siècle, la renaissance des massacres et des tortures, le développement de la violence, seraient la conséquence de cette opposition fondamentale entre les instincts de l'homme et l'univers artificiel où l'enferme la technique. Quelques conservateurs à la Caton, qui prônent le retour à la terre, la vie simple, l'austérité, les régimes végétariens, voisinent avec des moralistes et des psychanalystes, dans ces conclusions.

Ce pessimisme à l'égard du progrès technique reste rare en Occident : l'optimisme est beaucoup plus répandu. Il est même plus fort et moins nuancé que l'optimisme des marxistes. A l'Est comme à l'Ouest, on croit que le progrès technique aboutira un jour à une société sans conflits, sans antagonismes, pleinement intégrée : une ressemblance profonde rapproche à cet égard la « phase supérieure du communisme », paradis futur du marxisme, et la « société d'abondance », paradis futur de l'Occident. Mais les routes qui mènent à cet Eldorado ne sont pas les mêmes. Pour les marxistes, la disparition complète des antagonismes ne sera pas l'aboutissement de leur réduction régulière, au fur et à mesure du développement du progrès technique. On ne goûtera pas le paradis morceau par morceau, avant de le posséder pleinement. Au contraire, le progrès technique, en modifiant les modes de production et les rapports sociaux qui en découlent, aggrave la lutte des classes, qui s'exaspère à travers l'exploitation, la révolte et la répression, jusqu'à l'explosion révolutionnaire. Celle-ci porte la classe ouvrière au pouvoir : mais il faut traverser encore une longue phase de dictature du prolétariat avant d'atteindre la phase supérieure du communisme. La fin des antagonismes surgit donc après une période de renforcement des antagonismes, et naît de ce renforcement lui-même, par un mécanisme dialectique.

Pour la majorité des Occidentaux, au contraire, la réduction des antagonismes se développe au fur et à mesure du progrès technique, parce que celui-ci diminue peu à peu leur source principale, qui est la pénurie des biens disponibles. Depuis les origines de l'humanité, on l'a dit, le monde a vécu sous la loi de la rareté : les besoins à satisfaire ont été constamment supérieurs aux biens disponibles. Le terme de « sous-développement » paraît impliquer une situation exceptionnelle, par rapport au « développement », qui définirait la normale. La réalité est inverse : avant le XXe siècle, toutes les sociétés humaines ont été, partout et toujours, « sous-développées ». Entendons par là qu'aucune d'elles n'est jamais parvenue à assurer la satisfaction des besoins strictement élémentaires de tous les hommes : nourriture, logement, vêtement. Cette situation commence à peine à se modifier. Les sociétés industrielles garantissent à peu près le minimum vital de leurs citoyens; le moment est proche où elles pourront peut-être couvrir aussi leurs besoins « secondaires » (confort, loisir, culture). Mais ces sociétés industrielles demeurent très minoritaires : elles ne groupent pas encore le tiers de l'humanité, et cette proportion tend à diminuer plutôt qu'augmenter, la croissance démographique étant beaucoup plus rapide dans les pays sous-développés.

La situation de pénurie engendre, en règle générale, l'inégalité ; une minorité privilégiée vit dans l'abondance, tandis que la masse supporte des privations graves. Souvent, plus la pauvreté générale est grande, plus s'étale la richesse des oligarchies. Dans les pays de famine endémique, l'embonpoint est un signe de puissance. Quand le peuple va en guenilles, les privilégiés s'habillent de brocart et d'or ; quand il loge dans des taudis misérables ou couche à la belle étoile, ils font construire des palais fastueux. La richesse et le luxe d'un petit nombre, au milieu d'une foule misérable : cette situation est explosive, par nature. L'inégalité développe des antagonismes très profonds. A la haine des masses contre les privilégiés répond la peur des privilégiés. La politique est faite de la violence des masses, en situation de révolte endémique, et de la violence des privilégiés, qui se protègent contre elles. D'ailleurs, la pénurie fait que seule l'exploitation des masses par les privilégiés permet de développer la civilisation. Dans des sociétés de pénurie, si l'égalité régnait, tous les hommes seraient obligés de peiner tout le jour pour arriver juste à survivre. A ce stade, la science, la pensée, l'art, la culture, ne sont possibles que si certains hommes disposent des loisirs indispensables, en imposant aux autres une peine accrue.

Le progrès technique ne supprime pas les inégalités, mais il les rend moins sensibles. Dans les sociétés modernes, la diversité des fonctions et de leur importance entraîne l'inégalité des revenus et des conditions du travail. Encore faudrait-il s'entendre à cet égard. On peut présenter deux images opposées de l'évolution des sociétés industrielles. D'un côté, on peut montrer qu'elles tendent à une stratification sociale complexe, à une diversification des situations ; de l'autre, on peut décrire un processus inverse. Beaucoup d'Américains disent que les États-Unis sont une société sans classes ; la ressemblance des genres de vie y est frappante, en effet. Le développement économique tend à réduire l'écart des niveaux d'existence, à resserrer l'éventail des revenus. Entre Rockefeller et le manœuvre américain, la distance est moins grande qu'entre le baron médiéval et son serf. Les sociétés industrielles paraissent évoluer vers la disparition de la très grande richesse et de la très grande misère. Elles marchent vers l'égalisation relative des conditions de vie.

D'autre part, les sources de l'inégalité y sont différentes. Dans les sociétés sous-développées, la jouissance de privilèges dépend essentiellement de la naissance ; dans les sociétés sur-développées, elle dépend de plus en plus des capacités. D'un point de vue philosophique, la différence n'est pas très grande : naître intelligent ou naître aristocrate, c'est toujours bénéficier d'un avantage inné. Les imbéciles aussi portent le poids d'un hasard originel. Le même raisonnement vaut pour la force ou la faiblesse physique, la santé ou la maladie, la beauté ou la laideur, le talent ou la médiocrité. Pratiquement, l'inégalité de naissance qui tient aux aptitudes individuelles choque moins que l'inégalité de naissance tenant à la situation sociale, laquelle répartit les hommes en classes antagonistes. Or l'inégalité subjective engendre des oppositions et des conflits, plus que l'inégalité objective. L'opinion publique admet en général que les plus habiles, les mieux doués, les plus intelligents réussissent mieux que les autres ; elle comprend en même temps la nécessité de cette règle pour assurer le progrès collectif.

Surtout, l'élévation générale du niveau de vie, l'accroissement du bien-être matériel et du confort, le développement des loisirs et de leur agrément : tous ces faits, qui caractérisent l'abondance économique due au progrès technique, réduisent l'importance accordée aux inégalités et les antagonismes qui en résultent. Quand un peuple couvert de haillons, affamé, parqué dans des taudis, est éclaboussé par les carrosses des riches aux portes des palais, l'injustice est durement ressentie et l'envie est grande ; la violence seule, ou la résignation engendrée par la misère et l'ignorance, peuvent maintenir cette situation. Quand la 2 CV de l'ouvrier est dépassée par la Cadillac ou la Jaguar de l'industriel, l'envie existe, certes, mais de façon plus superficielle, plus secondaire. Les tensions diminuent, un certain « consensus » s'établit, la lutte politique devient moins violente.

Que le progrès technique tende ainsi à diminuer les antagonismes politiques, d'une façon générale, cela n'est guère discutable. La comparaison des sociétés sur-développées et sous-développées actuelles le confirme dans l'ensemble. Dans les prémières, les sentiments révolutionnaires s'effacent, la volonté de détruire complètement le système établi disparaît, les oppositions se développent dans le cadre du régime et non contre lui. Les secondes, au contraire, se trouvent dans une situation explosive, où des antagonismes irréductibles engendrent des violences. Mais le rythme de développement est probablement aussi important que le niveau de développement. Le développement rapide accroît les tensions, le développement lent les diminue. La distinction des sociétés stables et des sociétés en évolution accélérée est probablement aussi importante que celle des sociétés sur-développées et des sociétés sous-développées. Dans les sociétés stables, l'ordre existant est généralement accepté, si injuste soit-il. On le considère comme naturel. Est « naturel », au point de vue sociologique, ce qui existe depuis longtemps, de telle sorte que les générations actuellement vivantes et celles qui les ont précédées n'ont pas vu autre chose. On n'imagine guère qu'un tel ordre ancestral puisse être renversé. On est d'ailleurs habitué à lui, comme à un vieux vêtement qui a cessé de gêner, même s'il le faisait à l'origine. L'injustice et l'inégalité, l'arbitraire et la domination, finissent ainsi par devenir relativement supportables à la longue, de sorte qu'il n'est pas nécessaire d'utiliser la violence pour les maintenir. Dans les sociétés stables, même très inégalitaires, les tensions sociales s'atténuent. Les antagonismes demeurent : mais ils sont assoupis.

Le développement accéléré a des effets inverses.

Des changements brutaux de structures sociales tendent à enlever à l'ordre établi son caractère naturel. Les altérations qu'y apporte l'évolution montrent qu'on peut le changer, puis qu'on le change effectivement. Du coup, les inégalités et les injustices, qu'on supportait parce qu'on les croyait inéluctables, deviennent inadmissibles. Les antagonismes entre les masses misérables et la minorité privilégiée s'accroissent. D'autre part, le développement accéléré tend à bouleverser les cadres traditionnels ; beaucoup de gens sont ainsi déracinés, désemparés. Ils se sentent en quelque sorte étrangers à leur propre société, aliénés au sens propre du terme. Ces ruptures des liens traditionnels rendent plus sensible à la misère et à l'injustice, et plus disponible pour la révolte. Seul un pouvoir très fort peut maintenir dans l'obéissance des masses qui ont compris qu'on pouvait désobéir et que la désobéissance ouvre les portes de l'espoir.

D'autre part, le progrès technique ne se fait pas sans difficultés, sans à-coups, sans contradictions. Il faut souligner à cet égard les difficultés de la période initiale de développement, que traversent aujourd'hui la plupart des nations du Tiers Monde, sortant d'une longue torpeur, d'une stabilité quasi millénaire, pour passer à une évolution rapide. Sur le plan matériel, leurs efforts de transformation les obligent à imposer des sacrifices nouveaux aux populations, pendant toute la phase intermédiaire de construction de l'infrastructure d'une société moderne. Durant cette accumulation primaire du capital, la pénurie s'aggrave au lieu de diminuer. Au même moment, la baisse de la mortalité, mais pas de la natalité, engendre une pression démographique formidable, qui augmente le nombre de bouches à nourrir. Ainsi, les masses populaires sont un peu plus malheureuses encore, au moment précis où elles commencent à prendre conscience de leur malheur et de la possibilité d'y échapper. Les antagonismes politiques s'aggravent évidemment dans des proportions considérables. La situation était analogue dans les nations européennes du xixe siècle, où Karl Marx a observé le développement de la lutte des classes.

En même temps, le contact avec les techniques modernes entraîne une dissolution brutale des civilisations traditionnelles. Des sociétés reposant sur un système de rapports humains équilibrés, lentement établi au cours des âges, ayant une culture et une civilisation souvent très profondes, sont brutalement détruites par l'irruption de la civilisation technique. Les modes de vie traditionnels disparaissent, les valeurs anciennes sont rejetées sans être remplacées par des valeurs nouvelles, ni par un mode de vie acceptable. Germaine Tillion a inventé un mot très imagé pour décrire la situation où sont ainsi plongés les membres de ces sociétés : « la clochardisation ». Ils deviennent littéralement des clochards, déracinés, misérables, rejetés à la fois par une communauté ancienne qu'ils n'admettent plus, et par une communauté nouvelle trop élevée pour leur niveau de vie et de culture.

Un nouvel équilibre se constituera plus tard ; un nouveau type de vie communautaire naîtra dans le cadre de la civilisation technique. Mais un long délai est nécessaire pour y parvenir, car le développement de cette civilisation technique se heurte aux difficultés de modernisation qu'on vient de signaler. La « période intermédiaire » risque donc de se prolonger longtemps. Pendant toute sa durée, les tensions seront naturellement très vives entre les masses « clochardisées » et les quelques élites au niveau de vie très supérieur. D'où la tendance à des régimes autoritaires, voire dictatoriaux. D'où la rancœur aussi à l'égard des pays développés. Des phénomènes analogues de « clochardisation », avec les mêmes tensions et les mêmes implications politiques, se sont produits au XIXe siècle en Europe, dans les sociétés en voie d'industrialisation rapide : la dissolution des civilisations paysannes traditionnelles, sous le choc de la technique, y a présenté des caractères voisins.

VI

Facteurs culturels

Pour les marxistes, il n'existe pas de facteurs proprement culturels des phénomènes politiques. Les idéologies, les croyances, les représentations collectives, les institutions, les cultures, ne sont que le reflet des classes : elles se situent dans la superstructure de la société. Sans doute, la superstructure réagit sur la base : mais de façon secondaire et limitée. En Occident, au contraire, on donne une importance primordiale aux éléments culturels. Pour les conservateurs, les nations — c'est-à-dire les ensembles culturels les plus importants dans le monde actuel — engendrent les combats politiques fondamentaux. Pour les libéraux, « la politique, ce sont des idées » : les antagonismes sont d'abord des conflits de doctrines. Pour tous, les institutions jouent un grand rôle.

Chacune de ces attitudes est trop tranchée. L'idéalisme occidental n'est souvent qu'un moyen de dissimuler la défense d'intérêts matériels très précis. Mais les institutions, les cultures, les idéologies, les systèmes de valeurs, ne sont pas de simples épiphénomènes des situations socio-économiques.

Ils ne donnent pas seulement au combat politique sa forme et son cadre : ils contribuent à faire naître des conflits, à les aggraver ou à les atténuer. Il y a des facteurs culturels des antagonismes politiques. D'une certaine façon d'ailleurs, tous les autres facteurs déjà étudiés sont culturels. Les croyances sur les aptitudes individuelles, sur la lutte pour la vie, sur les races, sur la pression démographique, sur la situation géographique, sur les classes, sont aussi importantes que les éléments matériels, lesquels sont eux-mêmes « acculturés ». Sauf dans quelques déserts ou quelques forêts vierges, le milieu géographique est modelé par l'homme. Les races sont historiques plutôt que biologiques. Les religions et les croyances influent sur la croissance de la population. La psychologie est toujours celle d'hommes en relations avec d'autres, dans une société datée, située. La personnalité dépend du statut que les autres attribuent au moi, du rôle que joue le moi vis-à-vis des autres : statut et rôle sont les points d'insertion de l'individu dans une culture. La conscience de classe et les croyances sur la lutte des classes accroissent ou diminuent cette lutte. Progrès technique et culture, classes et culture sont étroitement liés.

LES INSTITUTIONS

Les sociétés humaines sont structurées : elles ressemblent à un édifice plutôt qu'à un tas de pierres. Les institutions déterminent l'architecture

de cet édifice. Le dictionnaire de Robert les définit
« l'ensemble des formes ou structures fondamentales d'organisation sociale, telles qu'elles sont
établies par la loi ou la coutume d'un groupement
humain ». En ce sens, les institutions ont une
influence indiscutable sur les antagonismes politiques. Même les régimes matrimoniaux, les systèmes scolaires, les relations de politesse, ont une
action dans ce domaine. Beaucoup de sociologues
ou historiens conservateurs, tels que Le Play et
Fustel de Coulanges, ont essayé d'expliquer la vie
politique par les institutions familiales. Les marxistes attachent une importance fondamentale aux
régimes de propriété. Certains auteurs occidentaux
aussi, d'ailleurs, qui voient dans la propriété privée
le fondement même de la démocratie. Enfin, les
institutions proprement politiques, c'est-à-dire
l'organisation et la structure du pouvoir, agissent
évidemment sur le développement des antagonismes.

Le problème est de savoir si l'influence politique
des institutions leur est propre, ou si elle relaie
seulement l'influence d'autres facteurs. Les marxistes soutiennent la seconde théorie. Pour eux,
l'état des forces productives, c'est-à-dire des techniques, détermine les modes de production, c'est-à-dire les institutions relatives à la production, et
notamment la propriété. Ces modes de production
eux-mêmes déterminent les autres institutions :
familiales, sexuelles, religieuses, politiques, etc. Il
y a ainsi deux étages institutionnels, si l'on peut
dire : l'étage des institutions socio-économiques,

relatives aux modes de production et aux rapports de classe qui en découlent ; l'étage des autres institutions. Les secondes sont engendrées par les premières ; les unes et les autres sont engendrées par l'état des forces productives. Sans doute, les influences ne s'exercent pas dans un seul sens. Il y a une réaction des étages supérieurs sur les étages inférieurs, des superstructures sur les bases. Mais cette réaction demeure secondaire, par rapport à l'action directe.

Cette conception est beaucoup trop étroite. Que les institutions dépendent du niveau de développement technique, que les institutions socio-économiques commandent les autres, cela n'est guère contestable. Mais on ne trouve à aucun degré une détermination rigide : seulement des conditionnements plus ou moins larges. A chaque niveau de développement correspond une grande variété d'institutions socio-économiques possibles — de « modes de production » et de rapports de classes, pour parler le langage marxiste. A chaque type d'institutions socio-économiques correspond une grande variété d'autres institutions (familiales, religieuses, politiques, etc.).

Les marxistes ne nient pas cette pluralité des superstructures par rapport à la base. Mais ils prétendent qu'il y a toujours un rapport entre le type de superstructure qui s'établit en fait et la nature de la base. On examinera plus loin cette thèse, à propos des relations entre les régimes politiques et les systèmes de production. Disons simplement ici qu'elle est très exagérée. Le condi-

tionnement des institutions socio-économiques par
le niveau des techniques, et des autres institutions
par le système de production, est beaucoup plus
large. Un même niveau de développement peut
engendrer plusieurs types de système de production
sans que tel type déterminé soit en relation avec
telle variété du niveau de développement. Un
même système de production peut engendrer de
très grandes diversités d'institutions familiales,
scolaires, culturelles, politiques, religieuses, sans
que l'apparition de tel type plutôt que de tel autre
soit liée à une modalité du système de production.

Les différences des systèmes scolaires américain,
anglais, allemand et français ne correspondent pas
à des différences dans les systèmes de production,
pas plus que les différences du régime présidentiel
des U. S. A., du régime parlementaire britannique,
des régimes de l'Europe nordique et des systèmes
italien ou français. Les différences de comportement sexuel entre catholiques et protestants, en
Occident, ne paraissent guère liées à des différences dans les systèmes de production et les
niveaux techniques. Les différences entre le bipartisme souple des États-Unis, le bipartisme rigide
de la Grande-Bretagne, le multipartisme discipliné
des pays scandinaves, le multipartisme anarchique
de la France, ne reposent pas sur des différences
dans les modes de production et l'état des forces
productives. On pourrait multiplier les exemples.
Il y a une certaine autonomie des institutions par
rapport aux structures socio-économiques. Dans
la mesure de cette autonomie, qui est assez large,

les institutions sont par elles-mêmes, et non à titre de relais, des facteurs d'antagonismes politiques.

Elles le sont d'abord directement. On verra plus loin que les institutions politiques déterminent le cadre à l'intérieur duquel se déroulent les combats politiques. La forme et le fond sont inséparables, ici comme partout. Le cadre où se développent les antagonismes est aussi un facteur de ces antagonismes, qui les aggrave ou les atténue. Dans un système démocratique, où les luttes politiques se manifestent librement et ouvertement, à travers les élections, les débats parlementaires, la presse, les antagonismes paraissent s'aggraver, d'un côté : on donne plus de force aux choses en les disant et les répétant. D'un autre côté, ils diminuent par le fait même qu'ils peuvent s'exprimer et qu'ils disposent ainsi de soupapes de sûreté. Les phénomènes inverses se produisent dans les régimes autoritaires.

Les systèmes de partis fournissent un bon exemple de l'autonomie des institutions et de leur influence sur les antagonismes politiques. Dans les démocraties occidentales, on trouve soit un bipartisme (Grande-Bretagne, États-Unis), soit un multipartisme (Europe continentale). Les antagonismes politiques se développent de façon très différente dans l'un et l'autre cas. Le bipartisme supprime les conflits secondaires et oblige toutes les oppositions à s'exprimer dans le cadre d'un antagonisme fondamental. Le multipartisme favorise au contraire l'expression des conflits secondaires et tend à fractionner l'expression des grands antagonismes.

On en conclut généralement que le multipartisme
réduit l'ampleur des oppositions, en les dissolvant
en plusieurs fractions, au lieu que le bipartisme
aboutit au système des « deux blocs », c'est-à-dire
à une opposition maxima. C'est confondre les
différences numériques des représentations au sein
du Parlement avec la profondeur des divergences
politiques. En réalité, les effets respectifs du bipartisme et du multipartisme sont diamétralement
opposés à cette croyance courante.

En régime dualiste, les partis tendent à se ressembler. Les facteurs de leur rapprochement sont
assez faciles à définir. Raisonnons sur un exemple
précis, celui de l'Angleterre actuelle, et négligeons
le parti libéral, qui n'y a guère d'importance. Qui
décidera de la victoire du parti conservateur ou
du parti travailliste aux élections ? Pas leurs partisans fanatiques, qui voteront naturellement pour
eux, quoi qu'ils fassent, faute de pouvoir apporter
leur suffrage à un parti situé plus à droite ou plus
à gauche : mais les un ou deux millions d'Anglais
modérés, situés politiquement au centre, qui votent
tantôt conservateur, tantôt travailliste. Pour
conquérir leurs suffrages, le parti conservateur
sera forcé d'atténuer son conservatisme et le Labour
son socialisme. L'un et l'autre devront prendre un
ton calme, une allure rassurante. L'un et l'autre
devront faire des politiques nettement orientées
vers le centre, donc profondément ressemblantes.
Ainsi les antagonismes tendent à s'atténuer. Le
mythe des « deux blocs », si vivace en France, ne
correspond pas à la réalité.

Dans le multipartisme, les résultats sont inverses. Chaque parti ne peut augmenter sa représentation qu'aux dépens de ses voisins immédiats. Chacun s'efforce donc de souligner les différences de détail qui l'opposent au plus proche de ses rivaux, au lieu de mettre en lumière leurs ressemblances profondes. Ainsi les antagonismes sont aggravés — du moins les antagonismes secondaires — entre tendances voisines. Les antagonismes fondamentaux ne le sont pas, sans être atténués non plus par la nécessité de les modérer, comme dans le bipartisme : ils sont plutôt dissimulés, ce qui donne à la vie politique un certain caractère factice. Les alliances entre partis, nécessaires dans un système multipartisan, viennent augmenter la confusion : les partis du centre s'unisssant tantôt avec la droite, tantôt avec la gauche, suivant la tactique de la « chauve-souris ».

Le bipartisme et le multipartisme sont dans une large mesure une conséquence de facteurs socio-économiques : les partis reflètent des classes ou des catégories sociales en conflit. Le développement historique, les circonstances particulières à chaque pays, les traditions, jouent aussi un rôle à cet égard : les luttes de classes et de catégories sociales se déroulant à travers ce contexte culturel. Mais un autre facteur intervient, de nature purement technique et institutionnelle : le régime électoral. On montrera plus loin comment le scrutin majoritaire à un tour de type anglo-saxon tend au bipartisme, comment la représentation proportionnelle ou le scrutin à deux tours de type français tendent au multipartisme, cette action freinant ou accélérant celle des facteurs socio-économiques et culturels. Les rapports entre système électoraux et systèmes de partis mettent en lumière de façon très nette l'autonomie des institutions. Un aménagement technique (le système électoral) donne à une institution (le système de partis) une certaine forme, qui agit elle-même sur les antagonismes politiques, en les développant ou les limitant. La portée de tels aménagements techniques demeure restreinte par rapport aux autres facteurs d'antagonisme. Elle est souvent grande cependant.

Un autre phénomène capital est celui de l'inertie sociale. Les institutions subsistent longtemps après qu'ont disparu les facteurs qui les avaient engendrées. Cette persistance des structures influe sur les antagonismes politiques. Le parti radical-socialiste français, par exemple, est un vestige historique. Il a correspondu à une réalité sociale, il y a quelques décades, où il exprimait l'opposition des libéraux intransigeants en face des libéraux modérés et des conservateurs. Les supports fondamentaux de ce conflit ont presque entièrement disparu. Cependant, certaines organisations radicales demeurent, une certaine idéologie subsiste : l'institution radicale se maintient toujours. Les structures qui survivent ainsi aux facteurs qui les ont engendrées tendent à devenir elles-mêmes facteurs d'antagonismes politiques. Aujourd'hui, il n'y a pas un parti radical parce qu'il existe certains conflits politiques ; il persiste certains conflits parce que le parti radical survit. Certains antagonismes n'ont plus ainsi qu'une base historique. Le décalage entre l'évolution des institutions et l'évolution de leurs bases sociologiques peut engendrer parfois des conflits politiques violents. Quand la réforme des institutions n'est pas faite à temps, l'inertie sociale risque de provoquer des explosions révolutionnaires.

La persistance des institutions, longtemps après qu'ont disparu leurs fondements socio-économiques, a souvent un rôle politique très important. L'exemple le plus frappant à cet égard est celui de la survivance des structures romaines, principalement à travers l'Église, après les invasions barbares et la chute de l'Empire. Du ve au xe siècle de notre ère, en Europe occidentale, l'économie évolue à peu près dans le même sens : déclin de l'industrie, du commerce, de l'échange, des villes ; régression vers une agriculture de type archaïque ; constitution de communautés rurales repliées sur elles-mêmes, fermées, cloisonnées. Tout cela tend à la dissolution de l'État, à l'émiettement du pouvoir politique, au développement de la féodalité. Deux fois cependant, des tentatives de recentralisation se développent : sous les premiers Mérovingiens, et surtout au début du ixe siècle, avec l'Empire de Charlemagne. L'une et l'autre vont à contre-courant de l'évolution socio-économique. A cause de cela, elles sont éphémères. Malgré tout, elles durent un certain temps, et elles engendrent des conséquences permanentes. Elles paraissent directement engendrées par les institutions héritées de Rome : spécialement par l'influence d'une classe de clercs instruits, aux vues larges, sans rapport avec les structures socio-économiques de leur époque, vestiges d'un Empire évolué et centralisé.

LES IDÉOLOGIES ET LES SYSTÈMES DE VALEURS

Le mot « idéologie », forgé par Destutt de Tracy en 1796, a été repris par Marx sous un autre sens, qui est devenu courant aujourd'hui : les idéologies sont des systèmes d'idées, d'opinions et de croyances. Pour les marxistes, les idéologies sont produites par les classes sociales. Idéologies et classes sociales ne sont que deux aspects complémentaires d'une même réalité. « Les mêmes hommes qui établissent les rapports sociaux conformément à leur productivité matérielle produisent aussi les principes et les idées, les catégories intellectuelles, conformément à leurs rapports sociaux », a écrit Karl Marx dans *Misère de la philosophie* (1847). Le terme « idéologie » sera très souvent employé par lui ; il sert de titre aux trois volumes de son *Idéologie allemande*. Dans cet ouvrage, les idéologies sont des systèmes d'idées et de représentations qui tendent à justifier les situations de classes. Plus tard, Marx élargira cette définition, englobant aussi dans les superstructures idéologiques toutes les œuvres culturelles : le droit, la morale, le langage, tout le produit de l'intelligence et de la conscience. Il ne modifiera pas l'idée fondamentale que les idéologies reflètent les structures de classe et tendent à les camoufler.

Dans une certaine mesure, cette théorie décrivait la situation de l'époque où Marx écrivait. Comme les partis politiques, les idéologies correspondaient surtout, alors, à des classes sociales. Le conflits de l'idéologie conservatrice et de l'idéologie libérale depuis la Révolution française reflétait clairement le conflit de l'aristocratie foncière et de la bourgeoisie industrielle, commerçante, bancaire et intellectuelle. Ensuite, l'idéologie socialiste a exprimé les besoins, les désirs et les aspirations d'une nouvelle classe sociale, qui s'est développée avec l'industrialisation : le prolétariat. Même des idéologies non politiques servaient visiblement d'arme à une classe contre une autre classe, dans ces luttes. Le célèbre jugement marxiste « la religion est l'opium du peuple » doit être replacé dans son contexte historique ; M. de Falloux avait au fond la même idée, sous la Seconde République, quand il organisait l'enseignement religieux pour garantir l'ordre social et le préserver du socialisme.

Même à l'époque, la théorie marxiste exagérait la dépendance des idéologies, par rapport aux classes sociales. Que les idéologies et surtout les idéologies politiques, reflètent en grande partie des situations de classe, cela n'est pas douteux. Mais beaucoup d'autres éléments que les classes interviennent dans le développement des idéologies. Certaines idéologies sur la centralisation et la bureaucratie, par exemple, traduisent des conflits entre les chefs et la masse, les gouvernants et les gouvernés, à l'intérieur d'une même classe. Les idéologies nationalistes expriment parfois les besoins communs à toutes les classes d'un pays opprimé par un autre. Les idéologies décentralisatrices correspondent souvent aux aspirations de la province à se libérer de la tutelle de la capitale. Réduire la religion à son rôle « d'opium du peuple », même s'il est exact qu'elle le joue aussi, c'est ignorer que l'aspiration religieuse existe, indépendamment des conflits de classe. Les doctrines littéraires, artistiques, philosophiques, ont aussi leur réalité propre, en dehors des situations de classe qu'elles camouflent quelquefois.

Par ailleurs, que les idéologies et les croyances reflètent des forces sociales ne signifie pas que les penseurs, les philosophes, les faiseurs de systèmes, les « idéologues » n'aient pas une grande influence dans leur élaboration. Sans Marx, il y aurait eu de toute façon une idéologie socialiste, jouant un rôle important ; mais elle n'aurait pas eu exactement le même contenu, et peut-être pas la même force de pénétration et d'expansion. La combinaison des facteurs sociaux et de la création individuelle n'est pas fondamentalement différente en matière d'idéologie, et en matière d'art, de mode et d'invention en général. Le créateur d'idées, de formes, de techniques, agit sous la pression d'un besoin social, d'une part ; d'autre part, le destin de son œuvre dépend de l'accueil que lui fait la société ; entre les deux, intervient l'alchimie mystérieuse de la création individuelle. Montesquieu, Adam Smith, Karl Marx, sont, comme Victor

Hugo, des « échos sonores », qui répercutent les cris de leur époque. Ils sont en quelque sorte les instruments, les organes des forces sociales. Les doctrines qu'ils élaborent, les systèmes qu'ils construisent, ne jaillissent pas dans leur esprit par génération spontanée ; les éléments de ces systèmes viennent de la société, dont ils traduisent les besoins.

Les faiseurs de doctrines ne sont pas seulement des instruments enregistreurs. La société leur fournit les pierres ; avec elles, ils bâtissent des édifices. Leur fonction est celle d'un architecte. L'influence de leur génie personnel, et notamment de leur aptitude à la synthèse, est très importante. Beaucoup d'idéologies ont souffert de n'avoir jamais trouvé un penseur de premier plan, qui sache coordonner leurs éléments épars et en faire une construction puissante, un système dont toutes les pièces s'enchaînent fortement. Au fascisme ou à la démocratie chrétienne, par exemple, il manque un Karl Marx ; cela a gêné leur développement. Le regain des idéologies conservatrices en France, entre 1900 et 1940, a beaucoup tenu à la puissance intellectuelle d'un Maurras. La force d'expression est aussi importante que l'aptitude à la synthèse ; beaucoup d'idéologies ont été gênées par l'absence d'un écrivain de génie pour les exprimer sous des formes saisissantes.

Les idéologies jouent deux rôles principaux dans le développement des antagonismes politiques. D'une part, elles coordonnent et systématisent les oppositions particulières, et les insèrent ainsi dans le cadre d'un conflit global. D'autre part, elles donnent à celui-ci le caractère d'une contestation sur les valeurs, qui suscite un engagement plus profond et plus total. Les sondages d'opinion montrent que cinq éléments principaux jouent un rôle dans les choix et les attitudes des citoyens, en France et ailleurs : 1° le niveau de vie, la qualité de salarié ou de non-salarié, l'appartenance sociale en général ; 2° le groupe d'âge et, dans une mesure moindre, le sexe ; 3° le niveau d'instruction ; 4° la religion ; 5° la sympathie pour un parti politique. Les trois derniers sont idéologiques : les partis reposent sur des idéologies politiques, plus ou moins liées aux doctrines religieuses ; le niveau d'instruction conditionne le niveau de compréhension des unes et des autres.

En intégrant chacun des comportement particuliers dans une représentation d'ensemble de la politique, les idéologies influencent ces comportements. L'influence est d'autant plus forte que l'idéologie est plus complexe, plus précise et plus systématisée, que le citoyen la connaît mieux, et qu'il y adhère plus complètement. Le concept de conscience politique éclaire assez bien ce rôle des idéologies. Chaque attitude politique particulière est à la fois la réponse à une situation concrète surgie dans la vie sociale et la manifestation d'une vision globale du pouvoir, de ses rapports avec les citoyens et des conflits dont il est l'enjeu, vision globale qui constitue précisément la conscience politique. Plus la conscience politique est développée, plus son influence est grande, et moins chaque attitude est commandée par les données de la situation particulière. La conscience politique est formée par de nombreux éléments : éducation, milieu, expérience, etc. Parmi eux, l'idéologie tient généralement la plus grande place. Les idéologies servent d'abord à développer la conscience politique des citoyens.

Elles définissent d'autre part des systèmes de valeurs. Toute société repose sur des définitions du Bien et du Mal, du Juste et de l'Injuste, c'est-à-dire sur des systèmes de valeur. Ces définitions sont elles-mêmes des croyances, car le Bien et le Mal, le Juste et l'Injuste, ne relèvent pas de l'expérience, mais de la foi et de l'adhésion volontaire. Ils sont donc idéologiques, par leur nature même. En fait, toutes les idéologies sont d'une certaine façon des systèmes de valeur, même celles qui se veulent objectives. Tous les phénomènes et toutes les activités sociales ne sont pas valorisées. Mais beaucoup le sont. Dans quelques domaines, la valorisation est plus générale et plus profonde qu'ailleurs : particulièrement dans les domaines religieux, familial, sexuel et, précisément, politique. En passant du niveau de l'utile ou du nuisible, de l'agréable et du désagréable, à celui du Juste et de l'Injuste, du Bien et du Mal, les antagonismes politiques prennent une force beaucoup plus grande. Ils deviennent beaucoup plus irréductibles. Les idéologies tendent ainsi à renforcer les conflits.

Elles peuvent aussi les atténuer. En effet, si chaque classe ou chaque catégorie sociale forge sa propre idéologie dans le combat politique, le pouvoir développe également la sienne, qui tend à l'apaise-

ment des conflits et à l'intégration. La notion de
légitimité, si importante pour diminuer les antagonismes, ne repose elle aussi que sur un système de
croyances, sur une idéologie. Tous les membres d'une
même société ont en commun certaines représentations collectives, certains jugements de valeur,
qui constituent une idéologie unitaire, interférant
avec les idéologies partielles et opposées des différents groupes en lutte les uns contre les autres. La
notion de culture éclaire bien ce dernier aspect du
problème.

Les cultures

Les sociologues appellent culture, l'ensemble des
techniques, des institutions, des comportements,
des genres de vie, des habitudes, des représentations collectives, des croyances, des valeurs, qui
caractérisent une société donnée. On peut étudier
chacun de ces éléments à travers toutes les sociétés,
de façon comparative : on décrira ainsi les pays
développés et les pays sous-développés, les
systèmes capitalistes et les systèmes socialistes,
les régimes autoritaires et les régimes autocratiques, etc. Dans la réalité, ces types généraux se
combinent sous des formes singulières. Chaque
combinaison concrète, datée et située, constitue
une culture. Deux notions fondamentales se trouvent ainsi à la base de ce concept : l'histoire et la
nation. D'une part, chaque culture est le produit
de l'histoire : elle apporte dans le présent le poids

du passé. D'autre part, les nations sont aujourd'hui les ensembles culturels les mieux définis, sauf pour les sociétés sous-développées.

En général, en gros, tous les peuples suivent le même schéma historique. En ce sens, le sociologue peut décrire l'évolution de la féodalité au capitalisme, les divers stades successifs de celui-ci, etc. ; de même que le biologiste peut décrire les différentes phases de l'enfance, de l'adolescence, de l'âge adulte, de la maturité, chez l'homme. Mais ce qui fait la personnalité de chaque individu, sa singularité, c'est le contexte particulier dans lequel se déroule cette évolution générale. De même, ce qui fait les nations ou les civilisations, c'est la singularité du développement historique d'un peuple ou d'un ensemble de peuples. Cette singularité résulte d'abord des événements particuliers qui sont advenus, chacun donnant une impulsion qui se prolonge ensuite en affectant l'évolution sociologique commune. Elle résulte aussi du fait que tel élément de cette évolution s'est développé ou plus tôt ou plus tard qu'ailleurs, plus complètement ou moins complètement, à cause des circonstances naturelles et des réactions particulières de la population.

L'ordre d'apparition des différents facteurs généraux d'évolution et leur développement respectif, varient de pays à pays, de culture à culture. Ainsi, le même développement socio-économique général prend dans chaque cas une figure particulière, et cette particularité influe elle-même sur la suite de l'évolution. Par exemple, le passage des économies féodales fermées à des systèmes économiques plus ouverts est un phénomène général, impliqué par des facteurs sociologiques communs à tous les pays d'Europe. Les situations et les circonstances ont fait qu'il a engendré en France une monarchie absolue et centralisée ; en Italie du Nord, dans les Pays-Bas et en Allemagne, des régimes de principautés ou de républiques urbaines ; en Grande-Bretagne, le développement des droits du Parlement. Ces institutions différentes ont ensuite infléchi les évolutions suivantes dans des sens différents, comme elles-mêmes résultaient de différences nationales antérieures.

Dans l'ensemble, les frontières des cultures et celles des nations coïncident à peu près, sauf dans les sociétés peu développés techniquement, étudiées par les ethnologues, où des tribus, des peuplades, des ethnies, constituent les cadres culturels fondamentaux ; là aussi, cependant, la culture tend à se nationaliser. Certaines nations modernes elles-mêmes ne correspondent pas à une culture unique, mais sont le lieu géométrique de plusieurs : par exemple la Suisse, où coexistent culture germanique et culture française ; mais cette coexistence même de plusieurs cultures définit un ensemble culturel original. Enfin, plusieurs nations voisines appartiennent souvent à un même ensemble culturel, qu'on appelle « civilisation » : on parlera ainsi d'une civilisation européenne, d'une civilisation occidentale, d'une civilisation d'Amérique latine, d'une civilisation asiatique, etc. Les différences demeurent assez grandes entre les cultures nationales à l'intérieur d'une même civilisation. Les cultures modernes tendent à dépasser le cadre national ; mais il reste encore essentiel, à l'heure actuelle. On peut donc confondre en pratique cultures et nations, comme facteurs d'antagonismes politiques.

Certes, les nations ne sont pas seulement des cultures. Le phénomène national est très complexe. Il s'y mêle de nombreux éléments. Suivant qu'on met l'accent sur l'un ou l'autre, on arrive à des conceptions très différentes. Certains définissent la nation par le sol, le cadre géographique et son influence sur les hommes : la théorie des frontières naturelles et celle des climats dérivent de cette optique. D'autres, comme Fichte, définissent la nation par la langue, instrument de communication fondamental, qui donne à un groupe humain sa cohésion en profondeur. D'autres encore définissent la nation par la race. A ces conceptions « matérialistes » s'opposent des conceptions « spiritualistes ». Les unes définissent la nation par une doctrine ou une idéologie, qu'elle affirme dans le monde et qu'elle y propage. Ainsi, beaucoup de musulmans parlent de la « nation arabe », qui serait la communauté de tous les musulmans, l'« ouma » du Prophète. Beaucoup de Français libéraux tendent à définir la France comme « la patrie des droits de l'homme » ; elle ne serait plus elle-même, elle se renierait, si elle cessait de les défendre et de les promouvoir. D'autres encore définissent plutôt la nation comme une volonté de vouloir vivre ensemble, comme une communauté de destin.

La définition par la culture reste la plus générale et la plus exacte. Elle n'exclut pas les précédentes : elle les englobe, en les rectifiant. La culture se caractérise essentiellement par les proportions et les formes que revêt dans une société donnée chacun des éléments de la réalité sociale, ces proportions et ces formes résultant elles-mêmes de l'histoire. Cela s'applique exactement à la nation et aux divers éléments composants qu'on vient de recenser. Ainsi, la nation est essentiellement un produit de l'histoire. De même qu'un homme se définit par son passé, comme l'a bien vu la psychanalyse, de même qu'il est à chaque instant la somme de ce qu'il a été, et plus encore de ce qu'il croit qu'il a été, ainsi une nation se définit par son histoire, et autant par l'histoire imaginée que par l'histoire objective, telle qu'elle fut réellement. De même que l'homme reconstruit à chaque instant son passé, qu'il choisit certains faits, qu'il en oublie d'autres, qu'il grossit les proportions réelles des uns et qu'il diminue les proportions des autres, ainsi les peuples se fabriquent une histoire artificielle, qui influe profondément sur leurs comportements et leurs institutions. Les pays qui ont lutté pour leur indépendance au xixe et au xxe siècle ont commencé par ressusciter leur histoire et souvent par l'imaginer : ce faisant, ils édifiaient les bases mêmes de l'idée nationale.

Cependant, la nation est beaucoup plus qu'un cadre culturel. Elle est aussi la communauté elle-même, la société globale, vécue et imaginée par ses membres. Elle constitue comme telle un système de valeurs faisant l'objet d'un consensus général, qui s'oppose aux systèmes de valeurs des différentes idéologies en conflit. Certains décrivent ainsi la vie politique sous forme d'un antagonisme entre la « conscience nationale » et les « consciences partisanes ». En réalité, cette opposition n'est rien d'autre que celle de l'intégration et de la lutte, ces deux faces de la politique-Janus. La nation, le système de valeurs national, le consensus développé autour de lui, sont des éléments d'intégration politique. Mais ils constituent souvent aussi des camouflages utilisés par les adversaires en lutte, qui sert à dissimuler leurs objectifs particuliers derrière de prétendus intérêts généraux. Dans le conflit des propagandes, la conscience partisane est toujours celle d'autrui ; la conscience nationale, toujours la nôtre.

La nation a donc deux sortes d'influence sur les antagonismes politiques : comme système de valeur et comme cadre culturel. En tant que système de valeur, elle tend à la fois à restreindre les antagonismes par l'existence d'un consensus national (fonction d'intégration) et à les exprimer, en masquant des intérêts de parti ou de classe derrière une idéologie (fonction de camouflage). A ce dernier point de vue, elle sert souvent aujourd'hui à dissimuler les conflits de classe. Au slogan marxiste : « Prolétaires de tous les pays, unissez-vous ! » le nationalisme oppose le slogan conservateur : « Oppresseurs et opprimés du même pays, unissez-vous ! » A l'origine, au contraire, le concept de nation a permis d'opposer la communauté de tous les citoyens aux aristocrates ou au monarque, comme source de pouvoir souverain : sa première signification fut révolutionnaire. Pendant tout le xixe siècle européen, le nationalisme fut une idéologie de gauche, avant d'être utilisé ensuite par les conservateurs, qui s'en souciaient peu jusqu'alors. En 1793, la nation était le signe de ralliement des partisans de la Révolution : aujourd'hui, elle est utilisée plutôt par les descendants des émigrés de Coblentz.

L'idéologie nationaliste n'a pas seulement changé de sens : elle a aussi diminué d'importance. La nation joue un rôle essentiel dans les antagonismes politiques seulement quand elle est menacée dans son existence même. C'est le cas en temps de guerre ou de risque de guerre. C'est aussi le cas pour les pays qui conquièrent ou ont récemment conquis leur indépendance nationale : dans cette dernière hypothèse, le nationalisme retrouve son sens révolutionnaire. Dans ces circonstances exceptionnelles, le consensus national tend à suspendre les antagonismes internes, et à développer un antagonisme avec les autres nations, suivant un processus commun à tous les groupes sociaux. En face d'un ennemi qui l'opprime ou le menace, toute communauté tend naturellement à resserrer sa cohésion et à renforcer son agressivité extérieure. Bien entendu, ce mécanisme est utilisé dans les conflits politiques internes : agiter l'épouvantail de l'ennemi, vrai ou mythique, est un procédé classique de camouflage.

En toutes circonstances, la nation conserve une

influence sur les antagonismes politiques, comme cadre culturel. On en donnera seulement quelques exemples. Le premier est celui de la « libéralisation » dans les démocraties populaires. D'une façon générale, la libéralisation semble la conséquence du développement économique et de l'élévation du niveau de vie, qui atténuent les tensions, suivant le schéma qu'on a décrit plus haut. Elle devrait donc être d'autant plus forte que le pays est plus industrialisé, que son appareil de production est plus moderne. Cela se vérifie « en gros », et l'opposition est assez nette entre le communisme des pays développés (U. R. S. S. et démocraties populaires d'Europe), plus libéral, et le communisme des pays sous-développés (Chine et Albanie), plus implacable. Dans le détail, le parallélisme est loin d'être absolu entre le degré de développement et le degré de libéralisation, comme on le voit en Pologne et en Yougoslavie, notamment. Dans ces deux pays, la libéralisation est plus poussée qu'en Union soviétique. Cependant, l'un et l'autre sont moins avancés économiquement, et moins industrialisés. La distorsion paraît s'expliquer par des facteurs nationaux. La Pologne et la Yougoslavie ont une tradition séculaire de combats pour la liberté, qui a développé sans doute le désir de liberté dans les populations ; le personnel politique y a été formé en grande partie dans les Universités occidentales, et particulièrement françaises, où il a reçu une empreinte libérale; etc. Un autre exemple de l'influence des cultures nationales sur les antagonismes politiques est fourni par le développement des systèmes de partis en Europe, aux XIXe et XXe siècles. Sur une trame générale, commune à tous les pays, des facteurs spécifiques ont brodé des arabesques différentes pour chacun, comme on le verra plus loin.

Les cultures nationales conservent malgré tout un rôle secondaire par rapport aux facteurs socio-économiques. Elles agissent, non comme moteurs, mais comme accélérateurs ou comme freins. En Pologne ou en Yougoslavie, par exemple, les facteurs nationaux accélèrent la libéralisation, par rapport au stade de développement économique, de sorte que la première est en avance sur le second. En Allemagne, les facteurs nationaux ont freiné l'évolution vers la démocratie occidentale au XIXe siècle et au début du XXe, bien que le niveau de capitalisme aurait dû y conduire bien avant la seconde guerre mondiale. En France, les facteurs nationaux ont accéléré ce mouvement vers la démocratie libérale au XIXe siècle. D'une façon plus générale, les cultures nationales déterminent la forme du combat politique, plutôt que la nature même des antagonismes qui s'y affrontent. On aborde ainsi un nouvel ordre de problèmes.

DEUXIÈME PARTIE

Les formes du combat

Les formes du combat politique dépendent aussi d'éléments biologiques, psychologiques, démographiques, géographiques, socio-économiques et culturels, comme l'existence même des antagonismes qui le constituent. Un antagonisme naît toujours dans un certain cadre, où il s'exprime d'une certaine façon, et les facteurs qui l'engendrent influencent aussi la forme de ce cadre et de ce mode d'expression. En étudiant les formes du combat politique et non plus la naissance des antagonismes, on ne change pas les objets observés : on ne fait que déplacer le point de vue. Les éléments culturels sont maintenant au centre de l'observation. Les formes du combat politique sont constituées essentiellement par des institutions, des idéologies, des systèmes de valeurs et des représentations collectives. On peut distinguer le contexte culturel global, formé par la combinaison de tous ces éléments dans le cadre d'une nation ou d'une civilisation, et des éléments qui concernent plus directement le pouvoir et les luttes qui se déroulent autour de lui, qui sont plus proprement politiques.

Les antagonismes se développent d'abord à l'intérieur de certains cadres techniques, qu'on appelle régimes politiques : démocratie occidentale, dictature, monarchie traditionnelle, etc. Dans ces cadres, s'affrontent des organisations de combat, des sortes d'armées politiques : partis et groupes de pression, notamment. Ces organisations emploient divers moyens d'action, pour tâcher de remporter la victoire : l'argent, le nombre, l'encadrement collectif, la propagande. Leur lutte se déroule suivant certaines stratégies : le camouflage y tient toujours une grande place. Régimes politiques, partis, groupes de pression, moyens de lutte, stratégies, constituent les formes du combat politique. En déplaçant le point d'observation, on le centre plus nettement sur la politique. En décrivant jusqu'ici les facteurs d'antagonismes, on traitait en somme des rapports entre la politique et les autres aspects de la vie sociale. On va traiter maintenant de la politique elle-même, des institutions qui la concernent directement.

I

Les cadres du combat

Les cadres du combat politique sont d'abord constitués par l'ensemble des institutions, des habitudes, des traditions, des mentalités, des croyances, des représentations collectives, des systèmes de valeurs de la société dans laquelle il se déroule, c'est-à-dire par la culture de cette société. Chaque peuple, chaque pays, chaque civilisation donne aux luttes de classes, aux conflits individuels, à la résistance au pouvoir, une physionomie singulière. On ne peut séparer la politique de ce contexte culturel global, sans l'appauvrir. En second lieu, les cadres du combat politique sont formés par des institutions de nature particulière, qu'on appelle les régimes politiques. Dans toute société complexe, le pouvoir est organisé : les régimes politiques sont les différents types d'organisation du pouvoir. Ils résultent à la fois d'institutions formelles, officielles, établies par les constitutions, les lois et les textes juridiques en général, et d'institutions de fait, d'habitudes, de coutumes, d'usages, de pratiques.

LES DIFFÉRENTS RÉGIMES POLITIQUES

Toute classification des régimes politiques se réfère, implicitement ou non, à un système de valeurs. Celles d'Aristote et Platon tendaient à souligner les qualités des régimes mixtes. Celle de Montesquieu a la même signification : mais sa conception du « mixte » est différente. La typologie occidentale, qui oppose les démocraties aux dictatures, vise à justifier les premières et à dévaloriser les secondes : car le terme de dictature est péjoratif et celui de démocratie approbatif, dans le langage actuel. L'opposition communiste entre les régimes capitalistes et les régimes socialistes a la même signification : « capitaliste » est mauvais et « socialiste » bon, dans le vocabulaire marxiste. On va essayer de dépasser ces classifications subjectives, pour rechercher une typologie plus objective, qui mette en lumière les ressemblances et les différences des régimes actuels, spécialement comme cadres du combat politique. L'approche historique est ici la meilleure, car toutes les classifications actuelles s'inspirent plus ou moins des anciennes.

Jusqu'à la fin du xixe siècle, on a vécu sur une typologie des régimes politiques hérités des Grecs, qui opposait la monarchie, l'oligarchie et la démocratie. Monarchie ou gouvernement d'un seul, oligarchie ou gouvernement de quelques-uns, démocratie ou gouvernement de tous : ces définitions simples correspondaient à la fois à une classification logique et à la description concrète des régimes existant dans l'Antiquité hellénique. La première formule précise de cette distinction se trouve dans Hérodote, et date probablement du milieu du ve siècle avant J.-C. ; mais elle paraît être le fruit d'une tradition antérieure. Déjà, d'ailleurs, on distingue dans chaque régime la forme pure, correcte, et ses « déviations ». Aristote en donnera plus tard un tableau célèbre, opposant la tyrannie, l'oligarchie et la démocratie, formes corrompues, à la monarchie, l'aristocratie et la « timocratie » — ou démocratie censitaire — formes pures. Avant lui, Platon avait exprimé des idées analogues, en y ajoutant celle d'une succession entre les différents types de régimes, suivant un éternel retour.

La trilogie « monarchie, aristocratie, démocratie » domine la pensée politique jusqu'à Montesquieu, et au-delà. Chaque auteur important la complique dans le détail, sans toucher à l'essentiel. Bodin l'applique séparément aux formes d'État et aux formes de gouvernement, ce qui lui permet des combinaisons bizarres, mais souvent intéressantes. L'État monarchique par exemple, où la souveraineté est entre les mains d'un roi, peut avoir un gouvernement démocratique, si tous les citoyens ont un égal accès aux fonctions publiques ; ou aristocratique, si ces fonctions sont réservées aux nobles et aux riches. Le Principat romain est un gouvernement monarchique dans un État démocratique, puisque la souveraineté est à base

populaire ; cette dernière définition s'applique
assez bien au bonapartisme et à certaines dictatures modernes. La typologie de Bodin est intéressante. Elle a le mérite de montrer la contradiction
possible entre les systèmes de valeur qui servent de
fondement à l'État (que Bodin appelle « souveraineté »), et l'aménagement technique du pouvoir.

En apparence, Montesquieu semble d'abord
s'écarter de la typologie traditionnelle, puisqu'il
écrit : « Il y a trois espèces de gouvernements :
le républicain, le monarchique et le despotique. »
Mais il distingue aussitôt, dans la république, la
démocratie et l'aristocratie ; on retrouve bien la
vieille distinction d'Hérodote, et l'idée des formes
pures et des formes corrompues (le despotisme est
une forme corrompue de la monarchie). Le rapprochement entre démocratie et aristocratie est
fécond ; le XIXe siècle et même le XXe allaient
le justifier, où la distinction entre démocratie et
aristocratie est difficile à faire, à cause de l'importance du suffrage censitaire et du rôle des
oligarchies dans les régimes basés sur le suffrage
universel. De même, pour un sociologue moderne,
la différence entre monarchie et dictature est fondamentale, comme l'avait bien vu Montesquieu.

Les juristes contemporains s'inspirent encore de
lui, moins dans sa conception des trois formes de
gouvernement que dans sa théorie de la séparation
des pouvoirs. Ils classent les régimes politiques
suivant les rapports internes des différents « pouvoirs », c'est-à-dire des divers organes de l'État.

On aboutit ainsi à une division tripartite nouvelle : régimes de confusion des pouvoirs, régime de séparation des pouvoirs, régimes parlementaires (ou de collaboration des pouvoirs). La confusion des pouvoirs peut se produire au profit d'un homme ou d'une assemblée. Le premier cas correspond, soit à la monarchie absolue, soit à la dictature, la différence étant basée sur le mode d'investiture : le roi est porté au pouvoir par l'hérédité ; le dictateur, par la force. Le second cas correspond au régime d'assemblée ou régime conventionnel (parce que la Convention est censée l'avoir incarné). Cette dernière catégorie est illusoire ; elle ressemble un peu à ces fausses fenêtres des architectures décadentes, placées là par symétrie. La Convention a subi la dictature (de la Commune ou des comités) plus qu'elle ne l'a exercée. Les exemples de régimes d'assemblée sont trop brefs, trop rares, trop instables, pour qu'on puisse voir là une catégorie générale aussi importante que les autres.

A l'intérieur des régimes de séparation des pouvoirs et des régimes parlementaires, on trouve une même subdivision générale entre monarchies et républiques. La forme royaliste de la séparation des pouvoirs est la monarchie limitée, où un Parlement doté de compétences financières et législatives vient restreindre les prérogatives du roi. Sa forme républicaine est le régime présidentiel, dont le système américain est la plus brillante incarnation. Le rapprochement des deux n'est pas artificiel : le régime présidentiel a été inventé par les colons des États-Unis à l'image du gouvernement de la métropole britannique du xviiiᵉ siècle, qui était la monarchie limitée. Le régime parlementaire se caractérise par la distinction du chef de l'État et du chef du gouvernement, le premier ne remplissant qu'un rôle honorifique, sans pouvoirs réels, le second assumant seul la direction de l'exécutif, au sein d'un cabinet ministériel responsable avec lui devant le Parlement. Ce système complexe est le dernier stade d'une évolution qui a permis de passer de la monarchie absolue à la démocratie, sans changer les formes extérieures d'un système traditionnel, mais en les vidant pratiquement de toute substance.

Schématiquement, l'évolution des monarchies européennes s'est faite en trois phases, à l'image de la Grande-Bretagne : monarchie absolue, monarchie limitée, monarchie parlementaire. L'apparition d'un Parlement en face du roi — ou plutôt l'extension des pouvoirs de ce Parlement, issu des assemblées de vassaux de la féodalité — a fait passer de la première à la seconde phase. Le développement des idées démocratiques a obligé le monarque à tenir de plus en plus compte de la volonté du Parlement. Les ministres, d'abord simples secrétaires du roi, exécutant sa politique, ont dû progressivement obtenir aussi la confiance du Parlement pour pouvoir agir : on arrive ainsi au stade intermédiaire du « parlementarisme orléaniste [1] », où le ministère doit réunir la confiance du monarque et celle des

---

1. Ainsi nommé parce qu'il correspond en France à la monarchie de Louis-Philippe, ex-duc d'Orléans.

députés. Cette phase dure peu, et la confiance des députés est ensuite seule exigée. Le cabinet ministériel concentre dans ses mains tout le pouvoir gouvernemental, le roi est confiné dans un rôle de pur apparat (« le roi règne, mais ne gouverne pas »). En 1875, la France transposera dans un cadre républicain ce système parlementaire ; elle sera ensuite imitée par de nombreux États. La différence réelle entre les républiques parlementaires et les monarchies parlementaires est très faible puisque, roi ou président, le chef de l'État n'a pratiquement pas de pouvoir. Ainsi est dévalorisée l'opposition « monarchie-république », qui a déchiré le XIXe siècle européen : elle perd toute sa signification.

Ces classifications juridiques n'expriment pas très bien les différences entre les régimes politiques actuels. On les abandonne progressivement au profit d'une autre, qui repose sur la distinction des régimes pluralistes ou démocratiques, et des régimes unitaires ou autocratiques. Dans les régimes pluralistes ou démocratiques, la lutte politique se déroule au grand jour, librement, à ciel ouvert. On y trouve d'abord plusieurs partis politiques : d'où le nom de régimes « pluralistes » : il peut y en avoir plus de deux, mais il y en a toujours au moins deux. La lutte est publique et ouverte, également sur le plan de la presse et des moyens d'expression et d'information : les régimes pluralistes sont aussi des régimes libéraux, c'est-à-dire des régimes où existent des libertés publiques, permettant à chacun d'exprimer librement ses opinions, par la parole, l'écrit, l'adhésion à des organisations, la participation à des manifestations publiques, etc. L'activité des groupes de pression, qui tâchent d'influencer indirectement le pouvoir, est quelquefois plus secrète ; la vie politique comporte toujours des zones d'ombre ; mais elles sont réduites au minimum dans les régimes pluralistes.

Au contraire, dans les régimes unitaires ou autocratiques, la lutte politique n'existe pas officiellement, sinon sous forme de combats individuels pour capter les faveurs du Prince. Mais le Prince lui-même ne peut pas être contesté, pas plus que l'ensemble du régime. Son autorité échappe d'ailleurs à l'action des citoyens tandis que, dans les démocraties pluralistes, même le pouvoir suprême est remis en compétition à intervalles réguliers, tous les quatre ou cinq ans, par le jeu des élections générales : ses détenteurs ne l'exercent qu'à titre précaire, comme des locataires dont les droits cessent à l'expiration de leur bail, et qui doivent en obtenir le renouvellement, faute de quoi il faut vider les lieux. Toutefois, le monarque le plus absolu ne peut guère échapper à ses collaborateurs immédiats, à ses conseillers, à ses favoris, aux grands corps de l'État : toute une série de fonctions donnant part au pouvoir suprême font ainsi l'objet d'une lutte très vive. Parfois le Prince devient l'instrument des hommes ou des institutions qui l'entourent : le Pharaon, des prêtres d'Ammon ; le Mérovingien, du Maire du Palais ; etc.

Dans chacune de ces catégories — régimes pluralistes ou démocratiques, régimes unitaires ou autocratiques — on peut établir des sous-distinctions. Dans la seconde, on retrouve l'opposition des monarchies héréditaires et des dictatures issues de la conquête. Également, celle des autocraties modérées, qui acceptent une certaine contestation et, des autocraties totalitaires, qui détruisent toute opposition et obligent aux luttes clandestines. Dans les démocraties pluralistes, la meilleure classification combine les formes juridiques des régimes et la nature des partis politiques qui s'y affrontent.

On a déjà noté l'importance de la distinction du bipartisme et du multipartisme, dans l'aggravation ou l'atténuation des antagonismes. Elle est aussi importante, quant à la structure des régimes parlementaires : car elle conditionne la solution du problème de la majorité dans l'Assemblée nationale, sur lequel repose tout l'édifice gouvernemental. Dans le bipartisme, la majorité appartient à un seul parti, par la force des choses ; elle est donc homogène, elle n'est point paralysée par des discussions internes, elle est stable. Dans le multipartisme, aucun parti ne réunit seul la majorité, qui est formée par la coalition de plusieurs : elle est donc hétérogène, divisée, instable. Mais le nombre des partis n'est pas le seul élément à considérer. La stabilité et l'homogénéité du gouvernement, en régime de bipartisme, dépendent essentiellement de la discipline intérieure du parti majoritaire. Si tous ses députés votent de la même façon, comme en Grande-Bretagne, l'exécutif s'appuie sur une majorité réellement cohérente et durable. Si la liberté de vote est totale au contraire, comme aux États-Unis, le gouvernement a autant de difficulté à se maintenir au pouvoir et à gouverner que dans un régime multipartisan. Le seul vrai bipartisme est le bipartisme « rigide » de type britannique, où chaque parti impose à ses députés une discipline de vote ; le bipartisme « souple » de type américain est un « pseudo-bipartisme », qui aboutit en pratique aux mêmes résultats que le multi-partisme.

On peut établir ainsi une classification en trois types de régimes pluralistes : 1º Les régimes présidentiels, dont les uns connaissent un pseudo-bipartisme (États-Unis), les autres un multipartisme (Amérique latine), mais aucun un bipartisme véritable ; 2º les régimes parlementaires à bipartisme, de type anglais ; 3º les régimes parlementaires à multipartisme, de type européen continental. Sur le plan juridique, les deux derniers sont très proches l'un de l'autre, et très éloignés du premier. Sur le plan du fonctionnement des institutions, au contraire, la stabilité et l'autorité du gouvernement en régime parlementaire bipartisan ressemblent beaucoup plus à celles de l'exécutif présidentiel qu'à celles du gouvernement parlementaire multipartisan. Sur le plan du rôle des citoyens dans le choix de leurs chefs, élément capital de tout régime politique, la ressemblance est encore plus grande.

Au moment d'une élection parlementaire, le citoyen anglais a conscience, non seulement de voter pour un député, mais aussi — et surtout —

de désigner le chef responsable de la politique britannique. A cause de la discipline des partis, il sait qu'en votant conservateur ou travailliste il met à la tête du gouvernement, pour quatre ans, Monsieur X, leader conservateur, ou Monsieur Y, leader travailliste. Sa situation est exactement la même que celle du citoyen américain désignant les électeurs présidentiels, qui se sont engagés à choisir pour président l'un des deux candidats rivaux. En Grande-Bretagne et aux États-Unis, malgré la différence des structures juridiques, tous les citoyens choisissent pratiquement eux-mêmes le chef réel du gouvernement. Au contraire, dans les États de l'ouest du continent européen, le multipartisme empêche ce choix direct ; le chef du gouvernement est désigné par les états-majors des partis, suivant des combinaisons qui ont un caractère ésotérique aux yeux des citoyens.

On peut établir sur cette base une distinction nouvelle entre les démocraties « directes » et les démocraties « médiatisées ». Dans les premières, les électeurs choisissent eux-mêmes, en fait, le chef du gouvernement ; dans les secondes, ils désignent ceux qui feront ce choix en toute liberté. Cette distinction tend à devenir fondamentale en Occident. L'exécutif est le centre du pouvoir réel dans les États modernes, le législatif n'ayant qu'un rôle de contrôle, de limitation et d'empêchement. La désignation directe de son chef par l'ensemble des citoyens est donc essentielle. L'établissement d'un circuit de confiance entre le peuple et le pouvoir est beaucoup plus facile dans un tel système. Le peuple ne se sent guère concerné par les intrigues de couloirs et de comités d'où sort la nomination du chef du gouvernement en démocratie « médiatisée ». En démocratie « directe », la compétition politique est plus réelle, plus profonde, plus ressentie par les citoyens : on mesure l'importance de ce phénomène.

RÉGIMES POLITIQUES ET STRUCTURES SOCIO-ÉCONOMIQUES

L'instauration de tel ou tel régime politique dans un pays ne dépend pas du hasard ou de l'arbitraire des hommes. Comme toutes les institutions, celles-ci sont conditionnées par de nombreux facteurs, et surtout par des facteurs socio-économiques. Deux grandes théories s'opposent à cet égard. Les marxistes voient dans les régimes politiques le reflet des sytèmes de production : ce faisant, ils nient toute autonomie des institutions politiques, comme des autres ; ils ne leur attachent donc qu'une importance secondaire. Les occidentaux, après avoir exagéré au contraire l'indépendance de la politique par rapport à l'économie, commencent à modérer leurs thèses initiales, à cet égard. De plus en plus, ils admettent qu'un rapport étroit unit régimes politiques et niveau de développement technique.

On a déjà décrit le schéma général de la dépendance des régimes politiques par rapport aux systèmes de production, dans la doctrine marxiste.

Celle-ci distingue d'abord des types d'État, au nombre de quatre : l'État esclavagiste de l'Antiquité, l'État féodal, l'État bourgeois et l'État socialiste, correspondant chacun à un mode de production et à un système de propriété. Chaque type d'État se subdivise lui-même en plusieurs « formes d'État », c'est-à-dire en régimes politiques : despotisme oriental, tyrannie, république ou empire, dans l'État esclavagiste; seigneuries ou monarchies centralisées, dans l'État féodal ; démocraties occidentales ou fascismes dans l'État bourgeois ; régime soviétique et démocraties populaires, dans l'État socialiste. A un même système de production et de propriété correspondent ainsi des régimes politiques différents. Mais cette diversité des régimes traduit elle-même des diversités à l'intérieur d'un même système de production.

Prenons par exemple le système de production médiéval, fondé sur des techniques agricoles extensives et primitives, engendrant l'opposition des seigneurs et des serfs. En gros, il a revêtu deux formes successives. Il s'est développé d'abord dans le cadre d'une économie fermée, où chaque seigneurie vivait repliée sur elle-même, produisant à peu près tout ce qui était nécessaire à la subsistance des gens vivant sur ses terres, les échanges et le commerce étant réduits à leur plus simple expression. A cette variété du système de production féodal correspond un régime politique très décentralisé, où le pouvoir s'émiette entre des féodaux liés les uns aux autres par des hiérarchies très lâches. Au contraire, avec le développement des communications et du commerce, la substitution d'une économie d'échange à une économie fermée, l'autonomie locale des seigneurs disparaît progressivement, et l'État centralisé apparaît, sous la forme de la monarchie absolue.

Les différences entre les formes de l'État bourgeois sont de même liées à des différences dans le système de production capitaliste. Par exemple, quand celui-ci commence à s'établir de façon dominante, mais que la grande propriété foncière continue à jouer un rôle économique important, l'État bourgeois tend à revêtir la forme d'une monarchie parlementaire de type orléaniste, telle qu'elle fonctionnait en France sous Louis-Philippe (1830-1848). Au contraire, quand le système de production capitaliste commence à être ébranlé par la force des mouvements ouvriers, et que l'évolution vers le socialisme devient menaçante, l'État bourgeois incline vers la violence de type fasciste. La monarchie parlementaire serait ainsi la forme d'État correspondant à la première phase d'un système capitaliste en expansion ; le fascisme, une forme d'État correspondant à la dernière phase d'un système capitaliste en déclin. Dans sa phase d'épanouissement, le système capitaliste engendrerait l'État démocratique occidental, basé sur un système de libertés politiques, de pluralisme des partis, d'élections compétitives, etc.

La même correspondance entre les variétés du système de production et les formes d'État se retrouvent dans le socialisme. Les théoriciens marxistes reconnaissent actuellement deux formes d'État socialiste : le système soviétique et la démocratie populaire. L'un et l'autre « sont nés dans des conditions différentes au point de vue de la disposition des forces de classe » (*Les Principes du marxisme-léninisme*, Moscou, 1960). L'un et l'autre s'appuient essentiellement sur la classe ouvrière et la production socialiste. Mais la dictature soviétique est basée sur le parti unique et la liquidation de la bourgeoisie, tandis que les démocraties populaires maintiennent des formes de pluralisme de partis (très atténuées par la domination du parti communiste et la pratique des « Fronts nationaux ») et reposent sur la collaboration de certains éléments de la bourgeoisie et le maintien d'un large secteur privé en agriculture.

Ces thèses marxistes surestiment l'influence des systèmes de production et des types de propriété sur les régimes politiques. Que cette influence existe, et qu'elle soit importante, cela n'est pas contestable. Mais les régimes politiques ne sont pas un simple reflet, un épiphénomène des régimes de propriété et de production. La correspondance des grands types d'État décrits par les marxistes — État esclavagiste, État féodal, État bourgeois, État socialiste — avec les grands types de systèmes de production, est exacte dans l'ensemble. Mais ces « types d'État » sont mal définis au point de vue politique : il s'agit de catégories fort larges, renfermant en réalité des régimes très divers, dont les différences se rattachent souvent assez mal à des différences dans le système de production.

Prenons l'exemple des régimes fascistes. Peut-on dire que le système de production de l'Allemagne de 1933 était très différent de celui de la Grande-Bretagne de l'époque ? Un marxiste répondrait que la première n'avait pas de colonies, à l'opposé de la seconde, où l'impérialisme a trouvé d'autres exutoires que le fascisme. L'argument n'est pas convaincant : les États scandinaves ou les U. S. A. n'avaient pas de colonies non plus, et ils n'ont pas subi le fascisme. Certes, le fascisme allemand — comme tous les fascismes — dépend de facteurs économiques ; mais la part du système de production, en tant que tel, y semble assez réduite.

Le développement du stalinisme en U. R. S. S. est un autre bon exemple. Les Soviétiques eux-mêmes ne cherchent pas à l'expliquer par le système de production. Sans doute, celui-ci y a sa part : la planification centralisée tendait naturellement à une dictature. Mais la planification n'était pas moins centralisée au moment de la mort de Staline, où le besoin de libéralisation s'est fait impérieusement sentir ; la décentralisation économique relative, réalisée depuis lors en Russie, n'est pas la cause de la déstalinisation, mais sa conséquence. Expliquer la tyrannie de Joseph Dougachtvili par ses vices propres, par ses défauts caractériels, comme on le fait officiellement en U. R. S. S., cela n'est pas du tout marxiste, et cela reste insuffisant. Le stalinisme est une forme d'État, un type de régime politique, qui s'est développé dans un système de production socialiste, après un régime de forme très différente (le léninisme) et avant un régime d'une forme également très différente (le krouchtchevisme), sans que l'évolution du système de production suffise à expliquer ces différences.

Les différences entre les trois grands formes de régimes politiques occidentaux — régime présidentiel américain, régime parlementaire anglais à deux partis, régime parlementaire continental à multipartisme — sont très importantes, on l'a dit, On ne peut pas la rattacher non plus à des différences dans les systèmes de production et de propriété. Que la part du secteur public de production soit beaucoup moins grande aux États-Unis qu'en Grande-Bretagne ou en France ne paraît avoir aucune influence en la matière. C'est un développement historique et culturel, sans rapport direct avec le système de production, qui explique les différences actuelles de régimes politiques entre les grands États d'Occident. Inversement, la transformation des structures économiques de la France, de la Grande-Bretagne et d'autres nations européennes depuis un quart de siècle, qui a entraîné le remplacement du système de production capitaliste par un système mixte, mi-capitaliste, mi-socialiste, avec un secteur public très important et une planification globale assez développée, n'a pas entraîné une transformation politique de même importance. La croissance de l'exécutif est évidente : mais elle n'est guère plus forte qu'aux États-Unis, où les structures économiques sont demeurées plus purement capitalistes.

Cependant, l'opposition des deux grandes structures économiques définies par la propriété — capitalisme et socialisme — correspond en gros à l'opposition des deux grandes catégories de régimes politiques actuels : régime pluraliste et régime unitaire. Une économie capitaliste ou semi-capitaliste comporte une séparation du pouvoir politique et du pouvoir économique : ce dernier est réparti entre de multiples firmes privées (et partiellement, parfois : firmes et organismes publics), qui sont autant de « centres de décision » autonomes, plus ou moins indépendants de l'État. La propriété privée des moyens de production aboutit ainsi à une structure économique pluraliste, qui se reflète dans le domaine politique. Au contraire, la propriété publique de toutes les entreprises et la planification globale ont pour effet de concentrer dans les mêmes mains le pouvoir politique et le pouvoir économique : elles tendent au système unitaire.

Cette description appelle de nombreuses réserves. La séparation du pouvoir politique et du pouvoir économique est partiellement illusoire, car le second dispose de puissants moyens de pression sur le premier. Sur la base du capitalisme des grandes unités s'est édifiée une nouvelle féodalité, capable comme l'autre de défier victorieusement le pouvoir central, ou plus simplement de le détrôner à son profit. Les gouvernements occidentaux ressemblent souvent au petit roi de Bourges, jouet docile entre les mains des grands vassaux. En régime de pur capitalisme, le pouvoir politique n'a guère d'existence propre ; il n'est presque qu'un reflet du pouvoir économique ; la division des deux n'acquiert de réalité que dans les régimes mixtes. D'autre part, la concentration du pouvoir économique entre les mains d'oligopoles rend assez trompeuse l'image d'une multiplicité de « centres de décision » autonomes. La liaison entre régime de propriété privée et régime politique pluraliste n'est pas si évidente qu'on le dit. Le cas de la dictature nazie montre bien qu'une autocratie de type ultra-totalitaire peut s'établir dans un système capitaliste. Le fascisme est d'ailleurs lié à l'évolution du capitalisme, à sa résistance à l'établissement d'une économie socialiste.

La liaison entre économie socialiste et régime unitaire n'est pas plus sûre. On dispose d'expériences trop brèves et trop rares pour formuler une conclusion valable. L'évolution des sociétés capitalistes peut être analysée sur plus d'un siècle, dans un assez grand nombre d'États répartis en Europe occidentale et en Amérique du Nord. L'évolution des sociétés socialistes peut être analysée sur une période de 47 ans dans un seul État, l'Union soviétique. Dans les démocraties populaires d'Europe, où l'expérience dure depuis moins de vingt ans, elle est faussée par le problème de la domination extérieure (sauf en Yougoslavie) ; en Chine, où elle est encore plus récente, la liquidation d'une terrible guerre civile et le niveau de sous-développement rendent toutes comparaisons impossibles. Les régimes des États socialistes sont encore trop rares et trop nouveaux pour faire l'objet d'analyses valables en sociologie politique. Il n'est pas exclu que leur caractère totalitaire et leur absence de pluralisme tiennent à leur situation révolutionnaire et n'aient donc qu'un caractère provisoire. Telle est d'ailleurs l'image qu'ils se font d'eux-mêmes, à travers la théorie de la dictature du prolétariat, de nature transitoire.

On décèle en tout cas assez nettement, au sein des pays socialistes, une tendance à la décentralisation économique, qui les rapproche de la « pluralité des centres de décision » par quoi l'on prétend caractériser les régimes capitalistes. La Yougoslavie s'est engagée dans cette voie depuis plusieurs années. Les réformes de Khrouchtchev en U. R. S. S. vont dans le même sens. Une comparaison très suggestive pourrait être faite ici avec l'évolution historique de la décentralisation politique. Sous la féodalité, elle était assurée par l'hérédité des chefs locaux ; à l'époque moderne, elle repose sur leur élection populaire. Aujourd'hui, la propriété privée assure une décentralisation économique assez efficace, par le système héréditaire. Mais on entrevoit déjà la possibilité d'une décentralisation économique basée sur d'autres procédés, plus démocratiques, comme le rêvaient les socialistes du XIXe siècle.

La corrélation entre les régimes politiques et le niveau de développement technico-économique paraît aussi forte — sinon plus forte — que la corrélation entre les régimes politiques et les systèmes de propriété des moyens de production. La démocratie pluraliste correspond à un degré élevé d'industrialisation. Dire que les peuples libres sont des peuples riches exprime sous une formule brutale, mais à peine exagérée, une vérité fondamentale. Appliquer un système pluraliste à des nations dont la plus grande partie de la population est quasi famélique, inculte, analphabète, est pratiquement impossible. Sous l'apparence des procédures modernes, les vieux régimes d'autocratie féodale continuent à fonctionner : bien loin d'aider à les abattre, les procédures démocratiques les prolongent en les camouflant. En fait, la démocratie pluraliste s'est développée au XIXe et au XXe siècle dans les nations riches d'Occident : sa croissance a suivi celle de l'industrialisation et du niveau de vie collectif.

Le caractère autocratique et unitaire des régimes communistes ne tient pas seulement à la concentration du pouvoir politique et du pouvoir économique : mais aussi (mais surtout ?) au caractère sous-développé ou semi-développé de tous les pays où ils se sont établis : Russie de 1917, démocraties populaires de 1945 [1], Chine et Viet-Nam Nord. Dans cette perspective, la « libéralisation » qui se dessine en U. R. S. S. correspondrait à l'évolution économique de la Russie, devenue l'une des plus grandes puissances industrielles du monde. Le développement par la méthode socialiste, qui a donné le pas à la puissance sur l'abondance, à l'équipement sur la consommation, a freiné les conséquences de cette évolution : mais elles com-

1. Sauf la Tchécoslovaquie, en ce qui concerne la Bohême : mais le communisme y a été importé par l'Armée rouge, et la crise ouverte à Munich y facilitait sa pénétration.

mencent à se manifester. Comme les pays industriels d'Occident, l'U. R. S. S. approche d'une situation d'abondance relative, où non seulement les besoins primaires de tous les hommes (nourriture, logement, vêtements) mais même leurs besoins secondaires (confort, culture, loisir) pourront être à peu près satisfaits : c'est-à-dire où les conditions de la démocratie seront réunies.

Certes, beaucoup de facteurs freinent cette évolution : l'action de la classe politique, de ces « gens de l'appareil », liés à la dictature qui leur donne puissance et honneur ; la menace extérieure et la compétition avec les États capitalistes ; les dangers de crise intérieure au cas de libéralisation trop rapide ; les risques de réaction dans les nations satellites ; les difficultés techniques inhérentes à l'assouplissement d'un régime autoritaire, etc. Malgré tout, l'évolution semble irréversible, à long terme. Mais elle ne concerne que les pays communistes développés (l'U. R. S. S. et les démocraties populaires d'Europe), les pays communistes sous-développés (Chine, Viet-Nam) demeurant soumis beaucoup plus longtemps au système de dictature politique qui correspond à leur niveau économique. Il est possible qu'un jour la distinction fondamentale ne soit plus celle des régimes de l'Ouest et des régimes de l'Est, mais celle des régimes des nations développées et des régimes des pays sous-développés : le niveau de l'économie l'emportant décidément sur son statut juridique.

Le rythme du développement importe autant

que son niveau, on l'a déjà dit. En brisant les cadres sociaux traditionnels, en provoquant des contradictions et des conflits, le développement accéléré rend encore plus difficile le fonctionnement de démocraties pluralistes. Dans l'histoire, les épidémies de dictatures correspondent aux époques de transformations rapides. La violence sert alors soit à accélérer la mutation, à précipiter le progrès (dictatures révolutionnaires), soit à maintenir l'ordre traditionnel, à freiner l'évolution (dictatures réactionnaires). A notre époque, le communisme est un bon exemple du premier type, le fascisme du second. Ces phénomènes se produisent aux différents niveaux de développement. En Allemagne, l'hitlérisme tendait à empêcher une société très industrialisée de glisser vers le socialisme. En Espagne et au Portugal, il s'agit de freiner l'évolution d'une société aristocratique vers la démocratie libérale. En Chine, le communisme est un moyen d'accélérer la naissance de l'industrie et de sortir du sous-développement. Bien entendu, les dictatures sont plus fréquentes dans les sociétés archaïques, où les effets du niveau et du rythme de développement jouent dans le même sens, que dans les sociétés industrielles, où ils se contrarient. D'autre part, des bouleversements sociaux autres que ceux entraînés par un progrès technique accéléré peuvent avoir les mêmes résultats : décadence rapide, guerre, crise économique.

A l'inverse, on trouve dans des sociétés peu développées, mais stables, des exemples intéressants de démocraties pluralistes. Tel a été le cas de certaines cités berbères d'Afrique du Nord, qui ont connu des systèmes d'élection assez perfectionnés, une séparation des pouvoirs assez poussée et des assemblées politiques, les « djemaas ». Beaucoup de sociétés à petites dimensions, avant l'avènement des États nationaux, furent bâties sur un type analogue, notamment les démocraties antiques. Il s'agit de communautés agricoles, unissant des paysans propriétaires, ou des communautés de marins pêcheurs, sans de trop grandes inégalités de revenus. L'équilibre économique est obtenu grâce à des habitudes frugales, entrées dans les mœurs depuis longtemps, qui assurent une modération des besoins, lesquels ne dépassent pas sensiblement les biens disponibles. Une culture traditionnelle orale assure un niveau intellectuel général élevé, malgré la faible diffusion de l'écriture et de la lecture. Les Républiques grecques et romaines correspondaient à des situations de ce genre. La rupture de leur équilibre matériel et intellectuel, par suite de leur expansion politique et de leur développement économique, y a provoqué l'effondrement de la démocratie et l'avènement de la dictature.

D'autres exemples pourraient être empruntés à des sociétés encore plus archaïques, telles qu'en étudient les ethnologues. Très souvent, les décisions y sont prises collectivement par des assemblées des membres de la tribu. Les palabres africains constituent une application de la procédure de discussion qui caractérise les démocraties ; on peut les rapprocher des débats de l'Agora grecque ou du Forum romain. Cette « démocratie de petites unités » n'a pas toujours disparu avec l'avènement des grands ensembles nationaux ; souvent, elle y a subsisté à l'échelon local. L'administration des communes et des paroisses s'est presque toujours faite avec une certaine participation de leurs habitants, même dans le cadre de régimes autocratiques au niveau de l'État.

L'importance des facteurs socio-économiques (niveau de développement et régime de propriété) dans la détermination des régimes politiques ne doit pas faire oublier que bien d'autres éléments interviennent dans ce domaine. On a déjà souligné combien l'histoire et l'ensemble du contexte culturel contribuaient à modeler les institutions d'un peuple. Le régime anglais n'est pas séparable de la Grande-Bretagne, le régime américain des États-Unis, le régime français de la France, etc. Il faut noter aussi l'influence de la conjoncture. Tel ou tel événement particulier, tel ou tel personnage hors série, telle ou telle situation exceptionnelle, peuvent jouer un grand rôle dans la formation ou l'évolution des régimes politiques. A cet égard, une notion fondamentale paraît trop négligée par la sociologie politique : celle de « régime conjoncturel ». Normalement, les institutions politiques d'un pays sont déterminées par ses structures. Les événements superficiels, les vagues de la mer, ne peuvent pas les modifier sérieusement. Exceptionnellement, cependant, la pression de la conjoncture peut être si forte qu'elle l'emporte sur l'influence des structures, et qu'une nation subit alors pendant un certain temps un régime politique qui ne correspond pas à celles-ci. Le coup d'État du 13 mai 1958, les risques de putsch militaire de 1960-62 en France, constituent un bon exemple de situation de ce genre. Les « régimes conjoncturels » sont passagers. Mais le fait même qu'ils aient existé modifie plus ou moins les structures du pays et son développement historique.

II

Les organisations de combat

Dans les grandes communautés humaines, et notamment dans les États modernes, le combat politique se déroule entre des organisations plus ou moins spécialisées, qui constituent des sortes d'armées politiques. Ces organisations sont des groupes structurés, articulés, hiérarchisés, adaptés à la lutte pour le pouvoir, qui expriment les intérêts et les objectifs de forces sociales diverses (classes, collectivités locales, groupements ethniques, communautés d'intérêts particuliers), dont elles sont précisément les moyens d'action politique. Le caractère organisé du combat politique est un trait essentiel de notre époque. Certes, ce trait est plus ou moins général. Mais, depuis un siècle, les techniques d'organisation collective, les méthodes d'encadrement des hommes se sont beaucoup perfectionnées.

On peut classer les organisations politiques en deux grandes catégories : les partis et les groupes de pression. Les partis ont pour objectif direct de conquérir le pouvoir ou de participer à son exercice ; ils cherchent à obtenir des sièges aux élections, à avoir des députés et des ministres, à prendre le gouvernement. Les groupes de pression ne visent point à prendre eux-mêmes le pouvoir ou à participer à son exercice. Ils tendent à influencer ceux qui détiennent le pouvoir, à faire « pression » sur eux : d'où leur nom. Partis et groupes de pression ne sont pas les seules organisations politiques. On décrira plus loin les mouvements clandestins qui se développent dans les régimes où la lutte politique ne peut se dérouler ouvertement. Les « ligues, » les « fronts », et diverses organisations para-partisanes, pourraient aussi être citées.

LA STRUCTURE DES PARTIS POLITIQUES

Les partis politiques sont nés en même temps que les procédures électorales et parlementaires. Ils se sont développés parallèlement. Ils sont apparus d'abord sous forme de comités électoraux, chargés à la fois de donner à un candidat le patronage de notabilités et de réunir les fonds nécessaires à la campagne. Dans le cadre des assemblées, on a vu se développer des groupes parlementaires, réunissant les députés de même opinion en vue d'une action commune. Ce rapprochement des députés au sommet entraînait naturellement une tendance de leurs comités électoraux à se fédérer, à la base ; ainsi furent créés les premiers partis politiques. Aux États-Unis, la nécessité de s'accorder à l'échelon national pour le choix d'un candidat à la présidence et de faire ensuite une campagne électorale dans un cadre gigantesque, celle de faire désigner sur le plan local un très grand nombre de candidats pour de multiples fonctions électives, ont donné aux partis une physionomie particulière : mais celle-ci reste toujours très liée aux élections.

A l'origine, les partis politiques ont été formés de comités locaux, constitués dans le cadre de chaque circonscription électorale, groupant des personnalités influentes, des notables. La qualité de leurs membres importait plus que leur nombre : on cherchait avant tout le prestige, qui donne une influence morale, ou la fortune, qui aide à couvrir les frais de propagande. L'organisation intérieure de ces comités restait faible, le nombre peu élevé de leurs membres n'exigeant pas une structure rigide. Leur autonomie demeurait grande : les organismes centraux des partis n'avaient guère d'autorité sur les éléments locaux. Les partis conservaient l'allure d'une fédération de comités. La plupart de ceux-ci étaient dominés par une personnalité, en général le député. Les parlementaires, appuyés chacun sur leur comité, conservaient une très large indépendance. Sauf en Grande-Bretagne, la discipline de vote n'existait pas, ce qui donnait à la bataille dans les assemblées le caractère d'un combat de gladiateurs. Cette structure primitive des partis a subsisté dans la plupart des partis conservateurs et libéraux européens, et dans les partis américains. On appelle « partis de cadres » ceux constitués sur ce modèle.

Au début du xxe siècle, les socialistes ont inventé une autre structure politique, celle des « partis de masses ». Le problème de base était de permettre le financement des campagnes électorales des candidats socialistes, alors considérés comme des révolutionnaires auxquels l'appui des banquiers, industriels, commerçants, grands propriétaires, qui finançaient les élections des candidats libéraux et conservateurs, était refusé. Ne pouvant recourir à quelques gros dons, versés par un petit nombre de gens, on imagina de réclamer de petites oboles, versées par un très grand nombre de personnes, régulièrement. Cela conduisait à enrégimenter dans l'organisation du parti le maximum d'adhérents : au lieu de grouper quelques milliers de gens au maximum, le parti devait en réunir des centaines de mille, voire des millions. Le système permettait aussi de donner une éducation politique aux masses populaires, qui en étaient dépourvues. Enfin, il assurait un recrutement plus démocratique des candidats : au lieu d'être choisis dans le cercle étroit d'un petit comité, ils étaient désignés au sein de congrès locaux et nationaux, par l'ensemble des adhérents ou par leurs représentants.

Une corrélation assez étroite paraît exister entre cette nouvelle structure des partis et l'évolution de leur base sociale. Les partis de cadres traditionnels correspondaient au conflit de l'aristocratie et de la bourgeoisie : classes peu nombreuses, que les notables incarnaient parfaitement. L'étroitesse des partis traduisait l'étroitesse du champ politique, et la nature réelle d'une démocratie dont la plus grande partie du peuple était pratiquement exclue. Au contraire, les partis de masses correspondent à l'élargissement de la démocratie, qui s'ouvre à la quasi-totalité de la population ; celle-ci n'exerce réellement ses droits que si elle ne se borne pas à voter une fois tous les quatre ou cinq ans, que si elle participe réellement, de façon permanente, à la gestion de l'État. Elle le peut à travers l'organisation nouvelle des partis.

L'encadrement permanent de centaines de milliers d'hommes, voire de millions (dès 1913, la social-démocratie allemande dépassera un million d'adhérents), le recouvrement régulier de cet impôt partisan qu'est la cotisation, imposaient une organisation administrative beaucoup plus rigide que celle des partis de cadres. D'où le développement progressif d'un appareil complexe et hiérarchisé, et la formation d'un groupe de « dirigeants intérieurs », qui affaiblit la position des parlementaires. Sociologiquement, le conflit des deux groupes de chefs est intéressant, car il traduit celui de deux communautés de base : celle des adhérents, qui élisent les dirigeants intérieurs, et celle des électeurs, qui élisent les députés. Les adhérents, plus partisans que les électeurs, sont plus intransigeants. Mais l'évolution des partis socialistes vers la social-démocratie et leur intégration dans le régime parlementaire ont modifié les données du problème. Acceptant les valeurs du parlementarisme, ils furent naturellement conduits à donner la primauté à ceux qui les incarnaient : les députés. Dans les partis communistes ou fascistes, au contraire, où ces valeurs sont plus contestées, les parlementaires demeurent soumis aux dirigeants intérieurs, à qui appartient le prestige fondamental.

La structure massive a été adoptée ensuite par d'autres partis que les socialistes. Les partis démo-chrétiens se sont efforcés, en général, de transposer purement et simplement l'organisation socialiste, sans y parvenir toujours : ils ont souvent une structure mixte, intermédiaire entre les partis de cadres et les partis de masse, qui correspond au caractère hétérogène de leur base sociale. Les partis communistes ont transformé la structure socialiste sur deux points importants. En premier lieu, au lieu de grouper leurs adhérents dans un cadre local déterminé par le domicile (celui de le « section » ou du « comité »), ils les ont réunis sur la base de l'entreprise et du lieu de travail, dans les « cellules » d'usine, d'atelier, de magasin, de bureau, d'école, etc. En second lieu, ils ont accentué la centralisation et instauré une discipline rigide. Les partis fascistes ont développé encore plus cette dernière tendance. En même temps, ils ont multiplié les degrés d'encadrement intermédiaires entre la base et le centre. Ils se présentent ainsi sous forme d'une pyramide de groupes emboîtés les uns dans les autres. Cette structure, exactement calquée sur celle de l'armée, s'explique précisément par le caractère para-militaire du fascisme, pour qui le parti n'est pas seulement destiné à intervenir dans les élections et le Parlement, mais à saboter les réunions des adversaires, à détruire leurs permanences et leurs installations, à rosser leurs partisans, à faire du combat de rues, etc.

Dans les pays sous-développés, les partis de masse prennent en général une physionomie particulière. Dans tous les partis de masse, les dirigeants forment un groupe assez nettement distinct du reste des adhérents et des militants : ce « cercle intérieur » ressemble un peu, en somme, à un parti de cadres immergé au sein d'une organisation de masse. Cependant, la séparation entre les deux groupes n'est pas rigoureuse dans les pays développés : le « cercle intérieur » demeure très ouvert, et les membres de la base peuvent y pénétrer assez facilement. La distinction correspond plutôt à des impératifs techniques (nécessité d'une concentration du pouvoir, pour des raisons d'efficacité) qu'à une situation sociologique. Au contraire, dans les partis de masse des pays sous-développés, la distance sociale est très grande entre les membres du « cercle intérieur » et la foule des partisans. Les premiers sont au niveau intellectuel et technique des sociétés modernes, les seconds en restent encore très loin : ils demeurent plus proches du niveau des sociétés archaïques. La structure des partis reflète ainsi la structure générale de ces pays, au stade actuel de leur évolution.

D'autre part, l'encadrement politique moderne se superpose à des types traditionnels, sans les supprimer complètement : au contraire, il les transfigure souvent, en tirant d'eux sa force principale. Les fraternités tribales ou raciales, les attachements féodaux, les appartenances religieuses, les liens des sociétés secrètes ou initiatiques, servent souvent de base à l'adhésion à tel ou tel parti, dont l'insigne est parfois considéré comme ayant valeur d'amulette ou de fétiche. Des phénomènes de ce genre se rencontrent aussi dans les partis des nations les plus modernes et les plus industrialisées : mais ils sont plus atténués, et leur importance est beaucoup plus faible. Dans certains partis des pays sous-développés — pas dans tous — ils paraissent au contraire jouer un rôle essentiel, du moins pour l'encadrement des masses rurales : dans les villes, on se rapproche beaucoup plus des partis de type moderne.

Certains pensent que l'autorité des dirigeants politiques, dans les pays sous-développés, a un caractère personnel plus accentué qu'ailleurs. L'autorité individuelle du leader serait l'élément essentiel de la cohésion du parti et de l'adhésion de ses membres : les idéologies et les programmes n'ayant guère d'importance. Ce troisième élément d'originalité paraît plus discutable que les autres. Il n'est pas douteux que le pouvoir soit très personnalisé dans les sociétés peu développées, et que les partis y soient essentiellement formés autour d'un homme. Mais l'évolution des sociétés les plus modernes, depuis quelques décades, paraît tendre également vers l'invidualisation de l'autorité. Que la nature et la signification du leadership soient différentes dans les deux types de pays, cela paraît probable (encore que ces différences restent difficiles à préciser) : mais il semble douteux que le caractère personnel du pouvoir soit plus accentué dans un cas que dans l'autre. Il s'agit plutôt d'une autre forme de personnalisation.

Une troisième structure de partis se rencontre chez les travaillistes britanniques et chez certains socialistes scandinaves. Au moment où se posait, au début du XXe siècle, le problème du financement des campagnes électorales ouvrières, il a été résolu en Grande-Bretagne par l'action directe des syndicats, qui ont décidé de verser une partie des cotisations de leurs membres à une caisse politique, la gestion de cette caisse et le choix des candidats étant assurés par des comités formés de représentants des syndicats, des mutuelles, des coopératives et de diverses associations socialistes. Sur cette base a été constitué un parti de type nouveau qu'on appelle parti « indirect ». Les citoyens n'y adhèrent pas en effet directement, mais seulement par l'intermédiaire d'autres organisations : syndicats, mutuelles, coopératives, associations diverses (cependant, un système d'adhésion directe a été développé ensuite dans le parti travailliste britannique, parallèlement, de sorte qu'il juxtapose aujourd'hui un parti indirect et un parti de masses classique : les sections du second envoyant, comme les syndicats, les mutuelles, les coopératives et les associations socialistes, des représentants aux comités travaillistes, où s'exprime ainsi l'ensemble du parti). Certains partis catholiques, notamment le parti chrétien belge entre les deux guerres, et la démocratie chrétienne autrichienne, ont adopté une structure analogue, à base corporative.

LE NOMBRE DES PARTIS

Le développement des partis politiques est lié à celui de la démocratie occidentale moderne. Avant elle, on ne trouve pas de partis à proprement parler, sauf sous une forme embryonnaire (la Ligue, les Armagnacs et les Bourguignons, les Guelfes et les Gibelins, les Jacobins, etc.). Cependant, les régimes autoritaires contemporains ont transposé l'organisation démocratique des partis sous la forme du « parti unique ». En soi, le système correspond à quelque chose de différent, et même d'opposé. Organisation du combat politique, les partis doivent être plusieurs, par définition même : pour qu'il y ait bataille, il faut au moins deux adversaires. Le parti unique tend à faire cesser les luttes politiques, pour les remplacer par l'unanimité. Mais il combat les adversaires du régime : le système aboutit simplement à leur refuser le droit de s'organiser en parti, à réserver aux seuls soutiens du pouvoir la possibilité d'utiliser ce type d'organisation de combat. L'opposition lutte par d'autres moyens. Cependant, le parti unique peut servir lui-même de cadre au combat politique, s'il n'est pas absolument monolithique.

L'opposition du pluralisme de partis et du parti unique caractérise ainsi deux systèmes de combat politique, celui des démocraties occidentales contemporaines et celui des régimes autoritaires modernes (les régimes autoritaires archaïques ignorant les partis). Malgré tout, l'opposition est moins tranchée qu'on le croit. Il existe d'abord un système intermédiaire : le « parti dominant ». Plusieurs partis existant dans un pays, l'un d'eux est beaucoup plus fort que les autres, de telle façon qu'ils ne peuvent pas le déloger du pouvoir, ni le gêner beaucoup dans son exercice. Cependant, leur présence permet la critique ouverte de l'État, la contestation de ses actes, dans les élections, au Parlement, dans la presse, dans les réunions publiques, etc. La notion de parti dominant reste assez floue. En pratique, elle oscille entre deux pôles. Ou bien l'opposition est puissante, les autres partis ont une force sérieuse et risquent de mettre fin un jour à la domination du parti au pouvoir (tel est le cas de l'Inde, par exemple) : on est alors très proche du pluralisme. Ou bien l'opposition est très faible, et considérable la puissance du parti dominant : on est alors très proche du parti unique (tel était le cas de beaucoup de Républiques africaines, ces dernières années : la plupart sont d'ailleurs passées au parti unique, en supprimant purement et simplement l'opposition organisée).

Dans les régimes pluralistes, la distinction du bipartisme et du multipartisme est fondamentale. On a déjà mesuré son influence sur le développement des antagonismes politiques et son importance pour l'établissement d'une classification moderne des régimes politiques. Il faut l'examiner ici dans son ensemble. Cependant, elle ne doit pas être exagérée. La formation d'alliances stables, allant au combat électoral sur des programmes précis, rédigés en commun, et les appliquant ensuite au gouvernement, rapproche le multipartisme du système bipartisan. Inversement, quand chacun des deux partis a une structure souple, quand il n'existe aucune discipline de vote au Parlement, les majorités gouvernementales deviennent incohérentes et instables, et le bipartisme ressemble au multipartisme. Ce « bipartisme souple » est beaucoup plus proche du multipartisme que du « bipartisme rigide » de type britannique : le problème est capital pour la classification des régimes politiques, on l'a vu. Il existe donc des catégories intermédiaires entre bipartisme et multipartisme.

Trois facteurs essentiels expliquent l'existence dans un pays de l'un ou l'autre système de partis : des facteurs socio-économiques, des facteurs historiques et culturels, et un facteur technique, le régime électoral. Les premiers ont été prédominants dans le développement des systèmes de partis européens, au xixe siècle. La première opposition, celle des partis conservateurs et des partis libéraux, a reflété un conflit de classes entre l'aristocratie et la bourgeoisie, dont l'analyse marxiste a donné une description convenable. Une tendance au bipartisme s'est ainsi manifestée clairement. Dans la deuxième moitié du siècle, le développement industriel et la croissance du prolétariat engendrent une troisième force politico-sociale, qui s'incarne dans les partis socialistes. Le bipartisme précédent tend alors à se transformer en tripartisme. Ce phénomène est observable à l'état pur en Grande-Bretagne, en Belgique, en Australie, en Nouvelle-Zélande. Ailleurs, d'autres éléments interfèrent avec lui, mais sa trace demeure nettement perceptible.

Cependant, la croissance des partis socialistes place les partis libéraux devant une alternative. Les uns et les autres ont en commun l'opposition aux monarchies et aux aristocraties, l'attachement à l'égalité et la liberté politique ; mais les libéraux défendent toujours la libre entreprise et la propriété privée des moyens de production, que les socialistes veulent abolir. Les premiers éléments poussent les deux partis à s'unir contre les conservateurs ; les seconds tendent au contraire à rapprocher de ceux-ci les libéraux, à les éloigner des socialistes. Dans une première phase, où les anciens régimes politiques sont solides, où la domination de l'aristocratie apparaît comme le plus grave péril et le plus proche, où la faiblesse des partis socialistes les rend encore peu dangereux aux yeux de la bourgeoisie, les partis libéraux adoptent généralement la première tactique. Au fur et à mesure que la démocratie politique s'établit, qu'elle devient un régime installé, qu'un retour offensif du système aristocratique apparaît de moins en moins probable, l'opposition des conservateurs et des libéraux perd progressivement sa signification ; les uns et les autres se rapprochent alors naturellement, dans un commun désir de défendre la propriété et l'ordre établi (ordre libéral, auquel les conservateurs se rallient, faute de pouvoir faire autrement).

On voit alors apparaître une tendance à la fusion

des conservateurs et des libéraux dans un seul parti, opposé aux socialistes. Un « bipartisme du xxe siècle » tend ainsi à se substituer au « bipartisme du xixe siècle ». Cette évolution s'observe directement en Grande-Bretagne, en Nouvelle-Zélande, en Australie. Dans d'autres pays, un parti libéral parvient à subsister, très diminué, la plus grande partie de sa clientèle ayant rejoint les conservateurs. Tel est le cas en Belgique, aux Pays-Bas, en Europe nordique et en France (sous la forme du parti radical). Souvent, ce parti libéral s'efforce alors de jouer un jeu de bascule, s'alliant parfois aux socialistes contre les conservateurs, parfois aux conservateurs contre les socialistes ; cette dernière alliance devenant progressivement plus fréquente que l'autre.

Le bipartisme et le multipartisme ne dépendent pas seulement de ces facteurs socio-économiques, mais aussi de facteurs culturels qui interfèrent avec les précédents. Aux Pays-Bas, par exemple, les idéologies religieuses ont joué un grand rôle dans l'élaboration du système de partis. La tendance conservatrice a été divisée dès l'origine en deux partis : conservateurs catholiques et conservateurs protestants (« antirévolutionnaires »). Une scission parmi ces derniers, donnant naissance aux « chrétiens-historiques », a finalement abouti à une division des conservateurs en trois partis distincts. En France, les régimes politiques, et les conflits qu'ils ont suscités, ont entraîné une division analogue des forces de droite. Dès la deuxième moitié du xixe siècle, les conservateurs furent scindés en trois partis : légitimistes, orléanistes et bonapartistes. L'absence d'organisation de la droite, qui caractérise le système des partis français, vient en partie de là. Dans d'autres pays, des oppositions ethniques ou régionales ont joué un rôle analogue et tendu à multiplier les partis.

Enfin, un facteur technique, de nature proprement institutionnelle, s'ajoute à tous les autres, qui a été particulièrement étudié ces dernières années : le régime électoral. On a résumé son action sous forme de trois lois sociologiques, définies en 1946 : 1° le scrutin majoritaire à un seul tour tend au bipartisme ; 2° la représentation proportionnelle tend au multipartisme ; 3° le scrutin majoritaire à deux tours tend à un multipartisme tempéré par des alliances. Ces lois ont été beaucoup discutées, souvent avec passion. Elles n'ont jamais été sérieusement remises en question. Les critiques dirigées contre elles visent moins la réalité du phénomène qu'elles expriment, lequel est assez évident, que sa portée exacte. Il est certain qu'une réforme électorale ne peut pas engendrer elle-même des partis nouveaux : les partis traduisent des forces sociales ; ils ne peuvent naître d'une simple décision législative. Il est certain que la relation entre les régimes électoraux et les systèmes de partis n'est pas mécanique et automatique : tel régime électoral n'engendre pas nécessairement tel système de parti ; il pousse seulement dans le sens de ce système ; il est une force dirigée dans ce sens, qui agit au milieu d'autres forces, certaines de sens contraire. Il est certain que les relations entre les régimes électoraux et les systèmes de partis ne sont pas à sens unique ; si le scrutin à un seul tour tend au bipartisme, le bipartisme pousse également à l'adoption du scrutin à un tour.

Le rôle exact du régime électoral paraît être, en définitive, celui d'un accélérateur ou d'un frein. La description qu'on vient de faire du développement des partis en Europe au xixe et au xxe siècle le montre clairement. La croissance économique et les transformations sociales qu'elle engendre, d'une part ; les circonstances propres à chaque pays (divisions religieuses, conflits idéologiques, instabilité constitutionnelle, etc.), d'autre part : telles sont les forces créatrices des partis politiques. Dans le jeu de ces forces, le scrutin majoritaire à un tour a un double effet ; en premier lieu, il oppose un barrage à l'apparition d'un parti nouveau, sans que ce barrage soit infranchissable (rôle de frein) ; en second lieu, il tend à l'élimination du — ou des — parti le plus faible, s'il y a plus de deux partis (rôle d'accélérateur). L'effet de freinage est sensible à la fin du xixe siècle, en face de la poussée socialiste et, depuis la première guerre mondiale, en face des mouvements communiste et fasciste. L'accélération est encore plus nette dans le cas du parti libéral, pratiquement éliminé en quinze ans (1920-1935), alors qu'il conserve une certaine clientèle, forcée par le régime électoral de choisir entre conservateurs et travaillistes.

La proportionnelle a un rôle exactement con-

traire. Elle ne freine pas le développement des
partis nouveaux ; elle l'enregistre passivement, en
lui donnant parfois une ampleur qu'il n'a pas,
telle une caisse de résonance ou un sismographe
(pour pallier ce dernier défaut, on applique très
rarement la proportionnelle intégrale ; en général,
on corrige la R. P. par divers procédés majoritaires : attribution locale des restes, obligation de
réunir un certain pourcentage de voix pour participer à la répartition des sièges, etc.). Par contre,
la proportionnelle ralentit l'élimination des partis
anciens, que l'évolution sociale et politique tend
à faire disparaître ; le sauvetage du parti libéral
belge par la R. P. à partir de 1900 est typique, à
cet égard. Cependant, il faudrait sans doute distinguer les mouvements anciens ancrés profondément dans une partie de la population, et les
mouvements superficiels, qui correspondent à des
modes politiques passagères. La proportionnelle
enregistre aussi nettement l'apparition que la
disparition de ces derniers, comme on l'a vu pour
le rexisme en Belgique en 1937 ; en France, pour
le R. P. F. en 1951, et le poujadisme en 1956.

En gros, les effets du scrutin majoritaire à deux
tours sont analogues à ceux de la proportionnelle,
avec quelques différences. Il semble freiner un peu
plus l'apparition de partis nouveaux, sans qu'on
puisse comparer son action à celle du scrutin à
un tour, beaucoup plus efficace. Peut-être freine-
t-il un peu plus aussi l'élimination de partis anciens ; mais il est difficile de formuler des conclusions nettes à ce propos. Il paraît d'autre part

dresser un certain barrage aux sautes brusques de l'opinion, aux mouvements d'humeur passagers, aux modes politiques (l'exemple de l'U. N. R. en 1958 est en sens contraire : mais les circonstances étaient très particulières). La différence la plus nette avec la R. P. concerne les alliances électorales : scrutin de coalition par excellence, le régime à deux tours permet ainsi parfois la formation d'une sorte de bipartisme, opposant deux alliances rivales, à travers le multipartisme. La France sous la Troisième République, l'Allemagne de 1870 à 1914, illustrent ce phénomène.

L'influence du régime électoral est donc secondaire par rapport à celle des facteurs socio-économiques, et même à celle des facteurs culturels. Cependant, les circonstances ont une grande importance à cet égard. La substitution de la proportionnelle au scrutin majoritaire en Grande-Bretagne provoquerait presque tout de suite l'apparition d'un tripartisme et rendrait plus facile d'éventuelles scissions à l'intérieur du parti travailliste et du parti conservateur. L'influence du scrutin à un tour pour maintenir un bipartisme déjà en place n'est pas discutable. Il est beaucoup moins sûr que l'adoption d'un tel système puisse détruire un multipartisme établi et ramener à deux les partis français ou italiens par exemple. Une telle réforme est d'ailleurs inconcevable, car le scrutin à un seul tour engendre des résultats aberrants quand plus de deux partis s'affrontent. Mais, en Allemagne fédérale, elle achèverait sans doute l'évolution vers le bipartisme, déjà très avancée :

surtout, elle empêcherait une réaction en sens contraire, en opposant un barrage à une scission éventuelle de la démocratie chrétienne ou à une résurrection des petits partis.

LES GROUPES DE PRESSION

Les partis politiques sont des organisations propres à un certain type de régime (démocraties occidentales) à une certaine époque de l'histoire (xxe siècle). Au contraire, les groupes de pression se rencontrent dans tous les régimes, à toutes les époques. Le terme s'applique à une catégorie d'organisations très large et très floue. Leur trait commun, c'est qu'elles participent au combat politique de façon indirecte, en quelque sorte. Les partis cherchent à conquérir le pouvoir et à l'exercer : à faire élire des conseillers municipaux, des conseillers généraux, des maires, des sénateurs, des députés ; à faire entrer des ministres au gouvernement ; à faire désigner le chef de l'État. Les groupes de pression, au contraire, ne participent pas directement à la conquête du pouvoir et à son exercice ; ils agissent sur le pouvoir, tout en lui demeurant extérieur ; ils font « pression » sur lui (d'où leur nom, que nous avons introduit en France il y a dix ans, par traduction directe de l'expression américaine « pressure groups »). Les groupes de pression cherchent à influencer les hommes au pouvoir, mais non pas à mettre au pouvoir leurs hommes (du moins officiellement, car certains groupes puissants ont des fidéicommis dans les assemblées et les gouvernements, en réalité ; mais de façon secrète ou discrète).

La catégorie « groupes de pression » est moins nettement délimitée que la catégorie « partis politiques ». En effet, les partis sont des organisations exclusivement consacrées à l'action politique ; les partis ne sont que partis. Au contraire, la plupart des groupes de pression sont des organisations non-politiques, dont l'essentiel de l'activité n'est pas l'influence sur le pouvoir. On peut faire ainsi une distinction entre les groupes « exclusifs » et les groupes « partiels ». Un groupe de pression est exclusif s'il s'occupe uniquement d'agir dans le domaine politique, d'intervenir auprès des pouvoirs publics. Telle est par exemple l'Association parlementaire pour la défense de la liberté de l'enseignement ; tels sont les fameux « lobbies » de Washington, organisations spécialisées dans les démarches auprès des parlementaires, des ministres et des hauts fonctionnaires. Au contraire, un groupe est « partiel » si la pression politique n'est qu'une partie de son activité, s'il a d'autres raisons d'être et d'autres moyens d'action : par exemple, un syndicat ouvrier, qui intervient parfois auprès du gouvernement, mais poursuit des objectifs plus larges. Les groupes « partiels » sont fort nombreux. Toute association, tout syndicat, toute corporation, toute organisation peut être amené à utiliser la pression politique à un certain moment de son activité. L'Académie française est parfois intervenue pour essayer de limiter la fis-

calité frappant les livres et les écrivains ; les Églises
ne dédaignent pas d'agir sur les pouvoirs publics ;
pas plus que les associations philosophiques,
les groupements intellectuels, les sociétés de pensée, etc.

Il ne faut pas exagérer la portée de cette distinction. Très peu de groupes de pression sont
absolument exclusifs, c'est-à-dire ont pour seul
objet la participation aux combats politiques. La
plupart dissimulent plus ou moins cette activité
sous d'autres et se donnent ainsi l'allure de
groupes partiels. D'ailleurs, l'action purement
politique est difficile à distinguer des autres. Une
grève, déclenchée par un syndicat, est parfois politique, parfois revendicative, et souvent les deux
à la fois. En définitive, plus importante que la
distinction des groupes partiels et des groupes
exclusifs, est la détermination de la place exacte
que tient l'activité de pression dans les groupes
partiels. Pour certains groupements, la pression
politique est épisodique et exceptionnelle. À l'autre
extrémité, à côté de groupes exclusifs avoués, il y
a des groupes pratiquement exclusifs, malgré
l'apparence qu'ils veulent se donner d'exercer
d'autre activités : par exemple, l'Association
pour la défense de la libre entreprise. Entre les
deux, on trouve toutes les situations intermédiaires.

Au point de vue de la structure, on peut distinguer les groupes de masses et les groupes de cadres,
comme on a distingué les partis de masses et les
partis de cadres. Les syndicats ouvriers, les orga-

nisations paysannes, les mouvements de jeunesse, les associations d'anciens combattants, etc., entrent dans la première catégorie. Dans la seconde, on trouve d'abord des groupes qui s'adressent à des catégories sociales peu nombreuses, mais influentes : par exemple, les organisations corporatives de l'industrie, les associations de hauts fonctionnaires, les syndicats de l'enseignement supérieur. On y rencontre aussi des groupes où l'appel à des notables résulte d'une volonté systématique, par exemple les Académies, certaines « sociétés de pensée », etc. A côté des groupes de masses et des groupes de cadres, une troisième catégorie n'a pas son équivalent dans les partis politiques. Il s'agit d'organisations purement techniques, auxquelles ne correspond pas une communauté, sinon celle fournie par les techniciens mêmes de l'organisation. On peut hésiter à les faire entrer dans les groupes de pression, car il y a bien une pression, mais pas de groupe à proprement parler.

Dans cette catégorie, on trouve d'abord les lobbies américains, dans la mesure où ils ne sont plus l'émanation de tel ou tel groupe d'intérêts, mais où ils sont devenus des sortes de bureaux spécialisés dans la pression, qui louent leurs services, comme un cabinet d'avocat ou une organisation de publicité. On y rencontre aussi des officines de propagande, comme le « Centre de propagande des Républicains nationaux », animé dans les années 30 par Henri de Kérillis. En font partie également les caisses électorales, qui recueillent les fonds des organisations patronales et des milieux d'affaires, et en assurent la distribution entre les candidats. Elles se dissimulent en général sous l'apparence de paisibles associations d'études. L'Union des intérêts économiques du sénateur Billiet a joué ce rôle sous la Troisième République ; une organisation gérée par le sénateur Boutemy lui a succédé sous la Quatrième. Enfin, une partie de la presse peut y être rattachée. Certains journaux ne sont que des moyens d'expression de groupes déterminés : moyens avoués, tels que les journaux syndicaux ou corporatifs ; moyens masqués, camouflés, tels que les journaux dépendant de groupes industriels (cette « presse d'industrie » dont le journal français *Le Temps* était avant guerre le meilleur exemple, ayant été acquis par le Comité des Forges en 1929).

L'action des groupes de pression est multiforme. Elle s'exerce tantôt directement sur le pouvoir, par démarches auprès du gouvernement, des hauts fonctionnaires, des parlementaires, tantôt indirectement, par intervention sur le public, dont l'attitude influencera elle-même le pouvoir : campagnes de presse, grèves spectaculaires, barrages de routes, manifestations, etc., sont employés dans ce but. Elle est tantôt ouverte, publique, avouée, tantôt discrète, occulte, camouflée. Elle emploie tantôt des moyens réguliers, honnêtes, légaux, tantôt des procédés de corruption ou de violence. Dans les régimes démocratiques, elle rejoint souvent l'action des partis politiques. Certains groupes sont des organisations annexes des partis politiques, qui étendent par elles leur influence. Par les mouvements de jeunesse, les groupements féminins, les associations culturelles, sportives, coopératives, etc., contrôlés par eux, les partis peuvent atteindre des gens qui leur refuseraient une adhésion directe. Inversement, certains partis ne sont que des organismes annexes de groupes de pression : tel parti conservateur est l'instrument politique des organisations patronales, étroitement contrôlé par elles ; le parti travailliste britannique est surtout l'émanation des syndicats ouvriers, etc.

La notion de groupe de pression a l'avantage d'être générale et de permettre une étude comparative des combats politiques dans les régimes démocratiques et dans les systèmes autoritaires, dans les nations modernes et dans les anciennes. Certes, la description qu'on vient de faire concerne surtout les groupes de pression des pays occidentaux modernes. Elle reste facile à transposer dans les autres pays. En particulier, elle englobe aussi bien les mouvements, associations et groupements privés, et certains organismes existant à l'intérieur de l'État. Celui-ci ne correspond pas à l'image hiérarchique et centralisée qu'en peignent les juristes classiques. Aux U. S. A., on le décrit plutôt aujourd'hui sous forme d'un ensemble de centres de décision, imbriqués avec des organismes privés, de telle façon que la frontière entre lui et eux n'est guère discernable. Mais la pluralité des centres de décision existe aussi, quoique d'une autre façon, en Union soviétique. Des corps administratifs, des ministères, des entreprises publiques, des collectivités locales jouent ainsi le rôle de groupes de pression vis-à-vis du pouvoir central, du Parlement, ou d'autres centres de décision. Le combat pour le pouvoir se combine avec des combats entre les pouvoirs, parce que le pouvoir n'est jamais totalement unifié.

III

Les armes du combat

Les hommes et les organisations en conflit emploient diverses catégories d'armes dans le combat politique. Suivant les époques, les types de sociétés, les institutions, les cultures, les classes ou les groupes en lutte, telle ou telle prédomine. Mais une catégorie d'armes est exclue, en principe : celle qui comporte l'emploi de la violence physique. Le premier objectif de la politique est d'éliminer la violence, de substituer aux conflits sanglants des formes de lutte moins brutales. La politique commence au-delà de la guerre, civile ou internationale. Elle est combat, mais aussi limitation du combat. En approfondissant plus loin ce dernier caractère, on constatera cependant qu'il n'est point absolu. La politique tend à éliminer la violence : mais elle n'y parvient jamais complètement. En fait, les armes au sens étroit du terme, les armes militaires, ne sont point totalement exclues de ses combats. Il faut les examiner en premier.

LA VIOLENCE PHYSIQUE

« Le premier qui fut roi fut un soldat heureux » : cette boutade suggère que les armes militaires sont la source du pouvoir, et qu'il repose d'abord sur elles. Dans beaucoup de communautés humaines, l'autorité s'appuie sur la violence physique. Le plus fort, par ses poings ou son couteau, est leader dans les bandes de blousons noirs, dans les associations de malfaiteurs, dans les cours de récréation. Cet élément joue aussi dans la domination des adultes sur les enfants, des hommes sur les femmes. Dans l'État, prétoriens, janissaires, S. S., « tontons macoutes », soldats et policiers, sont le rempart des gouvernants, dont les palais furent d'abord des forteresses destinées à les protéger, non contre les ennemis extérieurs, mais contre leurs peuples. La politique ne tend pas à détruire les moyens de violence, les armes militaires, mais à les concentrer dans les mains du pouvoir, et à en retirer l'usage aux citoyens. L'État est précisément caractérisé par ce monopole de la contrainte, qui donne une puissance redoutable à la classe, au parti, à la fraction qui occupe le gouvernement. Un pouvoir seul armé au milieu d'un peuple désarmé : cela met le second à la merci du premier. On retrouvera plus loin le problème. Bornons-nous à constater ici que ce monopole du pouvoir aboutit à supprimer l'usage des moyens de violence dans les combats politiques, puisqu'un seul des combattants les détient.

En dehors de leur emploi régulier par l'État, pour maintenir l'autorité du pouvoir sur les gouvernés, les armes militaires sont employées dans les combats politiques dans trois cas principaux. D'abord, à un stade primitif de développement social, quand l'État est encore trop faible pour les monopoliser à son profit. Le combat pour le pouvoir voit alors s'affronter des factions armées : les organisations politiques prennent la forme de milices. Dans les Cités antiques, dans les Républiques italiennes de la Renaissance, dans certains pays sous-développés d'aujourd'hui, on observe de tels phénomènes. Le Moyen Age en fournit d'autres exemples, avec les luttes féodales. Des situations analogues peuvent surgir à un stade plus avancé du développement politique, si un parti s'organise en formation paramilitaire, si celle-ci devient puissante, et si l'État laisse faire : alors les partis adverses doivent nécessairement adopter les mêmes méthodes, et s'armer, s'ils ne veulent pas être écrasés. Un processus de ce genre s'est développé dans l'Allemagne des années 30, au fur et à mesure de la croissance de l'hitlérisme. Pour résister aux milices nazies, les partis de gauche furent obligés de constituer eux-mêmes d'autres milices (la Bannière d'Empire, socialiste ; les Combattants du Front rouge, communiste).

Les combats politiques prennent également une forme militaire quand l'opposition n'a pas d'autres moyens, quand elle est privée de toute autre possibilité d'expression, ou quand celles qu'on lui reconnaît sont inefficaces. La résistance armée au pouvoir se déroule alors en deux phases, généralement : une phase de résistance clandestine, qu'on décrira plus loin, et une phase de révolte ouverte, la première préparant l'autre. Les deux ne sont pas absolument séparées. La révolte ouverte peut prendre, en effet, soit la forme d'une révolution brutale, où le pouvoir tombe rapidement entre les mains de l'ex-opposition, soit celle d'une longue guerre civile, où la résistance clandestine joue un grand rôle. La seconde forme tend à remplacer la première, à cause du développement des moyens de contrainte de l'État. Autrefois, quand les armées étaient relativement faibles, il était assez facile au peuple de les vaincre rapidement. Aujourd'hui, la puissance des armes modernes, monopolisées par l'État, est telle que la révolte populaire ne peut la détruire que par une longue guérilla.

Les combats politiques se règlent par les armes dans une troisième circonstance : quand les militaires cessent d'être au service de l'État, à la disposition des gouvernants, et se jettent eux-mêmes dans la lutte pour le pouvoir. A Rome, au IIIe siècle de notre ère, les légions ont fait et défait les empereurs, remettant le trône à tel ou tel de leurs généraux, souvent contre sa promesse de leur distribuer de l'argent et des avantages divers. Elles massacraient un peu plus tard le César qu'elles avaient fait, pour le remplacer par un autre. Aujourd'hui, en Amérique latine, au Moyen-Orient, ailleurs, les militaires font et défont les gouvernements. En 1958-1962, la France a été proche d'une telle situation. Parfois les différents éléments de l'armée entrent en rivalité les uns contre les autres, dans ces luttes pour le pouvoir. Dans l'Empire romain, la compétition était vive entre les prétoriens et les garnisons de frontières, et entre les légions des différentes provinces : ces diverses fractions s'affrontant finalement dans des combats sanglants. Dans les nations latino-américaines, les conflits sont fréquents entre l'armée de terre, la marine et l'aviation. Dans l'Algérie de 1961, on a vu s'opposer les régiments de métier et les soldats du contingent.

Que l'armée s'érige ainsi en organisation politique indépendante, qu'elle cesse d'obéir au gouvernement, traduit une désorganisation profonde de l'État. Cependant, par sa nature même, l'armée est toujours dangereuse pour lui. Ceux qui détiennent les armes sont portés à en abuser, par le même mécanisme qui pousse tout détenteur d'autorité à le faire. Les armes sont l'expression ultime du pouvoir, la plus décisive à court terme, la plus irrésistible dans l'immédiat. Qui tient une épée a la tentation naturelle de la jeter dans la balance. Des militaires armés sont un danger permanent pour des gouvernants et des citoyens désarmés. On tâche de le limiter, d'abord en développant chez les officiers le sentiment qu'ils doivent obéir toujours, en toutes circonstances, à l'État, quelle qu'en soit la forme, quels que soient les gouvernants qui l'incarnent. Le service militaire obligatoire, qui fait des soldats-citoyens, diminue aussi les risques, en composant l'armée à l'image du peuple. Mais le danger subsiste toujours. A l'égard de l'armée, gouvernants et citoyens doivent toujours se méfier. Dans les nations où la tradition des pronunciamientos est forte, comme l'Amérique latine, seule la constitution de milices populaires peut empêcher les militaires de dominer l'État.

Il est rare, cependant, que l'armée prenne le pouvoir uniquement pour son compte, en établissant une dictature purement technique. La plupart du temps, elle est l'instrument de forces collectives : elle joue par rapport à elles le même rôle que les partis politiques ou les groupes de pression, aux moyens près. En général, les militaires appuient les classes privilégiées et minoritaires, qui ont besoin des fusils, des mitrailleuses, des chars, pour maintenir leur domination sur des classes exploitées, lesquelles menacent de les submerger par leur nombre. En Amérique latine, les pronunciamientos servent généralement les intérêts des grands propriétaires fonciers ou de la grande bourgeoisie. Parfois, cependant, l'armée prend figure d'une force politique de gauche. Il en fut ainsi dans la France du début du xixe siècle, parce que les officiers issus de la Révolution étaient généralement d'origine populaire et d'opinion libérale. Il en est ainsi dans certains États contemporains en voie de développement, où les écoles militaires sont un moyen d'ascension sociale pour les enfants doués des classes pauvres ou de la petite bourgeoisie. Le corps des officiers tend alors à exprimer ces catégories sociales en face d'un pouvoir politique détenu par de grands féodaux. Les complots et les coups d'État militaires tendent à écarter l'aristocratie au profit d'une petite bourgeoisie ou même d'éléments populaires. Le phénomène est assez clair dans le cas de Mustapha Kemal en Turquie, de Nasser en Égypte, et d'un certain nombre de révoltes militaires au Moyen-Orient ou en Amérique latine.

L'ARGENT

Le thème de « l'argent-roi » est une caricature de la réalité politique : l'argent n'a jamais été le seul « roi ». Mais, dans beaucoup de sociétés, et pas seulement dans les sociétés capitalistes, il a une part de la royauté, c'est-à-dire du pouvoir. La richesse n'est pas, comme les moyens militaires, une arme politique à usage direct. Un régiment peut s'emparer lui-même de l'État ; un banquier, non. Exceptionnellement, on peut acheter un siège parlementaire. Le cas des « bourgs pourris » dans l'Angleterre du xixe siècle est le plus typique ; quelques sièges sénatoriaux ont été ainsi achetés, littéralement, sous la Troisième et la Quatrième République française. De telles hypothèses restent rares. En général, la richesse sert à procurer les moyens par lesquels on peut conquérir ou conserver le pouvoir. L'argent permet d'acheter des armes, des consciences, des journaux, des émissions de télévision, des campagnes de propagande, des hommes politiques. Le plus souvent, d'ailleurs, les détenteurs de la richesse ne cherchent pas à exercer eux-mêmes le pouvoir, à prendre en personne le gouvernement, mais à y placer des hommes de confiance, sur lesquels ils puissent faire pression.

L'efficacité de l'argent, comme arme politique, est attestée par le parallélisme entre l'évolution des formes de richesse et celle des formes d'autorité. Dans les sociétés agraires, où l'exploitation de la terre est la source principale de la fortune, la classe des propriétaires fonciers détient le pouvoir politique. On a des régimes aristocratiques, où l'autorité est à la fois liée à la possession de la terre et de l'arme équestre (chevalerie), où elle est en même temps féodale et militaire. Dans les sociétés commerçantes et industrielles, la propriété d'une usine, d'un magasin, d'une banque, devient la base principale de la richesse ; alors, le pouvoir politique tombe dans les mains de la bourgeoisie. Bien entendu, le passage des unes aux autres se fait graduellement. Dans les secondes, le rôle de la richesse est plus visible, parce que l'argent y tient une grande place dans le système de valeurs. Dans les premières, il est plus camouflé, parce que les aristocrates mettent au premier plan des valeurs militaires, à caractère désintéressé. Ils affectent de mépriser les richesses. Mais ce mépris va surtout aux richesses tirées du commerce, du négoce, de la banque, non aux richesses terriennes, qui sont précisément les principales dans de telles sociétés. L'importance de leur richesse terrienne a créé le pouvoir politique des aristocrates, plus que leur fonction militaire.

L'avènement des sociétés bourgeoises, au XIXe siècle, a donné l'impression aux contemporains que le pouvoir était désormais fondé sur l'argent, et qu'il s'agissait d'une nouveauté. Des nouveaux riches, maladroits et parvenus, se substituaient aux anciens riches, plus discrets et mieux élevés. L'aristocratie avait fondé son pouvoir à la fois sur la richesse et les armes, le premier élément étant largement camouflé derrière le second, source de valeurs héroïques et prestigieuses. La bourgeoisie définissait au contraire un système de valeur fondé sur la richesse ; elle avouait ainsi les sources de son pouvoir, au lieu de les camoufler. L'aristocratie aimait la richesse — qu'elle vienne de ses terres ou des pensions royales — mais elle ne le disait pas, du moins en public. La bourgeoisie le proclamait tout crûment et s'en faisait gloire. En réalité, un type de richesse se substituait à un autre, comme source de puissance politique.

Cependant, le développement des bourgeoisies correspond aussi à celui des doctrines démocratiques libérales. Une certaine contradiction est ainsi apparue entre les valeurs politiques officiellement proclamées, et celle attachée à l'argent. Que celui-ci serve d'arme politique, n'était-ce pas porter atteinte à l'égalité juridique des citoyens et au mécanisme normal des élections et du Parlement ? — Il est frappant qu'on ait essayé de masquer le rôle de l'argent dans les luttes politiques : le financement des campagnes électorales et des journaux, par exemple, a toujours conservé un caractère plus ou moins secret. Peut-être une certaine nostalgie des valeurs aristocratiques, qui ne furent pas totalement détruites en Europe par l'avènement du capitalisme, a-t-elle joué aussi un rôle, à cet égard : on peut expliquer ainsi que l'influence politique de l'argent soit moins camouflée aux États-Unis qu'en Europe, et son prestige social plus grand. De toute façon, les théories capitalistes affirment que l'influence de l'argent est démocratique, en dernière analyse. Dans un régime de concurrence, disent-elles, tout le monde a la possibilité d'acquérir des richesses et d'exercer par elles une action politique. Tel est le sens profond de la formule de Guizot répliquant à ceux qui reprochaient aux riches de monopoliser le pouvoir politique : « Enrichissez-vous ! » Toute une mythologie contemporaine a été développée autour de ce thème, particulièrement aux États-Unis, où la mobilité sociale était très grande au XIXe siècle, et où le principe de Guizot pouvait être assez largement appliqué dans une société neuve, où le poids des situations acquises ne limitait pas encore considérablement la concurrence.

Ce raisonnement pèche par défaut. Il oublie le phénomène de l'accumulation du capital. La transmission héréditaire des richesses acquises fausse entièrement la compétition, en lui ôtant le caractère démocratique. Le pouvoir de l'argent devient ainsi, dans une large mesure, le pouvoir de la naissance, même s'il ne l'est pas à l'origine. Au fur et à mesure du développement des sociétés libérales, l'enrichissement dépend de plus en plus de la détention d'un capital que du travail. Même si l'on n'admet pas intégralement les théories marxistes de la paupérisation absolue du prolétariat, on ne peut guère nier l'existence d'une paupérisation relative : dans l'accroissement du revenu national, la part réelle des travailleurs tend à diminuer plutôt qu'à augmenter, au profit de celle des propriétaires des instruments de production. La puissance de l'argent reste dans les mains de ces derniers. L'aliénation qui en résulte n'est pas seulement économique mais politique : le transfert de la plus-value dépouille aussi le travailleur d'une partie de son influence sur le pouvoir, d'une partie de ses armes politiques.

LES MOYENS D'INFORMATION

Dans un domaine, le progrès technique a des conséquences politiques particulièrement importantes : celui de l'information. L'invention de l'imprimerie fut un des facteurs décisifs de la Renaissance, de la Réforme et de la poussée libérale qui aboutit finalement à la Révolution française. L'avènement de la presse, au siècle dernier, a beaucoup contribué au développement de la démocratie. C'est elle qui fut d'abord qualifiée de « quatrième pouvoir », pour marquer son importance politique. Aujourd'hui, la presse parlée (radiodiffusion) et la presse visuelle (télévision et hebdomadaires illustrés) ont autant d'influence que la presse écrite : elles aussi font partie du quatrième pouvoir. L'habitude s'est répandue d'appeler « moyens d'information de masses » ces procédés de diffusion des nouvelles et des idées, qui résultent de la technique moderne. Ils constituent une arme politique très puissante.

Dans les régimes autocratiques, les moyens d'information de masse sont d'ordinaire monopolisés par l'État. Ils servent à diffuser sa propagande, qui est avec la police le fondement principal du pouvoir. Cette propagande tend à obtenir l'adhésion unanime des citoyens au gouvernement. Elle n'est pas orientée vers la lutte entre les classes et les catégories sociales qui composent la nation, mais vers l'unification de celle-ci, au moins en apparence. Elle n'est pas une arme du combat politique ; du moins l'État prétend qu'elle ne l'est pas (en réalité, l'État est généralement aux mains d'une classe ou d'une catégorie sociale et se sert de la propagande pour détruire l'influence des autres). Elle constitue un moyen d'intégration sociale ou de pseudo-intégration : elle sera étudiée comme telle dans le chapitre suivant.

Dans les régimes démocratiques, au contraire, les moyens d'information ne sont pas tous monopolisés par l'État. Une partie d'entre eux, au moins, est organisée sous formes d'entreprises privées à base capitaliste : c'est-à-dire couvrant leurs dépenses au moyen de leurs recettes. Le pluralisme des moyens d'information est un élément du pluralisme du régime, à côté du pluralisme des partis politiques. D'ailleurs, le pluralisme des partis politiques resterait illusoire et formel, s'il ne s'accompagnait du pluralisme des moyens d'information. Cependant, rares sont les pays démocratiques où l'État ne contrôle aucun moyen d'information, comme aux États-Unis. Presque partout, la Télévision est organisée en service public, au moins partiellement. Il va de même un peu moins souvent pour la radiodiffusion, et plus rarement pour le cinéma. Seule, la presse écrite échappe entièrement au pouvoir, encore qu'il ne soit point dépourvu de moyens de pression sur elle.

Le degré de dépendance par rapport à l'État est parallèle à la date d'apparition des moyens d'information : les plus anciens (presse écrite) étant plus indépendants que les plus modernes (radiodiffusion, puis télévision). Cela est inquiétant, à la fois parce qu'on mesure ainsi la tendance du pouvoir à restreindre les libertés des citoyens, et parce que les moyens les plus modernes deviennent peu à peu les plus influents. L'importance de la télévision dans les campagnes électorales est capitale, à la fois dans les pays sous-développés, où l'instruction est peu répandue, et dans les pays sur-développés, où chaque foyer possède son récepteur. Cependant, l'action du pouvoir sur les moyens d'information n'est pas toujours néfaste. La libre entreprise, dans ce domaine comme ailleurs, ne se confond pas avec la liberté réelle.

Son avantage essentiel est d'assurer la diversité des opinions exprimées. Qui veut connaître les divers arguments en conflit, le peut : il suffit d'acheter plusieurs journaux, ou de tourner le bouton de la radio ou de la TV privées. De *L'Humanité* à *L'Aurore* et au *Parisien Libéré*, le citoyen français peut chaque matin connaître tous les arguments présentés de part et d'autre, et se faire à travers eux sa propre opinion. Chacun de ces journaux, tout comme ceux des régimes autoritaires, essaie bien d'imposer son point de vue, par des procédés analogues. Mais leur coexistence même empêche qu'ils y parviennent. Le pluralisme les oblige à limiter les mensonges ; quand aucune voix ne s'élève pour contredire, et quand la vérité ne peut pas être connue, il est facile de mentir. C'est beaucoup plus difficile quand d'autres voix peuvent se faire entendre et rectifier les choses. Il est très difficile de cacher la vérité dans un système d'information basé sur la libre entreprise et la concurrence. Cependant, il ne faut pas exagérer l'ampleur de la diversité qui résulte d'un tel système : pas plus qu'en U. R. S. S. on ne peut trouver un journal qui défend le capitalisme, on ne peut aux États-Unis trouver un journal qui défend le communisme.

La libre entreprise n'est pas la liberté, d'abord parce qu'elle repose sur l'argent. En droit, n'importe qui peut fonder un journal ; mais, en fait, il faudrait disposer d'environ trois milliards d'anciens francs pour lancer un quotidien à Paris. On peut écrire ce qu'on veut dans un journal existant, à condition que les membres du Conseil d'administration, propriétaires de l'entreprise, n'y fassent point obstacle. Les moyens d'information sont libres vis-à-vis de l'État, mais non vis-à-vis de l'argent. Le pouvoir d'information est dans les mains du pouvoir économique. Sans doute, de grands partis populaires, des syndicats ouvriers puissants, peuvent réunir les capitaux nécessaires à la fondation d'un journal, voire à l'édification d'une station de radiodiffusion. L'expérience montre qu'ils ont la plus grande difficulté à faire vivre de telles entreprises.

Car la domination de l'information par l'argent résulte moins aujourd'hui de la propriété des entreprises que des conditions de leur exploitation. Les moyens d'information de masse sont distribués au public gratuitement (radio, télévision) ou vendus au-dessous de leur prix (journaux). Chaque numéro d'un quotidien vaut au moins deux fois plus cher que son prix de vente ; parfois la différence est beaucoup plus grande. Elle est comblée par la publicité. Celle-ci finance également les programmes de radio et de télévision privées. Les maîtres de l'information moderne sont les annonceurs, c'est-à-dire en fait les entreprises de publicité. Ces firmes capitalistes, dont les clients sont eux-mêmes des firmes capitalistes, sont évidemment peu portées à favoriser les idées opposées au capitalisme ; elles tendent plutôt à orienter la manne publicitaire vers le conservatisme.

Mais ce phénomène a relativement peu d'importance, par rapport au fait essentiel que les moyens d'information deviennent avant tout des supports publicitaires. Les émissions de radio, les spectacles de télévision, les éditoriaux, les articles et les nouvelles des journaux : tout cela sert d'abord à attirer le maximum de clients pour la publicité, laquelle constitue le fondement de l'information capitaliste. Gagner de l'argent : tel est le but des entreprises d'information, comme de toutes les autres entreprises privées. Pour gagner de l'argent, il faut avoir le maximum de publicité. Pour avoir le maximum de publicité, il faut toucher le maximum de lecteurs, d'auditeurs ou de téléspectateurs. Le « sucre » rédactionnel, qui entoure la « pilule » publicitaire, doit donc être préparé au goût du plus grand nombre de gens possible. Cela entraîne toute une série de conséquences.

Il faut chaque jour attirer le plus de monde possible autour du kiosque à journaux, ou des postes de radio et de TV. Un fait divers sensationnel fait monter en flèche les tirages, les auditions, les visions, et accroît les bénéfices. Donc, le problème est de trouver chaque jour un fait divers sensationnel. On va ainsi monter en épingle des nouvelles sans intérêt véritable, pour peu qu'elles aient un côté pittoresque. S'il le faut, on gonflera des affaires anodines, pour leur donner les honneurs des gros titres de première page, qui font vendre. Cette loi sociologique du système aboutit d'abord à exagérer l'importance des crimes passionnels, des amours célèbres, des scandales divers. En politique, elle conduit à dramatiser les problèmes pour leur donner de l'intérêt : on excite artificiellement la haine ou l'enthousiasme des peuples pour faire monter les tirages.

La « personnalisation du pouvoir » dont on parle tant depuis quelques années, est en partie le résultat de ce processus. Le grand public s'intéresse peu aux idées abstraites, aux doctrines, lesquelles ne se prêtent guère aux gros titres et à l'illustration. Tout change, si ces idées sont incarnées par un homme, auquel on donne une allure de héros. Le théâtre et le cinéma ont montré la rentabilité publicitaire des « vedettes », créées par les moyens d'information moderne. Transposé en politique, le système est aussi rentable. La presse, les hebdomadaires illustrés, la radio, la télévision, vont ainsi créer des héros politiques, largement préfabriqués, largement mythiques, qui plairont d'autant plus au public qu'il aura l'impression d'une familiarité avec eux. Ces « héros » utilisent naturellement dans les luttes politiques la popularité ainsi créée.

D'autre part, la règle fondamentale, pour toucher le public le plus large possible, c'est de ne heurter personne. La presse, la radio, la télévision, chercheront donc à éviter dans toute la mesure du possible les questions controversées, importantes, dangereuses. Prendre position à leur égard risquerait de choquer une partie de la clientèle et de la faire fuir. S'il est absolument nécessaire d'en parler, parce qu'elles sont au cœur de l'actualité, on le fera avec le maximum de précautions, en essayant de contenter tout le monde, c'est-à-dire en n'abordant pas le fond du problème, en biaisant, en détournant l'attention. On traite ainsi les citoyens comme s'ils étaient des enfants un peu demeurés, incapables d'affronter les difficultés. De cette façon, au lieu de les préparer à prendre leurs responsabilités, on les en éloigne, au contraire.

Cependant, s'il semble que l'opinion est prête à s'emballer dans telle ou telle direction, si elle est traversée par une crise, il devient alors rentable d'emboîter le pas et d'exagérer dans le même sens, de hurler avec les loups, et plus fort qu'eux. L'information capitaliste tend à endormir les citoyens en temps normal, quand il faudrait les maintenir éveillés ; elle les excite au moment où ils sont agités, quand il faudrait les calmer. L'hystérie anticommuniste aux États-Unis en 1953, au temps du maccarthysme, l'ardeur belliqueuse de l'automne 1961 et le rush vers la construction d'abris atomiques privés, sont des exemples, entre mille, de cette seconde attitude. L'information capitaliste joue un rôle exactement opposé à celui que devrait remplir un sytème d'information conforme à l'intérêt général.

D'autre part, la défense des valeurs traditionnelles, des systèmes établis, des institutions en place, est beaucoup plus rentable, pour ne choquer personne, qu'une attitude critique et réformiste. Les gens sont naturellement conservateurs ; ils ont naturellement peur des nouveautés. Si le thème du progrès doit être souvent traité, parce que très à la mode, il s'agit d'un progrès lointain et abstrait, suffisamment vague pour ne pas inquiéter ceux dont il menacerait les situations acquises. On admettra que tout évolue, mais sans préciser ce qui doit évoluer. On n'attaquera jamais les abus existants, si ces attaques choquent l'opinion moyenne, ou si elles contredisent les intérêts des annonceurs. La recherche de l'opinion moyenne conduit au conservatisme.

Finalement, alors que les techniques d'information permettraient de diffuser auprès de tous les hommes les éléments d'une culture véritable, le système d'information capitaliste aboutit à ce qu'on pourrait appeler une « crétinisation » du public. Il tend à enfermer les gens dans un univers infantile, d'un niveau intellectuel très bas. Le développement des mythes du cœur, destinés à fournir des nouvelles à sensation en période creuse, remplaçant le serpent de mer de l'époque héroïque, est typique, à cet égard. Les rois, reines, princes, princesses, et autres pseudo-grands, fournissent de bons sujets, par l'apparat de leurs costumes, des décors où ils vivent, joint aux vagues souvenirs d'histoire qu'ils réveillent. Le public goûte les aventures d'amour, et ces amours aux limites de la légende et de la vie le passionnent, comme un conte pour grands enfants. Ainsi Margaret, Farah Dibah, Soraya, Paola, sont-elles condamnées, comme Tintin, à une vie perpétuellement traversée de nouveaux orages, qui font la fortune des entreprises de presse, de radio ou de TV.

On pourrait citer bien d'autres techniques de « crétinisation » du public. Le cinéma et le sport en fournissent beaucoup d'exemples. Par ces divers moyens, on plonge le public dans une atmosphère irréelle, artificielle, fantasmagorique et puérile : on le détourne ainsi des vrais problèmes. La victime des moyens d'informations capitalistes est très peu préparée à remplir ses devoirs de citoyen. Les communistes disent que ces procédés sont conscients, que les capitalistes utilisent volontairement la « presse du cœur », les histoires de Margaret, les aventures du sport et du cinéma, pour faire oublier aux masses l'exploitation qu'elles subissent, pour stériliser leur volonté de révolte. Objectivement, l'information des régimes libéraux tend à ce résultat. Subjectivement, il ne paraît pas découler d'un processus conscient, d'une volonté délibérée, mais du mécanisme de la recherche du client.

La diversité des moyens d'information, seule justification véritable du système, tend à se détruire elle-même. D'une part, l'évolution technique oblige à l'emploi de moyens de plus en plus complexes, donc de plus en plus coûteux, qui sont à la portée des seules entreprises géantes. D'autre part, la publicité se dirige surtout vers les moyens d'information qui touchent une masse énorme de consommateurs : la dispersion sur une foule de journaux secondaires ou de postes peu importants de radio-télévision n'est pas rentable. D'où une tendance à la concentration de l'information. Les petits journaux du xixe ou du xxe siècle, foyers d'indépendance et de diversité vraie, ne peuvent plus subsister. Les journaux sont de moins en moins nombreux, et de plus en plus grands. La presse se concentre en quelques mains. Le phénomène a pris ces dernières années une ampleur particulière en Grande-Bretagne, où il a spécialement frappé l'opinion. Mais c'est un phénomène général. En

France, par exemple, la presse locale est presque partout monopolisée par un ou deux journaux. Pour la radio et la TV, la concentration est d'ailleurs nécessaire, à cause du petit nombre de longueurs d'ondes disponibles pour chaque pays. Ainsi le pluralisme et la diversité disparaissent progressivement au profit de quelques oligopoles géants, qui disposent d'une puissance formidable dans l'État, de nature non démocratique.

Le tableau qu'on vient de brosser est poussé au noir. Il décrit les tendances naturelles de l'information dans un système de libre entreprise. Elles sont freinées ou contrebalancées par divers éléments, qu'on peut développer. Un premier remède consiste à faire coexister dans un même État le système d'information capitaliste et le système d'information socialiste, l'un et l'autre se corrigeant réciproquement. En pratique, dans beaucoup de nations occidentales, la presse est organisée suivant le modèle capitaliste ; mais la radio et la télévision sont entre les mains de l'État ou d'un organisme public. Dégagés des servitudes publicitaires et de la primauté de la recherche des bénéfices, radio et TV peuvent ainsi faire une œuvre éducative et compenser les effets de « crétinisation » de l'information capitaliste. Le pluralisme, qui résulte de la présence à leurs côtés d'une presse libre, ne leur permet pas de verser dans la propagande autoritaire. On peut introduire à l'intérieur même de la radio et de la TV d'État des méthodes originales de pluralisme, qui permettent au citoyen de connaître les différents arguments en présence. Le pluralisme capitaliste est illusoire, dans une large mesure : peu de gens achètent plusieurs journaux ; presque tout le monde n'en lit qu'un et n'a donc qu'une vision partielle des choses. Au contraire, les tribunes de journalistes ou de personnalités d'opinions opposées, à la radio ou la télévision, réalisent un pluralisme authentique, exactement dans l'esprit de la démocratie. De même, l'attribution aux partis, pendant les élections, d'un temps d'usage équivalent de la radio et de la télévision.

Cette coexistence des deux systèmes donne en général de bons résultats. Dans certains pays, par exemple en Grande-Bretagne et au Canada, radio et télévision accomplissent ainsi une œuvre remarquable d'éducation des citoyens, qui renforce beaucoup les institutions démocratiques. Mais des abus sont possibles. Les gouvernements peuvent avoir tendance à utiliser la radio et la télévision pour faire leur propagande, comme dans les États autoritaires. L'évolution de la R. T. F. depuis quelques années est un bon exemple à ce propos. Si son niveau général demeure supérieur à celui de la radio et de la télévision privées (du type américain), dans le domaine politique et social elle mérite toutes les critiques.

On trouve exceptionnellement dans les pays capitalistes certaines institutions originales, qui tendent à une information réellement indépendante, échappant à la fois à l'État et aux servitudes capitalistes. Certaines assurent la liberté personnelle des journalistes : telle est la « clause de conscience », permettant de refuser d'écrire ce qu'on ne pense pas et de quitter même le journal avec des indemnités importantes. En pratique, il n'est pas toujours facile de l'invoquer, et l'avancement dans la profession suppose qu'on ne l'invoque pas. Certains journalistes parviennent aussi à se faire un nom, que le public réclame : leur situation est alors suffisamment forte pour qu'ils puissent dire ce qu'ils veulent, ou à peu près. Le cas de Walter Lippman aux États-Unis est typique. Il y en a d'autres, sans qu'ils soient très fréquents dans aucun pays.

Beaucoup plus importante est la situation de certains journaux indépendants, comme le *Times*, *Le Monde*, le *New York Times*. Les origines de cette indépendance sont variées. Elle tient parfois à une réputation ancestrale (cas du *Times*). Pour *Le Monde*, elle est le résultat du statut provisoire de 1944. Tous les journaux ayant paru sous l'occupation allemande ont été saisis, et les entreprises remises à des groupes de journalistes libres. Un à un, les nouveaux journaux sont ensuite retombés sous la coupe d'intérêt financiers, sauf *Le Monde*, parce qu'il n'a jamais eu de déficit ; au contraire, les bénéfices réguliers de l'entreprise ont permis d'indemniser les anciens propriétaires. La liberté de l'équipe constituée en 1944, et agrandie depuis, n'a donc pas trouvé d'obstacles : une tradition s'est créée, un esprit s'est développé, aidés par la personnalité d'un directeur rigide et respecté.

L'indépendance des journaux du type *The*

Times et *Le Monde* semble maintenant bien assise : la qualité de leurs lecteurs les mettant dans une situation particulière au point de vue publicitaire. Pour les autres, un très fort tirage est nécessaire pour que l'entreprise soit rentable : d'où une concentration de plus en plus grande. Au contraire, ces « journaux d'élite » peuvent imposer des tarifs de publicité élevés, par rapport à un tirage médiocre, à cause de la qualité de leur clientèle : tout ce qui compte, tous les cadres de la nation, lisent *The Times* en Grande-Bretagne, *Le Monde* en France. Une certaine publicité a besoin de toucher précisément cette catégorie de gens : elle ne peut donc se passer des journaux d'élite. Mais leur indépendance ne s'étend pas aux journaux de masse : la liberté de la presse est-elle donc réservée à quelques-uns ? On peut penser que l'élévation générale du niveau de culture, dans les pays développés, comblera peu à peu l'écart entre l'information de masse et cette information d'élite, la seconde tendant à s'aligner progressivement sur la première. Certains indices suggèrent cette interprétation : le niveau de l'information de masse paraît s'élever lentement, en effet. Toutefois, même dans la meilleure hypothèse, il s'agit d'une évolution à très long terme.

On peut l'accélérer en constituant d'autres îlots de résistance. L'organisation de la radio ou de la télévision en services publics autonomes par rapport à l'État, gérés par un conseil d'administration formé de délégués des journalistes, de représentants des usagers et de personnalités indépendantes, paraît très efficace à cet égard. La B. B. C. anglaise est organisée sur ce type, et son indépendance est remarquable, en même temps que son niveau culturel. Depuis longtemps, il est question d'adopter un statut analogue pour la R. T. F. Quelques projets précis ont été élaborés à cet égard. Ni les gouvernements, ni les parlementaires n'ont jamais encore accepté de les mettre en vigueur. Certains se demandent si là seulement n'est pas la voie qui permettrait d'organiser une information vraiment libre, même dans le domaine de la presse. Peut-être le statut français de 1944 apparaîtra-t-il un jour comme précurseur.

Le nombre et l'encadrement collectif

Pendant des millénaires, le combat pour le pouvoir s'est déroulé dans un cercle restreint, la plus grande partie de la population s'en trouvant exclue. Son bas niveau de vie ne lui permettait qu'un faible développement intellectuel ; celui-ci empêchait qu'elle puisse prendre conscience de sa force, et s'organiser en conséquence ; la surveillance étroite des puissants, et de leurs hommes d'armes, empêchait toute velléité de le faire. Parfois, à des moments très exceptionnels, parce que leur degré d'asservissement, de misère et d'oppression devenait trop fort, les masses populaires faisaient irruption dans l'arène politique, comme de grands animaux maladroits, brisant tout sur leur passage, mais incapables de reconstruire. Révoltes d'esclaves, jacqueries, émeutes urbaines surgissent ainsi à diverses époques. Une atroce répression, à la mesure de la peur qu'avaient éprouvée les privilégiés, ôtait pour longtemps aux misérables l'envie de recommencer. Après la défaite de Spartacus, premier héros des révoltes populaires dont l'histoire a retenu le nom, soixante mille esclaves furent massacrés en Lucanie, et les croix de six mille suppliciés s'élevèrent le long de la Voie Appienne.

Le nombre est devenu arme politique efficace, quand l'élévation générale du niveau de vie et de culture a permis aux masses populaires de sortir de la nuit et d'entrer dans le combat pour le pouvoir. Les doctrines que la bourgeoisie avaient élaborées pour livrer sa propre bataille contre l'aristocratie ont aidé cette évolution. Pour combattre l'hérédité du pouvoir et des privilèges, qui la gênait, la bourgeoisie a proclamé l'égalité juridique de tous les hommes et la souveraineté populaire : cela conduisait logiquement au suffrage universel, c'est-à-dire à l'arbitrage du nombre. Les libéraux du XIXe siècle ont tâché, par divers moyens (suffrage restreint, suffrage inégalitaire), de freiner cette évolution ou d'en restreindre les conséquences. Par l'influence de l'argent sur les moyens d'information et de propagande, dans un régime capitaliste, ils ont essayé d'agir sur le peuple et de rendre inefficace l'arme du nombre.

L'efficacité de la propagande dans les combats politiques n'est pas contestable. L'appui de la grande presse et de la télévision décide souvent de la victoire électorale. Une campagne menée par des procédés analogues à ceux des campagnes de vente commerciale a plus de chances de réussite qu'une campagne de style classique. En 1960, le parti libéral a remporté la victoire dans la province de Québec par des méthodes de ce genre, qui sont employées sur une large échelle aux États-Unis et commencent à l'être en Europe. Mais ces méthodes coûtent cher. La puissance politique de la propagande, c'est finalement la puissance politique de l'argent, dans les démocraties occidentales (ailleurs, la propagande est monopolisée par l'État et sert à l'intégration politique : on retrouvera plus loin cet aspect du problème). Les réglementations juridiques — limitation des dépenses ou remboursement par l'État — ne sont guère efficaces. A travers la propagande, la puissance de l'argent tend à mettre en échec la puissance du nombre.

Celle-ci renaît grâce aux techniques d'encadrement collectif. La mise au point de procédés d'organisation sociale permettant de grouper d'immenses masses humaines, de les éduquer politiquement, de mobiliser leurs énergies, de canaliser et d'orienter leur action, a créé des instruments d'action politique d'une très grande efficacité. Les techniques des partis de masse et des syndicats ouvriers, inventées à la fin du siècle dernier, ont servi de modèles. Elles sont toujours employées.

Les partis communistes les ont perfectionnées : un des éléments de leur puissance tient certainement à la supériorité de leur système d'encadrement collectif. Que ces techniques présentent certains dangers, qu'elles permettent de « manipuler » dans une certaine mesure les membres de l'organisation, qu'elles développent des phénomènes bureaucratiques, cela n'est pas douteux. Il reste que, sans elles, le nombre serait annulé par l'argent, dans les démocraties occidentales.

CONCENTRATION OU DISPERSION DES ARMES

Les analyses précédentes montrent que les armes politiques sont tantôt concentrées, tantôt dispersées. On peut ainsi définir deux types de sociétés. Dans les unes, toutes les armes politiques, ou du moins les armes essentielles, sont détenues par une seule classe ou un seul groupe social. Dans les autres, les armes essentielles sont réparties entre plusieurs classes ou plusieurs catégories sociales. Dans les sociétés féodales et monarchiques, par exemple, les armes essentielles de l'époque (moyens militaires et richesse terrienne) étaient concentrées dans les mains de l'aristocratie. Dans la monarchie de Louis-Philippe ou le Second Empire français, dans les États-Unis d'avant 1939, la bourgeoisie détenait à son tour les principaux moyens de puissance (l'argent et l'organisation militaire, largement utilisée pour mater les révoltes ouvrières : canuts de

Lyon, journées de juin 1848). Dans l'État stalinien, le groupe dirigeant contrôlait toutes les organisations de masses, toutes les structures d'encadrement collectif, armes politiques essentielles dans une société socialiste. Voilà quelques exemples de situations de monopole.

Au contraire, dans certaines Cités antiques à un moment de leur évolution, dans les Républiques italiennes et flamandes de la Renaissance, dans l'Angleterre de Cromwell et la monarchie absolue française, l'aristocratie disposait d'une partie de la richesse, la bourgeoisie d'une autre partie, quelquefois plus grande, les armes militaires restant généralement dans les mains de la première, mais passant parfois aux mains de la seconde : on se trouvait dans une situation pluraliste. Les sociétés occidentales actuelles en fournissent un autre exemple. D'un côté, les capitalistes détiennent la richesse, qu'ils utilisent pour la propagande ; ils tiennent ainsi des éléments importants de puissance politique. De l'autre, les salariés ont développé de grandes organisations de masses (partis populaires, syndicats), qui ont aussi la possiblité d'utiliser des formes de propagande, et qui constituent d'autres éléments importants de puissance politique. Certains moyens de propagande et d'information sont dans les mains d'intellectuels et d'universitaires. Finalement, la dispersion des armes politiques est assez grande.

En Occident, on tend à considérer ce pluralisme comme le moyen essentiel pour assurer la

liberté des citoyens et réaliser la démocratie. On
confond d'ailleurs plus ou moins cette dispersion
(ou concentration) des armes politiques avec la
pluralité (ou l'unité) des « centres de décision »,
ce qui est une erreur. La pluralité ou l'unité des
centres de décision concerne l'organisation de
l'État, la structure du pouvoir politique : la pluralité se réalise par la séparation des pouvoirs,
chère à Locke, à Montesquieu et à quelques
autres ; par la décentralisation territoriale ; par
l'autonomie des services et des entreprises publics ; par la constitution de corps de fonctionnaires indépendants ; etc. La dispersion ou la
concentration des armes politiques concerne le
combat pour le pouvoir, et la situation des diverses
classes ou catégories sociales dans ce combat.
Les deux phénomènes sont souvent liés : la pluralité des centres de décision reflète parfois la dispersion des armes politiques, qui aboutit à un
partage de l'État entre les différentes classes ou
catégories sociales. Ils restent malgré tout assez
indépendants l'un de l'autre. La pluralité des
centres de décision peut exister par exemple en
régime socialiste, par décentralisation notamment, en dehors d'une dispersion des armes politiques (Yougoslavie).

Concernant celle-ci, les théories pluralistes ne
peuvent être acceptées qu'avec réserves. D'abord
le pluralisme des démocraties libérales à cet
égard demeure très inégalitaire. Certes, l'argent
n'y est plus aujourd'hui la seule arme politique.
Les partis populaires, les syndicats ouvriers, les

autres organisations de masses ont aussi leur efficacité, souvent grande. Mais elles ne contrebalancent pas l'influence des richesses. L'argent reste, dans les sociétés occidentales contemporaines, l'arme politique la plus forte. Cela veut dire que, dans l'ensemble, les décisions fondamentales sont prises sous l'influence des gens qui le détiennent. Les autres éléments de puissance politique peuvent emporter telle ou telle décision secondaire, infléchir telle ou telle autre ; ils ne peuvent qu'exceptionnellement imposer une décision fondamentale. Cependant, l'inégalité est plus ou moins grande suivant les pays. Très forte aux États-Unis, elle l'est moins en France. Elle diminue dans une certaine mesure.

D'autre part, la dispersion des armes politiques n'aboutit pas toujours à renforcer la démocratie. Elle peut aussi conduire à la dictature. Il arrive en effet qu'une classe sociale jusque-là dominante, qui se voit arracher une partie des armes politiques par une autre, recourt à la violence pour éviter d'être chassée du pouvoir ou forcée à le partager. La classe montante peut aussi employer les mêmes procédés, pour hâter l'élimination de l'ancienne classe dominante. Les grandes épidémies de dictatures dans l'histoire ont généralement correspondu à des situations d'équilibre, où les armes politiques sont dispersées entre catégories sociales rivales. Il en fut ainsi dans les Cités antiques, dans l'Europe de la Renaissance et du XVIIIe siècle, puis dans celle du XIXe siècle, quand la montée des bourgeoisies a divisé la puissance entre elles et les aristocraties jusque-là régnantes. De même, quand la domination de l'argent a paru sérieusement menacée au sein du « pluralisme occidental », on a vu surgir le fascisme. Plus que l'équilibre des forces sociales rivales et la dispersion entre elles des armes politiques, c'est l'affaiblissement des antagonismes qui permet le développement de la démocratie.

IV

Les stratégies politiques

Dans le combat politique, comme dans tous les combats complexes, chacun agit suivant un plan préconçu, plus ou moins élaboré, où il prévoit non seulement ses propres attaques, mais les ripostes de l'adversaire et les moyens d'y faire face. Ce plan de combat constitue une stratégie : les différents éléments qui le composent (actions sur l'adversaire et répliques à ses réactions) sont des tactiques. L'analyse des stratégies politiques demeure encore peu développée, sauf dans le domaine des relations internationales et des luttes syndicales. Ailleurs, on a surtout étudié les combats autour de décisions particulières. Depuis quelques années, on s'efforce d'appliquer à leur analyse des méthodes mathématiques, utilisant les théories des « jeux de stratégie » et les techniques du calcul opérationnel. Ces recherches sont intéressantes et valables, dans des domaines restreints. On considère ici un autre point de vue : celui des stratégies d'ensemble de la lutte politique. Sur ce plan global, seuls quelques schémas sommaires peuvent être définis.

DROITE ET GAUCHE, RÉFORMISME ET RÉVOLUTION

Le combat politique ne se déroule pas de la même façon dans un système bipartisan, où il prend la forme d'un duel, et dans un régime multipartisan, où s'affrontent plusieurs adversaires qui peuvent se coaliser de diverses façons. La distinction de la droite et de la gauche permet de rapprocher les deux situations, et de définir une classification assez précise des stratégies politiques dans les démocraties pluralistes. Réduit à sa plus grande simplicité, à son élément fondamental, le combat politique oppose ceux qui sont à peu près satisfaits de l'ordre social existant, qui veulent le conserver, et ceux à qui cet ordre ne convient pas, qui veulent le changer. Les premiers constituent « la droite »; les seconds, « la gauche », au sens le plus général de ces termes, volontairement dépouillé de tout contexte historique précis. On ne considère pas ici les motifs de l'insatisfaction des uns et de la satisfaction des autres, et les formes de leur expression. On pose simplement que, dans tout groupe social, dans toute communauté humaine, il y a des satisfaits et des insatisfaits : cependant, ce point de départ n'est pas un postulat arbitraire, mais une donnée de l'expérience. La droite et la gauche sont ainsi définies par leurs objectifs : conserver l'ordre existant, ou le remplacer. Mais on peut essayer d'atteindre chacun de ces objectifs par des moyens différents, chacun d'eux constituant un type particulier de stratégie.

La distinction a été faite depuis longtemps dans les partis de gauche. On peut renverser l'ordre existant brutalement, d'un seul coup, dans sa totalité, et lui substituer un ordre nouveau en bloc, aussi brutalement : c'est la méthode révolutionnaire. On peut aussi détruire l'ordre ancien peu à peu, progressivement, morceaux par morceaux, en le remplaçant chaque fois par un élément de l'ordre nouveau : c'est le réformisme. Des disputes nombreuses et violentes ont eu lieu, dans les partis socialistes, entre réformistes et révolutionnaires, au début de ce siècle. Elles se sont calmées du jour où les partis socialistes ont cessé dans leur totalité d'être révolutionnaires. Inversement, quand les partis communistes étaient révolutionnaires dans leur totalité, le problème ne s'y posait pas. Il commence à surgir dans le communisme occidental, qui agit au sein de sociétés où la révolution n'apparaît ni possible, ni souhaitable. Il y prendra probablement de l'importance dans les prochaines années.

La discussion entre réformistes et révolutionnaires est généralement déformée par des considérations passionnelles : la révolution étant le vieux rêve des socialistes français et des communistes en général, le réformisme apparaît à leurs yeux comme une trahison. Sur le plan rationnel, les partisans de la révolution affirment que le réformisme est une illusion, parce qu'on ne peut jamais détruire morceau par morceau l'ordre ancien. Par cette méthode, disent-ils, on ne peut qu'en modifier des éléments secondaires ; dès qu'on touche à l'essentiel, les partisans de cet ordre réagissent avec violence. Comme, à l'intérieur de cet ordre, ils conservent les positions de force, ils triomphent finalement. On ne prendra pas position dans ce débat. Il suffit de constater que deux stratégies peuvent être employées pour changer l'ordre existant — celle du réformisme et celle de la révolution — et que certains partis ont adhéré à la première, d'autres à la seconde.

Deux attitudes symétriques correspondent à droite à celles qu'on appelle à gauche réformisme et révolution. Leur distinction est moins célèbre ; elle a été moins souvent formulée de façon claire ; elle a donné lieu à moins de débats. Mais elle a eu une grande importance pratique, peut-être même plus grande, parce qu'elle a inspiré de façon concrète l'action de beaucoup de partis conservateurs. Pour maintenir l'ordre existant, on peut d'abord s'y accrocher en bloc, en refusant de rien changer, en s'opposant à toute réforme, à toute modification, même minime. Au contraire, considérant que certaines évolutions ne peuvent être empêchées, on peut accepter de céder sur des points de détail pour maintenir l'essentiel : faire la part du feu en quelque sorte. La première attitude correspond, à droite, à la théorie révolutionnaire à gauche : elle est le fait des ultra-conservateurs et des fascistes. La seconde correspond à la théorie réformiste à gauche. Elle caractérise les

conservateurs modérés. Son meilleur exemple est
la politique de Disraëli dans l'Angleterre du
xixe siècle.

Cette analyse conduit à nuancer l'opposition
dualiste de la droite et de la gauche en quatre
types de stratégies politiques de base, définies à
la fois par les fins et par les moyens : droite extrémiste, droite modérée, gauche réformiste, gauche
révolutionnaire. L'opposition et les alliances entre
ces tendances de base ne se font pas de la même
façon suivant les pays et les époques. Deux grandes
catégories de situations peuvent être ainsi distinguées : la situation de type anglais et la situation de
type français. En Grande-Bretagne, les modérés et
les extrémistes de chaque tendance se réunissent généralement dans une même organisation, l'une de
droite, l'autre de gauche : parti conservateur et
parti libéral au xixe siècle, parti conservateur et
parti travailliste au xxe siècle. Le combat politique
est donc dominé par la stratégie « droite contre
gauche », qu'on appelle en France la lutte des deux
blocs. Contrairement à ce qu'on pourrait croire,
les antagonismes politiques s'en sont trouvés atténués, et non aggravés.

A l'intérieur de chaque tendance, les extrémistes
ont dû accepter, bon gré, mal gré la domination
des modérés. Dans une compétition entre deux
partis, la victoire électorale appartient, on l'a déjà
noté, à celui qui attire à lui les électeurs marginaux du centre, qui font pencher la balance du
côté où ils portent leurs voix. Pour vaincre, chaque
parti doit donc prendre une allure modérée, les

réformistes l'emportant à gauche sur les révolutionnaires, les « évolutionnistes » l'emportant à droite sur les ultra-conservateurs. Le lien permanent, régulier, organique, unissant extrémistes et modérés dans chaque tendance, conduit les premiers à modérer leur extrémisme, si l'on peut dire, au contact des seconds, alors que l'isolement les porterait à l'exagérer. Le fait qu'ils se trouvent associés à des responsabilités gouvernementales et parlementaires, au moins indirectement, dans le cadre d'un grand parti, joue dans le même sens. Curieusement, la coagulation des tendances politiques en deux blocs opposés, l'un de droite, l'autre de gauche, aboutit à pousser l'un et l'autre vers le centre.

En France, la tradition politique est toute différente, quoiqu'on dise. L'idée que la vie politique y est dominée, depuis 1789, par un conflit droite-gauche ne correspond pas exactement à la réalité. La droite proprement dite (extrémistes et modérés réunis) a très rarement gouverné (entre 1814 et 1830, avec des interruptions ; en 1871, en 1919 et en 1940, assezbrièvement). La gauche, définie de la même façon, a occupé le pouvoir moins de temps encore (en 1793-94, en février-mai 1848, en 1936-37, en 1944-47). La plupart du temps, le gouvernement est aux mains de coalitions centristes, réunissant la gauche réformiste et la droite modérée, les extrêmes — ultra-conservateurs et gauche révolutionnaire — étant rejetés dans l'opposition, ou réduits au rôle de soutiens épisodiques. La bataille véritable se livre entre les deux centres, pour la domination à l'intérieur de la coalition. Le balancier n'oscille pas véritablement de la droite à la gauche, mais seulement du centre-droit au centre-gauche. La bataille politique est dominée par une stratégie centriste.

La coalition des conservateurs modérés et de la gauche réformiste a une base naturelle. Les uns et les autres ont un terrain d'entente ; ils acceptent des réformes. Pour les conservateurs, c'est un pis-aller, et il faut les limiter. Pour la gauche modérée, c'est un bien, et il faut les développer. Les objectifs finaux et les arrière-pensées sont différents. Mais, sur le plan de la politique concrète, on peut collaborer dans une certaine mesure ; on peut « faire un bout de chemin ensemble ». Cela dit, à l'intérieur de l'alliance centriste, chacun essaie de conquérir la position la plus forte, ce qui le conduit à s'appuyer dans une certaine mesure sur le parti extrême correspondant à sa tendance. Les liens ne sont jamais absolument rompus entre gauche réformiste et gauche révolutionnaire, parce que la première cherche le soutien de la seconde pour dominer la coalition des centres : le Bloc des Gauches d'avant 1914 correspondait à peu près à cette situation. De même, la droite modérée garde toujours le contact avec les ultra-conservateurs, pour la même raison : cela correspond à la « concentration élargie » ou à l'Union nationale sous la Troisième République.

Réduits ainsi à un rôle d'appoint épisodique, privés de toute influence réelle sur le gouvernement, isolés à l'intérieur d'organisations séparées, les partis extrêmes sont naturellement portés à renforcer leur extrémisme. Leurs membres éprouvent un sentiment d'aliénation, que ni les travaillistes de gauche, ni les ultra-conservateurs ne ressentent en Grande-Bretagne. Le côté pragmatique, quotidien, terre à terre, de la politique centriste, qui ne se réfère à aucun principe — parce que ceux des deux moitiés du centre sont différents — développe aussi chez les extrémistes des sentiments de mépris et d'écœurement. On tend vers une dissociation entre la politique idéale, pure et inappliquée, et la politique concrète, faite de compromissions plus encore que de compromis. Pour s'y opposer, les deux extrêmes ne disposent guère que d'un moyen : se coaliser contre l'alliance centriste. Car l'appoint qu'on leur réclame pour faire pencher dans un sens ou un autre cette alliance les compromet sans leur donner une réelle influence sur la politique. Mais cette coalition de la gauche révolutionnaire et des ultra-conservateurs, ne peut qu'être négative. Elle peut empêcher le centre de gouverner, non le remplacer. Si les extrêmes sont plus forts, à eux deux, que les centres, et s'ils s'unissent, tout gouvernement devient impossible : telle fut la situation de la République de Weimar dans ses dernières années.

LE CAMOUFLAGE

Réformisme et révolution, centrisme et extrémisme : ces stratégies ne sont applicables qu'en démocratie pluraliste. Au contraire, un moyen stratégique est employé dans tous les régimes politiques, même unitaires et autocratiques : le camouflage. Il consiste à dissimuler les buts et les motifs réels de l'action politique, derrière de pseudo-buts et de pseudo-motifs qui sont plus populaires, et qui bénéficient ainsi d'un plus large soutien de l'opinion publique. Naturellement développé dans les démocraties, où celle-ci joue un rôle capital, le camouflage existe aussi dans les autocraties, qui ne peuvent se passer de tout appui de l'opinion. Il est employé par les individus, les partis, les groupes de pression, dans leur lutte pour conquérir ou influencer le pouvoir. Il est employé aussi par le pouvoir, pour obtenir l'obéissance des citoyens : à ce titre, on le retrouvera dans le chapitre suivant.

Le camouflage revêt des formes très nombreuses. La plus fréquente consiste à masquer un objectif moins avouable derrière un objectif plus avouable, par rapport au système de valeurs de la société considérée. En Occident, cette technique est utilisée sur une grande échelle pour la défense des intérêts capitalistes. Au lieu de dire que la propriété privée des moyens de production leur assure de substantiels bénéfices, les propriétaires affirment qu'elle est nécessaire pour assurer la liberté individuelle des citoyens. Ils parlent moins d'entreprise privée que de « libre entreprise », de propriété que de liberté (sous-entendu : économique). Les partis libéraux jouent sur le double sens du mot liberté. Ils font rejaillir son prestige politique sur ses aspects économiques. Quand l'État impose des prix limites aux commerçants, ils n'avouent pas que leur résistance a pour but de conserver de grandes marges bénéficiaires. Ils protestent contre l'intervention du gouvernement dans l'économie, au nom de la liberté. Ils accusent l'État de faire du « dirigisme », de l' « interventionnisme », du « planisme », toutes choses qu'une grande partie de la population n'aime guère.

L'appel aux valeurs est un autre moyen de camouflage. On a dit l'importance des conceptions du Bien et du Mal, du Juste et de l'Injuste, en un mot des systèmes de valeur, dans la politique. La valorisation se fait à la fois dans le cadre de la société globale, par un système de valeurs communes à tous ses membres — les valeurs nationales dans l'État — et dans le cadre des diverses classes ou catégories en lutte, par des systèmes de valeurs propres à chacune, exprimés dans des idéologies diverses. Les valeurs servent de camouflage de différentes façons. D'abord, chaque classe ou chaque parti essaie de dissimuler ce qui lui est particulier et de s'identifier au système de valeurs nationales, en masquant ses objectifs propres derrière les valeurs communes à toute la société globale. Chacun accuse l'autre d'être partisan en se proclamant lui-même national. La nation, c'est soi-même ; les partis, ce sont les autres.

Chaque système de valeur partisan, chaque idéologie particulière sert aussi de camouflage, externe et interne. Il y a toujours un décalage entre les valeurs qu'on affirme et celles qu'on professe réellement. L'image qu'un parti, qu'une classe, qu'un groupe, montre de lui-même est une image idéalisée, comme celle d'un produit vanté par la publicité : l'idéalisation étant un moyen d'attirer le client ou l'adhérent, de lutter contre le concurrent ou l'adversaire, lesquels pratiquent une idéalisation du même genre. A l'intérieur, le degré d'adhésion aux systèmes de valeur est variable. L'image des meneurs qui utilisent de grandes idées pour attirer les foules n'est que partiellement vraie. Elle correspond à la stratégie de certains politiciens. Dans les partis à forte idéologie, au contraire, l'adhésion est d'ordinaire plus profonde au sommet qu'à la base. Elles n'ont guère d'emprise, les religions où le clergé est moins croyant que les fidèles. Les systèmes de valeurs sont aussi des moyens d'autojustification, correspondant à un auto-camouflage : chaque idéologie tend à donner à ses adeptes une image d'eux-mêmes avantagée, qu'ils puissent regarder avec satisfaction. Souvent, le camouflage est partiellement inconscient.

Une autre technique de camouflage consiste à faire croire à la masse de la population que ses intérêts sont en cause, alors que la question ne concerne que les intérêts particuliers d'une minorité. Les colons français que l'indépendance de l'Algérie aurait ruinés (et qu'elle a effectivement ruinés) justifiaient la poursuite de la guerre en arguant que l'Algérie constituait un très important client de la métropole, et que sa perte compromettrait gravement l'économie française tout entière. Très souvent, ce procédé de camouflage prend la forme de l' « épouvantail ». On invente un « ennemi », on grossit l'importance d'un ennemi réel, en justifiant par la nécessité de se défendre contre lui des mesures prises en réalité dans l'intérêt des classes au pouvoir. En criant « au loup », on détourne l'attention du voyageur, et on peut lui dérober ses bagages pendant qu'il songe seulement à se préserver de l'animal.

L'épouvantail du communisme joue à cet égard un rôle très important dans la plupart des pays d'Occident. Le danger de soviétisation y est très faible, en vérité. Mais l'opinion publique ne s'en rend pas compte, qui conserve encore très vif le souvenir de l'établissement des démocraties populaires en Europe orientale, entre 1945 et 1948. Bien qu'il soit illusoire, le « péril rouge » est toujours ressenti par beaucoup de gens, ce qui permet de l'invoquer pour détourner l'attention d'autres phénomènes : exploitation économique, tentatives d'établissement de dictatures, etc. L'évocation de l'ennemi extérieur, pour affaiblir l'opposition et l'obliger à se rallier au pouvoir, est une stratégie employée par tous les gouvernements depuis des siècles. A la limite, elle conduit à se jeter dans la guerre, pour échapper à des luttes intérieures trop violentes. Le conflit algéro-marocain d'octobre 1963 illustre un processus millénaire.

Le camouflage est-il plus ou moins employé, selon le niveau de développement technique des sociétés ? On a formulé l'hypothèse qu'il atteindrait son maximum dans une phase intermédiaire entre le sous-développement et le sur-développement. Dans les sociétés primitives, la masse de la population, sous-alimentée, analphabète, opprimée, est pratiquement exclue de la lutte politique. Celle-ci se déroule à l'intérieur d'un cercle étroit, entre gens avertis, entre « princes ». Le camouflage est inutile, parce qu'il serait facilement décelé par tout le monde. Ce n'est pas aux vieux singes qu'il faut apprendre à faire des grimaces, dit le proverbe. Tous les participants du combat politique sont des « vieux singes » en ce cas. On peut aussi les comparer aux augures de l'Antiquité, qui ne pouvaient se regarder sans rire, parce qu'ils connaissaient leurs mensonges. Dans une société très évoluée, au contraire, où la masse de la population bénéficie d'une culture étendue, où le développement des sciences sociales lui a révélé les techniques du camouflage, celui-ci devient inefficient, de la même façon. La masse est aussi avertie que le petit nombre des élites politiques dans les sociétés primitives. Chaque parti et chaque groupe passe son temps à démonter le camouflage de l'adversaire. En définitive, le camouflage caractériserait la « phase intermédiaire », qui a commencé dans les sociétés occidentales avec la Révolution française et qui est en train de disparaître progressivement. Dans cette période, les masses participent à la compétition politique ; on ne peut les en exclure. Mais elles sont insuffisamment averties des problèmes, ce qui permet d'en masquer les aspects gênants par le camouflage.

Ces thèses ne peuvent être acceptées sans réserves. Dans les sociétés primitives, le petit noyau évolué ne l'est pas suffisamment pour que le camouflage soit inutile. Dans les sociétés très développées, la crédulité humaine reste assez grande pour qu'il conserve une place. D'autant plus que les gens ne s'informent pas suffisamment du point de vue de l'adversaire, qui pourrait les démystifier ; que les moyens d'information de masse tendent à l'emploi d'autres procédés de camouflage, du type lénifiant, guimauve, adoucissant ; que le camouflage n'est pas seulement un procédé de mensonge conscient, mais en partie un moyen de se masquer à soi-même une vérité qu'on ne veut pas regarder en face. En politique, beaucoup de gens s'aveuglent eux-mêmes et refusent qu'on leur dessille les yeux. Il est probable que le camouflage tendra progressivement à s'atténuer et à s'affiner. Il est plus douteux qu'il disparaisse du combat politique.

V

Les limites du combat

Les limites du combat politique sont évidemment plus larges dans les régimes démocratiques, où la lutte se déroule à ciel ouvert, que dans les régimes autocratiques, où elle doit se masquer. D'autre part, dans les démocraties et dans elles seules, on peut distinguer une lutte *dans* le régime et une lutte *sur* le régime. A ces grandes limites de combat, qu'on va examiner ci-après, il faudrait en ajouter d'autres. La distinction des partis politiques et des groupes de pression correspond à celle de la lutte directe, pour conquérir le pouvoir ou y participer, et de la lutte indirecte, pour essayer de l'influencer sans changer son titulaire. En démocratie, la lutte directe est possible à tous les échelons. En autocratie, elle ne joue qu'aux échelons inférieurs. Le pouvoir suprême fait seulement l'objet d'un combat indirect, par un jeu d'intrigues tendant à donner influence sur son titulaire : mais celui-ci n'est pas changé. Curieusement, la situation est inversée en démocratie, dans une certaine mesure, pour les échelons inférieurs du pouvoir. Ils tendent à être confiés à des fonctionnaires techniciens, constitués en corps administratifs, qui bénéficient de telles garanties de situation que l'autorité politique ne peut guère les révoquer. La lutte directe pour conquérir des postes est donc limitée. Leur permanence restreint la portée des changements d'équipes politiques au sommet. Au contraire, dans les autocraties, le souverain nomme et révoque selon son bon plaisir à tous les postes subordonnés, qui font l'objet d'une compétition directe plus large. Qui conquiert la confiance totale du chef suprême ne connaît plus d'obstacles ; les changements de favoris peuvent être ainsi plus radicaux que les bouleversements électoraux.

Notons enfin qu'en démocratie la lutte politique prend un caractère cyclique : pas en autocratie. Les élections générales ont pour conséquence de faire de l'État dans son ensemble, à intervalles fixes et déterminés, l'enjeu de la bataille. Tout l'appareil de coercition du pouvoir, tout son système de contrainte, sont ainsi abandonnés par le vaincu et remis aux mains du vainqueur, jusqu'au jour où celui-ci, à son tour vaincu, le transmet à un nouveau vainqueur. Les élections générales deviennent donc naturellement le moment du combat décisif. Les luttes politiques se déroulent ainsi suivant un rythme régulier. Elles passent, tous les quatre ou cinq ans, par une phase d'activité et décroissent dans l'intervalle. Les régimes autocratiques ne connaissent point ces mouvements de systole et de diastole, ces flux et ces reflux cycliques. Les intrigues s'y nouent et dénouent continûment, et les poussées de fièvre y tiennent seulement à des circonstances conjoncturelles.

LUTTE OUVERTE ET LUTTE MASQUÉE

Hors des élections générales, la lutte politique conserve en démocratie le même caractère ouvert et régulier. Dans les débats parlementaires, dans les polémiques de presse, dans les réunions et les discussions, dans les manifestations des partis, des syndicats et des organisations diverses, elle se déroule aux yeux de tous. Certes, cette publicité n'est pas absolue. Même dans les démocraties, une partie de la politique se déroule dans l'ombre, dans la discrétion, dans le secret. Il est difficile, par exemple, sinon impossible, de connaître le financement des élections, les interventions de quelques puissances privées sur le gouvernement ou l'administration, etc. Mais la part d'ombre demeure restreinte. En autocratie, au contraire, l'ombre est partout. Les débats, les polémiques, les discussions, les manifestations sont généralement interdites. Officiellement, l'opinion est unanime dans son admiration, sa fidélité, son amour pour le gouvernement. La nation est unie et ne connaît point de factions. Mettre en cause cette unité, faire naître ces factions est un délit, réprimé par la loi. Pratiquement, l'unanimité et l'unité sont factices. Il y a des luttes politiques : mais elles sont cachées, masquées.

En apparence, les démocraties sont plus divisées que les autocraties. En réalité, leurs divisions sont seulement plus visibles, parce qu'on leur permet de s'exprimer, parce qu'on favorise même leur expression. Les divisions des régimes unitaires sont peut-être plus profondes et plus graves, comme ces conflits psychologiques refoulés, qui empoisonnent la personnalité et la jettent dans des névroses. Aux luttes politiques ouvertes des démocraties correspondent, dans les autocraties, soit des luttes camouflées, soit des luttes clandestines. Le camouflage de la lutte prend des formes très variées. Les institutions mêmes de l'État peuvent devenir chacune l'expression de certains groupes ou de certaines classes. Toute administration, toute organisation, toute corporation, a tendance à défendre son point de vue contre les autres. Ces rivalités techniques peuvent devenir des luttes politiques, si telle institution s'identifie plus ou moins à telle force sociale, telle autre institution à telle autre force sociale, etc. Dans les régimes autoritaires, on voit parfois les syndicats (uniques) s'opposer au parti (unique), ces deux instruments d'unanimité devenant instruments de diversité. Les Universités, l'armée, les corps administratifs peuvent aussi devenir des moyens d'opposition.

Des conflits politiques se dissimulent aussi derrière les conflits non politiques autorisés dans certains domaines. En U. R. S. S., la lutte des classiques et des modernes, en littérature, en peinture et en musique, est en réalité un combat entre staliniens et partisans d'une « libéralisation ». Des organisations non politiques peuvent ainsi devenir des organisations politiques en fait. Les associations d'étudiants, les mouvements de jeunesse, voire les sociétés sportives (les sokols tchèques avant 1914), ont joué ce rôle dans beaucoup de pays autoritaires. Plus leur objet officiel est éloigné des luttes politiques, moins le pouvoir s'en méfie. Trois catégories sont plus proches de la politique, et par conséquent plus dangereuses : les Églises et les associations philosophiques, les organisations à caractère économique et social, et les institutions littéraires (les conflits humains qu'analyse la littérature étant inséparables des conflits sociaux et politiques : le rôle du Cercle Petöfi en Hongrie avant 1956, celui des sociétés de pensée en France avant 1789, sont très caractéristiques).

On ne confondra pas ces luttes camouflées, où les objectifs politiques se dissimulent derrière des objectifs non-politiques, avec la technique du camouflage employée dans les luttes ouvertes, en démocratie, laquelle consiste à dissimuler un objectif politique derrière un autre objectif politique, plus large, plus avouable, plus noble que le premier, et plus propre par conséquent à obtenir l'adhésion des citoyens. Toute classe, tout groupe, toute catégorie sociale qui combat en fait pour ses intérêts particuliers prétend plus ou moins qu'elle combat pour des intérêts communs à la société tout entière : pour la patrie, pour la justice, pour la vérité. Elle renforce ainsi sa position en introduisant le doute chez ses adversaires. Cette sorte de camouflage suppose un combat politique se déroulant au grand jour, dont le pouvoir est ouvertement l'enjeu. Au contraire, le camouflage qu'on décrit ici dissimule des objectifs politiques derrière des objectifs non politiques, parce que la lutte sur des objectifs politiques est interdite.

Mais les partis conservateurs réussissent souvent, en démocratie, à donner à « la politique » un caractère péjoratif : cela conduit à dissimuler aussi des combats politiques derrière des apparences non-politiques. Beaucoup d'organisations annexes des partis — associations de jeunesse, groupements féminins, clubs sportifs, littéraires, ou artistiques, etc. — se camouflent ainsi sous un aspect non politique. Beaucoup de groupes de pression, qui poursuivent en réalité des objectifs politiques, feignent d'avoir seulement des buts économiques, sociaux, corporatifs, philosophiques, artistiques. La distinction des deux sortes de camouflage n'est donc pas rigoureuse. Il reste qu'en démocratie les deux sont possibles, parce que le combat peut s'avouer politique, ouvertement. En autocratie, un seul est possible : la dissimulation d'objectifs politiques sous les apparences d'objectifs non-politiques, parce que la lutte politique ouverte est interdite.

Ce camouflage ne peut s'employer que dans des autocraties relativement libérales. Dans les régimes absolutistes et totalitaires, les luttes camouflées n'ont qu'un caractère superficiel. Elles expriment une diversité de clans et de factions à l'intérieur des groupes dirigeants, plutôt qu'une opposition au pouvoir. Les véritables luttes politiques ne peuvent se dérouler que dans le secret, à travers des organisations clandestines. La résistance des démocrates allemandes sous Hitler, la résistance aux armées allemandes dans les pays européens occupés par elles, entre 1940 et 1945, fournissent de bons exemples dans ce domaine. On peut les rapprocher des mouvements clandestins nationalistes qui ont déclenché la révolte des colonies contre les métropoles, ces dernières années, des sociétés secrètes qui ont pareillement animé la lutte pour l'indépendance dans l'Europe du xixe siècle et du début du xxe, etc.

Dans tous les régimes autoritaires, il y a une tendance naturelle à la naissance de luttes clandestines de ce genre. Elles ne se développent que si deux conditions sont réunies. Il faut d'abord que le régime soit jugé intolérable par une grande partie de la population. L'appui des masses est indispensable à l'action clandestine ; sans lui, les organisations secrètes ne peuvent rien faire, sinon quelques attentats individuels sans portée. D'autre part, il faut un espoir raisonnable de pouvoir renverser le régime. S'il paraît établi de façon durable, seuls quelques intransigeants ont le courage de mener une action clandestine. La masse les appuie seulement si elle voit une possibilité d'aboutir. D'où le développement des mouvements clandestins pendant la guerre de 1939-1944, celui des organisations nationalistes dans les colonies après 1945 ; d'où au contraire, la faible influence des mouvements antinazis dans l'Allemagne hitlérienne avant 1944, l'échec du terrorisme O. A. S. dans la France de 1962, l'action limitée des organisations nationalistes du Québec dans le Canada de 1963. Dans les deux derniers cas, la lutte clandestine se déroulait dans un régime démocratique, où l'opposition avait d'autres moyens d'expression. Elle est alors le fait de petits groupes très minoritaires, à qui leur faible audience enlève tout espoir de jouer un rôle électoral et parlementaire. A moins qu'elle soit menée par des partis ou groupements interdits, auxquels la voie de l'action légale est fermée, ce qui constitue une restriction de la démocratie.

Les mouvements clandestins se distinguent de tous les autres, quant à leurs moyens d'action et à leur structure. Aux réunions secrètes, à la diffusion des rumeurs de bouche à oreille, à la propagande cachée, à la diffusion de tracts et de brochures imprimées anonymement, ils joignent la violence : noyautage de l'État, complots, attentats, terrorisme. Les exigences de la clandestinité les obligent à un même type d'organisation, qu'on retrouve partout : dans l'Église des catacombes, dans les sociétés secrètes orientales, dans le carbonarisme du XIXe siècle, dans la Main noire serbe d'avant 1914, dans les Oustachis croates de 1930, dans les mouvements de résistance européens de 1940-45, dans les organisations nationalistes algériennes luttant pour l'indépendance, dans l'O. A. S. française de 1961. Il se caractérise par un émiettement de groupes de base aussi petits que

possible (trois à cinq hommes en général) et par un
cloisonnement rigoureux entre ces groupes de base.
Seul, le chef de chaque groupe, à chaque échelon,
est en liaison avec l'échelon supérieur. De cette
façon, les fuites sont réduites au minimum : si un
membre de l'organisation est arrêté et torturé,
il ne peut dénoncer que très peu de gens ; de même
si la police introduit des « mouchards » dans le
mouvement.

LUTTE DANS LE RÉGIME ET LUTTE SUR LE RÉGIME

Même en démocratie, le combat politique ouvert
reste limité. A cet égard, une distinction fondamentale oppose la lutte *dans* le régime et la lutte
sur le régime. En Grande-Bretagne, en Scandi-
navie, aux Pays-Bas, tous les partis acceptent le
régime existant, basé sur la démocratie parlementaire libérale ; aucun d'eux ne le met en cause ;
la lutte se déroule *dans* le régime. En France et en
Italie, au contraire, de petits groupes fascistes à
l'extrême-droite et un grand parti communiste
à l'extrême-gauche n'acceptent pas le cadre parlementaire et la démocratie pluraliste ; la lutte
porte aussi *sur* le régime. Dans le premier cas, le
combat consiste pour chaque parti à essayer de
conquérir le pouvoir, pour l'exercer ensuite dans
l'intérêt des classes et des catégories sociales qu'il
représente, tout en maintenant les institutions et
les règles existantes. Celles-ci font ainsi l'objet d'un
« consensus » quasi général. Dans le second cas, cer-

tains partis estiment que les intérêts des classes et des catégories qu'ils représentent ne peuvent pas être satisfaits dans le cadre du régime établi. Ils veulent donc le remplacer par un autre.

La lutte sur le régime prend deux formes très différentes, selon qu'elle porte seulement sur les fins, ou également sur les moyens. Elle suppose toujours qu'une partie des citoyens n'admet pas les institutions existantes et veut leur en substituer de nouvelles. Les buts de la lutte sur le régime sont nécessairement révolutionnaires. Mais, pour accomplir le bouleversement souhaité, on peut soit refuser les règles du régime existant et lutter contre lui par la violence, dans l'illégalité, soit au contraire utiliser ces règles pour conquérir le pouvoir et s'en servir ensuite pour construire un ordre nouveau. La seconde attitude correspond à peu près à celle des partis communistes en France et en Italie, ces dernières années. Ils avaient renoncé à l'illégalité et à la violence pour la conquête du pouvoir ; ils acceptaient les règles de la démocratie libérale pour y parvenir. Mais, s'ils avaient réussi à prendre ainsi le pouvoir dans le cadre du régime existant, ils s'en seraient servis pour détruire ce régime de fond en comble.

Dans les autocraties, cette distinction n'a pas d'intérêt. La lutte sur le régime n'est absolument pas tolérée. Nul ne peut mettre en cause ouvertement les institutions existantes. On ne peut s'opposer à elles que par l'illégalité et la violence. En démocratie, la situation est différente. La nature même de la démocratie et sa grandeur, c'est qu'elle permet à ses adversaires de s'exprimer ; elle admet donc la lutte sur le régime. De ce fait, se trouve-t-elle désarmée ? A donner la liberté aux ennemis de la liberté, va-t-on leur permettre de détruire la liberté ? La démocratie est-elle condamnée à ne pas se défendre contre ceux qui veulent l'anéantir, par ses principes mêmes ? Sur un point au moins, la réponse est simple. La démocratie permet aux adversaires de la démocratie de s'exprimer, seulement s'ils le font dans le cadre des méthodes démocratiques. Le respect de l'opinion d'autrui ne s'applique pas si cette opinion essaie de s'imposer par la force. Contre ceux qui tentent de la détruire par la violence, la liberté doit être défendue par la violence, même en démocratie.

Si l'opposition au régime accepte au contraire de jouer le jeu démocratique, si elle combat dans le cadre des institutions, les principes démocratiques obligent alors à la laisser s'exprimer : sous cette forme, la lutte sur le régime est possible. Jusqu'à un certain point seulement, qui ne dépend pas des théories, mais du rapport des forces. Si un parti communiste, qui agit dans le cadre de la légalité, ne réunit que 5 ou 10 % des suffrages aux élections, pas de problème : la démocratie peut parfaitement fonctionner malgré cette opposition au régime. S'il réunit 20 ou 30 % des suffrages, ceux-ci étant par ailleurs stabilisés, quelques précautions doivent êtres prises : élimination des postes d'autorité, non-participation au gouvernement, sinon à des ministères peu dangereux, etc. Moyennant quoi, le régime peut fonctionner sans trop de difficultés, comme le montrent les exemples français et italien depuis 1945.

Mais si un parti communiste approchait dans une démocratie libérale des 50 % des suffrages qui confèrent la majorité absolue et la totalité du pouvoir, la situation serait très différente. Alors, le laisser agir dans le cadre du régime serait condamner celui-ci à mourir à brève échéance. L'interdire serait également tuer la démocratie : supprimer un parti communiste puissant suppose qu'on l'empêche de se reformer à travers les syndicats, à travers des organisations parallèles, à travers d'autres partis de gauche, bref qu'on développe un immense système de répression et d'interdiction, contre la moitié des citoyens du pays. Seule une dictature peut aboutir à un tel résultat. Qu'un parti communiste atteigne près de 50 % des voix en démocratie libérale, cela signifie simplement que les conditions de la démocratie libérale n'existent plus dans le pays en question, qu'on peut seulement choisir entre une dictature de droite et une dictature de gauche.

Cela dit, il faut distinguer l'apparence et la réalité, en matière de lutte sur le régime, et tenir compte du décalage entre l'évolution des faits et de l'image qu'on s'en forme. En vieillissant, les partis révolutionnaires tendent à s'intégrer dans l'ordre existant, d'autant plus que celui-ci évolue plus ou moins dans leur sens : d'opposants *au* régime, ils deviennent opposants *dans* le régime. Mais ils tâchent de masquer cette transformation à leurs militants, le plus longtemps possible, parce que la révolution a plus de prestige que le réformisme, en général, et spécialement en France. Leurs adversaires facilitent ce camouflage, qui leur permet d'agiter un épouvantail propre à rallier des suffrages conservateurs. Les socialistes, révolutionnaires en 1900, ont commencé à s'intégrer dans le régime après 1920. Mais ils ne l'ont admis qu'après 1945, et leurs adversaires aussi.

Le parti communiste évolue dans le même sens, en France et en Italie. La plupart de ses électeurs ne souhaitent plus l'avènement d'une démocratie populaire. Ils sont intégrés dans le système pluraliste occidental, et ils ne veulent point qu'on le supprime. Au niveau des militants, l'évolution est moins avancée. Mais elle s'accélère visiblement depuis quelques années. Beaucoup sont attachés aux libertés publiques, à la diversité des opinions, à la démocratie libérale en un mot. Ils cherchent la voie d'un socialisme pluraliste, qui supprimerait le capitalisme sans détruire le libéralisme politique. Ils comprennent qu'une révolution n'est plus possible dans des pays très développés. Ils ne l'avouent pas encore en public. Ils n'osent pas toujours se l'avouer à eux-mêmes. Mais leur changement en profondeur est réel. Comme toujours, l'évolution du vocabulaire et des principes affirmés reste en retard sur l'évolution des faits et des mentalités ; on veut paraître révolutionnaire longtemps après qu'on a cessé de l'être. Dans la France et l'Italie d'aujourd'hui, l'opposition du parti communiste reste, en apparence, une opposition *au* régime de démocratie libérale ; en réalité, elle devient de plus en plus une opposition *dans* le régime.

La distinction du combat sur le régime et du combat dans le régime est liée au concept de légitimité. Le combat reste dans le cadre du régime, si tous les citoyens considèrent celui-ci comme légitime, s'il fait l'objet d'un consensus. Le combat porte sur le régime, si ce consensus est rompu, si certaines classes, certains groupes, certains partis seulement jugent légitime le régime existant, alors que d'autres classes, groupes ou partis tiennent pour une autre légitimité. D'une façon générale, la légitimité est la conformité avec un système de valeur. Est légitime le régime qui correspond à l'image du pouvoir que présente une idéologie politique. La légitimité repose donc sur des croyances. Chaque idéologie définit un type de légitimité : il y a une légitimité monarchique, une légitimité démocratique, une légitimité communiste, etc. La légitimité ne se définit pas dans l'abstrait, par rapport à un type idéal de gouvernement ayant valeur absolue, mais dans le concret, par rapport à chacune des conceptions historiques du type idéal de gouvernement.

En général, à une époque donnée, dans un pays donné, il existe un certain accord sur la forme du gouvernement, sur les procédures de dévolution et d'exercice du pouvoir, sur les règles du combat politique. En ce sens, on appelle légitime le régime qui correspond à l'idée que la masse des citoyens se fait de la légitimité. Ainsi, la monarchie était légitime dans la France du XVIIe siècle, la démocratie est légitime dans la France actuelle, un gouvernement libéral est légitime aux États-Unis, un système socialiste est légitime en U. R. S. S. Si les gouvernés jugent légitimes leurs gouvernants, ils sont portés à leur obéir par un mouvement naturel. Le combat politique demeure dans les cadres du régime, placé lui-même au-dessus de la mêlée ; au moins quant aux moyens de la lutte, sinon quant aux fins.

Ferrero appelle ainsi la légitimité le « génie invisible de la Cité », qui maintient l'ordre social et l'État, en fondant l'obéissance des citoyens. Cette sacralisation du pouvoir relève souvent du camouflage, on le verra. Mais elle a pour effet de diminuer la violence du pouvoir à l'égard des citoyens. A un gouvernement légitime, les citoyens obéissent naturellement, en quelque sorte ; la contrainte ou la menace ne jouent qu'un rôle secondaire, à l'égard de quelques récalcitrants, ou dans des circonstances exceptionnelles. En face d'un gouvernement illégitime, au contraire, les citoyens sont naturellement portés à refuser l'obéissance ; ils ne plient que contraints et forcés. La violence et la menace deviennent alors les seules bases du pouvoir ; celui-ci est beaucoup plus fragile, malgré les apparences. Le caractère illégitime conduit donc les gouvernements à être très autoritaires, très durs : d'où la violence des dictatures.

Il est rare qu'un gouvernement soit illégitime aux yeux de tout le monde. Le plus souvent, faute de consensus, diverses conceptions de la légitimité s'affrontent, dont l'une est incarnée par le pouvoir.

Le combat politique porte alors sur le régime lui-même. Dans une telle situation, aucun gouvernement ne peut être légitime aux yeux de tous les citoyens. Un gouvernement légitime aux yeux des uns est illégitime aux yeux des autres, et vice versa. Tout gouvernement ne repose que sur la force, pour une partie importante de la population. Telle fut par exemple la situation de la France au xixe siècle, où la légitimité monarchique et la légitimité démocratique se partageaient à peu près le pays.

Une telle situation est révolutionnaire. Elle traduit une crise des structures sociales, qui sont remises en question par une part importante de la population. L'idéologie politique nouvelle, qui s'oppose au système de légitimité traditionnelle, exprime la volonté de nouvelles classes ou de nouvelles forces sociales de jouer un rôle plus grand dans l'État. En même temps, cette rupture du consensus aggrave la situation révolutionnaire. Elle double la crise des structures d'une crise morale et intellectuelle, d'une crise des croyances. Elle rend plus vulnérable le système politique ancien, en le « désacralisant » aux yeux d'une partie de la population, en lui ôtant la valeur qu'elle lui attribuait jusqu'ici.

TROISIÈME PARTIE

De l'antagonisme à l'intégration

Les deux faces de Janus — la lutte et l'intégration — ne sont pas séparables. D'abord, elles ne se distinguent pas toujours clairement. Les régimes politiques, par exemple, concernent l'une et l'autre. Les partis aussi, qui bataillent pour un ordre social meilleur, une intégration plus vraie. Définir les règles du combat, délimiter son cadre, c'est à la fois organiser l'expression des antagonismes et tendre à les diminuer. La lutte dans le régime est en même temps une forme de combat et une forme d'intégration, puisqu'elle exprime un accord sur les principes fondamentaux de la société et les institutions qui les appliquent. Quand la légitimité est contestée, elle devient arme de lutte ; quand elle fait l'objet d'un consensus, elle est moyen d'intégration. Beaucoup des notions analysées jusqu'ici dans le cadre du combat peuvent l'être aussi dans le cadre de l'intégration.

D'autre part, presque toutes les idéologies politiques considèrent que la lutte engendre l'intégration, que le développement des antagonismes tend vers leur suppression et l'avènement d'un ordre social authentique. Dans l'opposition, chaque parti voit la politique comme lutte : au pouvoir, il la voit comme intégration. En Occident, on tend à croire que l'intégration est déjà réalisée, ou proche de l'être : elle relèverait seulement de techniques des relations publiques ou de traitements psychanalytiques ; seuls, quelques asociaux, donc anormaux, y résisteraient. A l'Est, on pense qu'une longue phase transitoire est encore nécessaire, même après la prise du pouvoir par le prolétariat, pour que s'établisse enfin une société juste. L'opposition porte sur la vitesse d'évolution de la lutte à l'intégration, non sur l'évolution elle-même.

Celle-ci ne paraît pas discutable. Mais l'optimisme qu'on proclame à son sujet, à l'Est comme à l'Ouest, l'est beaucoup plus. La fin des conflits, qu'entraînerait l'avènement de la « société d'abondance » ou de la « phase supérieure du communisme », relève probablement de l'utopie. Certains conflits sont en train de disparaître, ou plutôt de diminuer. D'autres subsistent, et s'aggravent même : notamment celui des citoyens et d'un pouvoir que le progrès technique rend plus dangereux qu'autrefois. Des conflits nouveaux surgissent, qui transposent les anciens sur un autre plan : au moment où le prolétariat disparaît dans les sociétés occidentales, l'antagonisme grandit entre les nations riches et les nations prolétaires.

I

Théorie de l'intégration

Le *Vocabulaire philosophique* de Lalande définit
l'intégration « l'établissement d'une interdépendance plus étroite entre les parties d'un être vivant
ou entre les membres d'une société ». L'intégration
est donc le processus d'unification d'une société,
qui tend à en faire une Cité harmonieuse, basée
sur un ordre ressenti comme tel par ses membres.
Par intégration politique, on désigne la part qu'a
dans ce processus le pouvoir organisé, le gouvernement, l'État. L'intégration comporte deux aspects, l'un négatif, l'autre positif. Unifier une société, c'est d'abord supprimer les antagonismes qui
la divisent, mettre fin aux luttes qui la déchirent.
Mais une société sans conflit n'est pas réellement
intégrée, si les individus qui la composent restent
juxtaposés les uns à côté des autres, comme une
foule où chacun est isolé de ses voisins, sans lien
véritable avec eux. L'intégration suppose, non
seulement la suppression des conflits, mais aussi
le développement des solidarités. En pratique, ces
deux aspects sont parfois confondus.

LIMITATION DU COMBAT

Par nature, les antagonismes politiques tendent à s'exprimer par la violence, parce qu'ils concernent des questions fondamentales. Quand certains hommes luttent pour sortir d'une situation misérable, d'un monde de privations et de pauvreté, quand d'autres combattent pour échapper à un univers semblable, pour défendre leurs privilèges contre l'assaut des opprimés et des exploités, il est naturel que chacun emploie tous les moyens pour s'assurer la victoire, y compris la violence physique. Émeutes, révoltes, révolutions, guerres civiles, attentats, répressions, exécutions, coups de force : la politique est jonchée de cadavres. A chaque instant, les conflits tendent à s'y régler dans le sang.

Cependant, on peut aussi définir la politique : un effort constant pour éliminer la violence physique, pour donner aux antagonismes sociaux et individuels d'autres moyens d'expression, moins rudes, moins brutaux, moins sanglants. La politique est la guerre civile continuée par d'autres moyens : c'est-à-dire la négation de la guerre civile, car la guerre (civile ou internationale) se définit précisément par ses moyens. Il n'y a pas de guerre « froide ». La guerre, c'est l'emploi de la violence physique pour trancher les conflits. La politique, c'est l'emploi de moyens non-violents, ou plus exactement moins violents. Quand les luttes de classes, les disputes de races, les rivalités de provinces, les contestations entre individus se règlent les armes à la main, dans le sang, on est hors de la politique, en quelque sorte. La politique tend à remplacer les poings, les couteaux, les piques, les fusils, par d'autres armes de combat.

On peut distinguer trois stades dans cette élimination des moyens de violence. A un stade primitif, le pouvoir n'est pas assez fort pour empêcher des adversaires résolus de s'affronter par la force physique. Il peut seulement restreindre l'emploi de celle-ci, le limiter, le réglementer. A cette situation, correspondent les systèmes de la vengeance privée légalisée, des combats singuliers, de la trêve de Dieu, etc. Le combat par les poings ou l'épée n'est pas supprimé, mais seulement enserré par des réglementations, qui en atténuent les conséquences. A un second stade, ces formes brutales et barbares sont remplacées par des formes de violence plus civilisées : le pillage ou le massacre, par la grève ; le travail forcé ou la prison, par le lock-out. Enfin, au dernier stade, la politique élimine complètement la violence physique, qu'elle remplace par d'autres formes de combat : batailles électorales, débats parlementaires, discussions en commissions, etc.

Les procédures démocratiques sont ainsi des moyens d'expression des luttes politiques, plus modérés, plus doux, moins brutaux que la violence physique. Reprocher à la démocratie d'exprimer au grand jour des controverses, des disputes, des conflits, c'est méconnaître un de ses buts fondamentaux. Elle tend à substituer la discussion à la bataille, le dialogue aux fusils, les arguments au coup de poing, le résultat des scrutins à la supériorité des muscles ou des armes. La loi de la majorité, c'est une forme plus civilisée, moins brutale, de la loi du plus fort. On peut contester que le nombre tranche ainsi les problèmes. Cela n'est pas entièrement satisfaisant, bien que ce principe repose sur l'idée que tous les hommes sont égaux. Dans le concret, on a le choix entre la loi du nombre, ou la loi des muscles ou de la mitraillette. Substituer la première à la seconde est un grand progrès.

Cette limitation du combat par l'exclusion de la violence n'est pas à proprement parler de l'intégration. Limiter l'expression d'un conflit, opposer les adversaires dans des polémiques de presse, des luttes électorales, des discussions parlementaires, au lieu de les faire battre dans une guerre civile, c'est toujours les laisser s'affronter. On reste sur le terrain de la lutte politique. Cependant, on glisse en fait sur celui de l'intégration. Changer les moyens du combat, c'est aussi changer sa nature. La violence rend la lutte irréductible ; elle développe la haine et l'esprit de vengeance, qui aggravent le conflit initial. Ses motifs tendent à disparaître, au profit d'un autre : le désir de revanche. Des groupes qui ont perdu, à travers les âges, leurs raisons de se combattre en trouvent une dans le souvenir de la violence de leur affrontement. On veut rendre les coups reçus, même si l'on n'a plus d'autres raisons d'en donner. D'autre part, et surtout, exclure la violence des combats suppose que tous les adversaires acceptent cette limitation. Il faut un accord sur les règles de la compétition non violente : sans quoi, on reviendra à la violence, *ultima ratio*. Limiter le combat, c'est déjà un premier compromis, une première coopération, un premier élément d'intégration.

La suppression de la violence n'est jamais totale. La politique est effort pour éliminer la violence ; mais elle n'y réussit point complètement. La violence demeure toujours présente, même dans les États les plus civilisés, les mieux organisés, les plus démocratiques. Il reste une violence résiduelle, employée par quelques individus isolés, par quelques petits groupes très minoritaires, par quelques éléments fanatiques, qui usent du coup de poing, de la matraque, voire de la bombe et du revolver. Il reste aussi une violence latente : les classes, les groupes et les individus usent des procédures régulières, non-violentes, tant qu'elles leur permettent de s'exprimer réellement ; sinon, c'est l'explosion.

Enfin, l'État repose lui-même sur la violence : l'armée, la police, les prisons, les bourreaux constituent son suprême soutien. Sans doute, dans la mesure où ces moyens de contrainte physique sont utilisés réellement dans l'intérêt général, pour le bien commun, leur signification change. Le pouvoir use de la violence pour empêcher une violence plus grande. Cette violence légale est un des moyens qui permettent précisément de restreindre la violence. Mais la pratique n'est pas toujours conforme à la théorie. En décrivant l'État comme un ensemble de moyens de contrainte utilisés par la classe dominante pour assurer son exploitation des classes dominées, les marxistes expriment une partie au moins de la réalité. En ce sens, la politique n'est pas suppression de la violence : mais centralisation, monopolisation et organisation des moyens de violence, arrachés aux individus et aux groupes, et remis aux seules mains du pouvoir.

Cette centralisation, cette monopolisation et cette organisation diminuent tout de même l'usage de la violence. Lénine le reconnaissait, en disant : « L'État est un organisme de domination de classe, un organisme d'oppression d'une classe par une autre ; c'est la création d'un « ordre » qui légalise et affermit cette oppression, en *modérant* [1] le conflit de classes » (*L'État et la Révolution*). La même expression « modérer le conflit » se trouve déjà dans Engels. Pour les marxistes, l'apparition de l'État et du pouvoir organisé renforce l'oppression d'une classe par une autre, en l'institutionalisant, en la régularisant, en l'officialisant. Le pouvoir de la classe dominante s'affirme par la détention de cet appareil de coercition qu'est l'État. Mais sa domination prend ainsi des formes moins brutales, moins violentes, plus modérées. La définition de la politique par la limitation des moyens du combat, par la tendance à supprimer la violence physique, a donc un caractère général. Plus que d'une suppression proprement dite, il

---

1. C'est nous qui soulignons.

s'agit d'une transposition de la violence : la violence physique est remplacée par une violence légale, juridique, une violence aux mains propres.

ÉTABLISSEMENT DE COMPROMIS

L'élimination de la violence suppose un premier compromis, relatif aux règles du combat. Avec l'idée d'un compromis sur le fond, et non plus sur la forme, on pénètre réellement dans le processus d'intégration. Il ne s'agit plus de régler le déroulement de la lutte politique, mais d'y mettre fin par un ajustement des intérêts en cause. Établir des compromis est l'une des fonctions essentielles de la politique. Dans les régimes démocratiques, les institutions sont précisément aménagées à cet effet. Leurs procédures ne servent pas seulement à exprimer les conflits par des moyens non-violents ; elles sont aussi conçues pour y mettre fin, par la conclusion de compromis. Les mécanismes des discussions, des commissions, des débats, permettent à chaque adversaire d'exprimer ses arguments. Ils assurent en même temps une connaissance d'ensemble du problème, dans tous ses aspects, qui fait comprendre à chacun la diversité et la complexité des intérêts en présence. Chaque combattant peut faire sentir sa force dans ses interventions et ses votes : mais des accords et des coalitions sont souvent nécessaires, qui obligent à des ajustements réciproques.

On dit souvent que la publicité des positions

prises gêne les compromis en démocratie. Dans les relations internationales, il est traditionnel de vanter la supériorité des négociations discrètes sur la « diplomatie de la place publique ». Les autocraties, qui maintiennent dans l'ombre les combats politiques, auraient donc un avantage, bien que leurs institutions soient moins organisées formellement en vue du compromis. Tout n'est pas faux dans ces remarques : mais elles sont exagérées. Dans les États modernes, où la masse de la population atteint un niveau élevé de compréhension politique, où les moyens d'information lui révèlent les aspects essentiels des problèmes, elle comprend très bien, en général, la nécessité des compromis. L'avantage du secret, qu'auraient les institutions autocratiques, n'est pas grand-chose, comparé au fait que leur structure entière tend à des solutions définies unilatéralement et imposées d'en haut, par le parti ou la classe qui détiennent l'État.

On distinguera deux grandes techniques de compromis : la négociation et l'arbitrage. Les adversaires peuvent essayer d'ajuster eux-mêmes leurs points de vue, par la discussion, par le dialogue. C'est la procédure habituelle des relations diplomatiques, c'est la forme générale des discussions démocratiques. Les parties en lutte se réunissent autour d'une table et essaient de définir les termes d'un arrangement tenant compte de leurs intérêts respectifs, au prix de concessions mutuelles. Mais les adversaires peuvent aussi faire appel à un tiers, non engagé, qu'ils chargent de les dépar-

tager. Ce recours à l'arbitrage est utilisé assez
régulièrement dans les relations internationales
et les conflits sociaux. Il a revêtu parfois des
formes intéressantes, en politique. Au moment des
grands conflits intérieurs qui les déchirèrent, au
VIIe siècle avant le Christ, et qui en précipitèrent
beaucoup dans la tyrannie, certaines Cités grecques
firent appel à des Sages pour leur donner de nouvelles constitutions et de nouveaux codes, reposant sur de nouveaux compromis permettant à
leurs citoyens de continuer à vivre ensemble.
Souvent, elles appelèrent ainsi à leur tête, pour
quelque temps, un étranger, parce qu'il paraissait
plus neutre et plus impartial.

La démocratie correspond en général à la première technique de compromis : ses procédures
organisent la confrontation permanente des adversaires. Certains prétendent que l'autocratie correspondrait à la seconde. Indépendant des partis,
placé au-dessus des classes, des factions et des
individus, l'État y serait en position d'arbitre.
Il dégagerait les compromis par l'analyse objective et impartiale des faits, et non par la négociation des adversaires : comme le faisaient Solon
et ses congénères. Certes, l'État est également
considéré comme un arbitre dans les doctrines
démocratiques occidentales. Mais les théoriciens
de l'autocratie critiquent cette conception. Pour
eux, l'État démocratique resterait par nature aux
mains d'une faction, d'un parti, d'une classe, qui
l'utilise dans ses intérêts propres, contre les autres
factions, partis ou classes. Seul l'État autocra-

tique serait un arbitre, à cause de son indépendance par rapport à toutes les catégories sociales. Cette théorie confond l'apparence et la réalité. L'État autocratique feint d'être au-dessus des partis et des classes : il ne l'est jamais réellement. Il est toujours plus ou moins aux mains d'une classe ou d'un parti, comme l'État démocratique, et généralement de façon plus complète, parce que l'opposition ne peut renverser cette situation. Aucune forme d'État, on le verra, n'est entièrement au-dessus de la mêlée ; l'État autocratique l'est moins que les autres.

Les compromis politiques sont limités, par leur nature même. Le principe du compromis, c'est de « couper la poire en deux » et d'en donner une moitié à chacun. Le compromis idéal, le compromis parfait, équilibrerait les avantages et les sacrifices de chacun, dans la communauté ; il reposerait donc sur la justice, dans sa forme élémentaire d'équité, que symbolise la balance. Chaque individu, chaque groupe, chaque classe pourraient être ainsi satisfaits : leurs raisons de se combattre disparaîtraient. Les compromis sont d'autant plus faciles à conclure qu'ils apparaissent plus justes : la notion de justice joue ainsi un grand rôle dans le processus d'intégration.

La définition de la justice dépend des idéologies et des systèmes de valeur de la société considérée. Elle est presque toujours axée sur la répartition des biens et des avantages sociaux, ce qui correspond à une situation de pénurie, où ces biens et avantages sont plus rares que les besoins à satisfaire. L'évolution des sociétés aristocratiques aux sociétés bourgeoises a remplacé le principe « à chacun selon sa naissance » par le principe « à chacun selon ses capacités », bien que la naissance, sous forme de l'héritage, continue à jouer un grand rôle. Le socialisme veut donner « à chacun selon son travail » : mais il n'a pu le faire complètement, pour des raisons d'efficacité. Pour les marxistes, le passage du socialisme au communisme se traduira par le remplacement du principe « à chacun selon son travail » par le principe « à chacun selon ses besoins ». Celui-ci suppose la fin des pénuries et l'avènement d'une société d'abondance, où les biens soient suffisamment nombreux pour satisfaire tous les besoins. On retrouvera plus loin cet aspect du problème.

Beaucoup d'espace sépare la théorie de la pratique. En fait, les compromis expriment des rapports de force, autant et plus que la justice. Si deux adversaires étaient exactement de même poids, s'ils négociaient l'un et l'autre avec la même habileté, le compromis passé entre eux correspondrait exactement à l'équité. Cette situation d'équilibre se trouve rarement dans la réalité. Certes, si l'inégalité est trop grande, si l'un des adversaires peut facilement écraser l'autre, il n'y a pas compromis. Celui-ci n'apparaît que si la disproportion des forces en présence n'est pas considérable : de sorte que la continuation de la lutte comporte pour chacun plus d'inconvénients que d'avantages. Il reste généralement une disproportion, qui donne au compromis un caractère inégalitaire. La notion de justice peut seulement tempérer un peu les exigences du plus fort : jamais beaucoup. Le compromis traduit ainsi la situation des forces en présence, au moment où elles se résignent à le conclure.

Finalement, l'opposition entre la lutte et le compromis n'est pas absolue. Le compromis n'est pas la fin du combat, mais une trêve, un armistice, qu'une modification du rapport des forces remplacera par un autre. La vie politique des démocraties illustre bien ce processus. Il est moins visible dans les régimes autocratiques, où les compromis sont plus secrets. Il s'y déroule également, dans la mesure où la disproportion des forces n'est pas trop grande, et où leur antagonisme n'est pas trop profond. Mais l'évolution des rapports de force est souvent lente, ce qui confère à beaucoup de compromis une grande longévité. L'habitude, l'accoutumance, l'inertie sociale en général, jouent en ce sens.

Pour que les luttes politiques ne soient pas seulement suspendues, mais définitivement supprimées, il faudrait que soient détruites les causes mêmes qui les engendrent : c'est-à-dire les antagonismes entre les individus et les groupes composant la société globale. On peut douter que l'élimination totale de tous les facteurs d'antagonismes soit réalisable : le problème sera examiné plus loin. Mais la diminution de certains facteurs est possible, et l'évolution naturelle des sociétés paraît aller dans ce sens. Si l'ampleur des luttes est ainsi restreinte, les compromis sont naturellement moins difficiles et plus solides, et l'on tend à passer de l'armistice à la paix. La frontière des deux n'est jamais nette. Un long armistice ressemble fort à la paix, dont nul ne peut jamais garantir le caractère définitif.

DÉVELOPPEMENT DES SOLIDARITÉS

A supposer qu'elle puisse exister, une société sans luttes, sans conflits, sans antagonismes, ne serait pas encore pleinement intégrée, si tous ses membres restaient isolés les uns des autres, sans liens, comme ces hommes enfermés chacun dans la carapace de leur automobile, sur les routes du dimanche soir américain, obéissant aux feux et aux signaux, sans révolte, respectant avec discipline les interdits et les limitations, dépourvus d'agressivité et d'esprit de compétition, si proches qu'ils se heurtent parfois comme d'énormes coléoptères, et cependant si éloignés les uns des autres, si solitaires malgré l'apparence. Il n'est pas d'intégration sociale sans développement des solidarités.

La solidarité résulte d'abord de la structure même de la vie communautaire, où chacun a besoin des autres, dans un tissu d'échanges entrecroisés. Durkheim voyait dans la division du travail la source de ce premier type de solidarités. Peu développées dans les économies fermées primitives, elles croissent au fur et à mesure de la spécialisation des échanges. Le poème naïf qui ornait les vieux manuels d'éducation civique « Sans le boulanger, aurais-tu du pain ?... » l'exprime sous sa forme la plus élémentaire. Dans une économie capitaliste, elle reste purement matérielle. Elle n'est pas ressentie psychologiquement, parce que l'activité de chacun est seulement commandée par son intérêt privé égoïste. En faisant du pain, le boulanger rend service objectivement à ses concitoyens. Subjectivement, il cherche surtout à gagner de l'argent, et ses concitoyens le savent. La publicité des firmes autour du thème des « services » qu'elles rendent est seulement destinée à créer chez les consommateurs une attirance vers leurs produits. Le « service » n'est pas la raison de leur activité, mais le profit.

Les théoriciens socialistes estiment nécessaire la transformation radicale de ces rapports d'échange dans le sens d'une solidarité vécue. Pour eux, la notion de service social doit se substituer à celle d'intérêt personnel. A l'usage, on s'est aperçu que l'évolution est difficile. Dans l'économie soviétique, il a fallu développer l'incitation par l'intérêt personnel, pour obtenir de meilleurs rendements. Cependant, cet intérêt personnel est seulement un élément de l'activité des citoyens parmi d'autres, et non l'élément fondamental. Son importance tient peut-être à la persistance de mentalités capitalistes. L'évolution tend à la réduire progressivement. Supprimer les mobiles d'intérêt personnel, les remplacer par des mobiles altruistes, demeure le but fondamental du socialisme. L'égoïsme aussi est une aliénation.

Durkheim pensait que la similitude est la seconde

source de la solidarité. Toute société repose d'abord sur la ressemblance : la communauté de langue, de religion, de coutumes, de mythes, de systèmes de valeur, et plus généralement de culture, y est fondamentale. La ressemblance est d'autant plus perçue qu'on voit mieux la différence avec les membres des autres groupes : l'image de l'étranger a beaucoup d'importance dans le développement des solidarités. Le contact physique, la proximité, le fait de se retrouver ensemble, sont essentiels aussi. Également, la situation de la communauté par rapport aux autres. L'isolement, en traçant nettement des limites, en leur donnant un caractère naturel, renforce l'accord collectif. L'existence d'un danger extérieur, la menace d'un ennemi sont importants aussi, que cet ennemi et ce danger soient réels ou supposés. Toynbee a souligné l'influence de l'adversité, du « défi », de la résistance aux difficultés, dans le développement des liens communautaires.

La solidarité repose moins sur la ressemblance ou la proximité physique des membres d'une communauté que sur leurs représentations collectives de cette ressemblance et de cette proximité. A cet égard, les images que les membres d'une communauté se font de son passé, d'eux-mêmes, et de leur avenir collectif sont très importantes. On a dit le rôle essentiel de l'histoire, authentique ou légendaire dans la formation des nations : il est analogue dans les autres communautés humaines. Celui de « stéréotypes nationaux », profils simplifiés du citoyen moyen, où se reconnaissent plus ou moins les membres de la société, — le Jacques Bonhomme français, le Michel allemand, l'oncle Sam américain — n'est pas négligeable. L'image d'un grand projet collectif à réaliser ensemble est probablement un facteur d'intégration plus puissant encore. « Sans vision, le peuple périt », dit la Bible. Toute société a besoin d'une Terre promise.

Enfin, le développement des solidarités repose probablement sur un instinct profond de l'homme. Pour expliquer certaines sociétés animales, un biologiste a parlé de « l'inter-attraction », qui pousserait leurs membres à vivre ensemble. Elle existe aussi dans les sociétés humaines. En décrivant l'angoisse de la solitude, les psychologues retrouvent la parole de la Genèse : « Il n'est pas bon que l'homme soit seul. » Le désir d'une communion dans le groupe, où chacun trouve l'épanouissement total de son être, constitue probablement un ressort essentiel de la vie collective. Au-delà de la Cité présente, imparfaite, injuste, superficielle, le rêve demeure d'une Cité harmonieuse, dont les membres soient enfin arrachés à leurs égoïsmes, à leurs cloisonnements, à leurs existences séparées ; où chacun soit lié aux autres, non par les engagements juridiques, non par les mécanismes de l'échange et de la division du travail, non par les chaînes du doit et de l'avoir, mais par la compréhension mutuelle, par l'altruisme, par l'amour. Sous des formes différentes, Marx et Teilhard de Chardin pensent que ce rêve n'est pas chimérique, et que l'évolution de l'humanité tend à le réaliser.

II

Technique de l'intégration

Parmi les éléments qui concourent ainsi à l'intégration sociale, beaucoup sont indépendants du pouvoir. L'« inter-attraction » est un phénomène naturel ; la ressemblance et la proximité ne sont pas créées par l'État ; la diversification de l'économie, la division du travail et la multiplication des échanges croissent en dehors de lui, au moins en partie. Si l'intégration est le but suprême de la politique, les moyens de la réaliser ne sont pas tous politiques. Cela dit, l'État la développe par quatre moyens principaux : en définissant des règles et des procédures ; en organisant les services collectifs et la gestion d'ensemble de la société ; en assurant l'éducation des citoyens ; enfin, en usant de la contrainte à l'égard des récalcitrants.

RÈGLES ET PROCÉDURES

L'État dans la nation, le pouvoir organisé dans toute collectivité, exercent leur fonction d'intégration sociale, d'abord par l'établissement et la mise en œuvre des règles et de procédures, dont l'ensemble constitue le droit. Sans doute, il existe un droit coutumier (usages commerciaux, ruraux, etc.) et un droit conventionnel (contrats passés entre les particuliers). Le premier, essentiel dans les sociétés primitives, n'a plus qu'un rôle secondaire dans les sociétés modernes. Le second y demeure très développé, bien que les réglementations étatiques en réduisent constamment l'influence. De toute façon, l'un et l'autre s'appliquent seulement dans la mesure où ils sont reconnus par le pouvoir et sanctionnés par lui. On ne peut invoquer la coutume devant un tribunal ou une administration que si la loi, œuvre du pouvoir, a décidé qu'on pouvait le faire. Les conventions n'ont également que l'effet qu'y attache le législateur. Finalement, le droit se définit par le pouvoir : il est constitué par l'ensemble des règles et des procédures établies ou reconnues par l'État, et sanctionnées par lui.

Règles et procédures ont d'abord pour but de limiter l'expression des antagonismes, en excluant la violence. Dans les luttes entre particuliers, la réglementation des vengeances privées est la première forme du droit, la plus élémentaire. A ce stade, la violence est seulement contenue, restreinte. Ensuite, toutes vengeances privées sont supprimées : la réparation est assurée par l'État ; en même temps, il châtie ceux qui causent des dommages aux personnes et aux biens, et qui transgressent ainsi les lois qu'il a posées. Dans les conflits de classes, dans les luttes politiques collectives, le droit définit aussi des moyens de combat non-violents : élections, débats parlementaires, concours administratifs, etc.

Règles et procédures aident aussi à mettre fin aux conflits par des compromis. Dans une première étape, l'État se contente de valider les compromis passés entre particuliers, de leur donner force exécutoire, c'est-à-dire de leur prêter son bras séculier pour les faire entrer en application. Le système conserve une grande extension dans les sociétés modernes, où il correspond à peu près au droit conventionnel. Les contrats entre individus, les ententes entre groupes, les accords entre collectivités locales ou services publics : tous ces mécanismes assurent le règlement d'une grande partie des conflits. L'État intervient d'ailleurs dans le compromis lui-même, en interdisant qu'on y insère certaines clauses, en obligeant à y insérer d'autres clauses : les clauses dites « d'ordre public » tendent ainsi à se multiplier, par rapport à celles laissées à la libre négociation des parties. En général, ces interventions du pouvoir ont pour but, soit de protéger la partie la plus faible contre la domination de la plus forte, soit d'empêcher que les accords particuliers ne soient contraires à l'intérêt général.

Dans une deuxième étape, l'État facilite l'élaboration des compromis difficiles. L'exemple typique est celui des procédures de conciliation ou d'arbitrage obligatoires. Dans les relations internationales, elles correspondent à la situation embryonnaire des communautés supranationales, lesquelles ne connaissent pas un pouvoir politique fortement organisé, qui puisse résoudre lui-même les conflits, établir lui-même les compromis. Ces procédures constituent alors le maximum d'intervention du pouvoir ; elles sont un progrès dans l'intégration de la société. Au contraire, dans les conflits du travail à l'intérieur des nations, elles traduisent une régression de l'intégration, engendrée par l'intensité des luttes de classes du XIXe et du XXe siècle. Incapable d'imposer dans ce domaine les solutions autoritaires qu'il faisait prévaloir partout ailleurs, ou presque, l'État a dû se résoudre à composer avec la violence, en remplaçant les combats sanglants par des expressions de violence moins brutale (grèves, lock-out) et en tâchant de restreindre le recours à celles-ci par l'obligation de tentatives préalables de conciliation et d'arbitrage.

Les compromis autoritaires sont la dernière étape de l'évolution. Ici, l'État, le pouvoir, assurent eux-mêmes l'ajustement des intérêts en présence, en définissant les termes du compromis, et en imposant son application. La frontière entre ces compromis autoritaires et les compromis négociés n'est pas nette. Les procédures démocratiques d'élaboration des lois et des décisions gouvernementales font une large part aux négociations directes ou indirectes entre les adversaires. Les débats parlementaires, par exemple, permettent à chaque parti, à la fois d'exprimer son point de vue, de se défouler, de mesurer sa force, et de discuter des arrangements avec les autres partis. Les mécanismes des commissions, des avis, des consultations, des « tables rondes » ont la même signification. Dans les sociétés modernes, le débat public, dans la presse, la radio et la télévision, est lui-même une procédure de compromis, préalable à la décision de l'État.

Alors que les compromis négociés s'appliquent seulement à ceux qui les ont établis, les compromis imposés par l'État ont un caractère général : ils régissent toutes les situations analogues, dans le présent et l'avenir. L'ajustement des intérêts y repose, non sur l'analyse d'un cas concret, mais sur des principes applicables à tous les cas semblables, qui expriment à la fois le système de valeurs de la société au moment où ces règles de droit sont formulées, donc l'idée qu'elle se fait de la justice, mais aussi la puissance respective des différentes classes ou groupes qui la composent. Les règles de droit sont donc inégalitaires, comme les compromis particuliers. Comme eux, elles ne s'appliquent de façon durable que si elles sont acceptées par toutes les parties en cause, d'une certaine façon. L'analyse des traités internationaux éclaire assez bien cette contradiction du droit. Un traité qui dure n'est jamais un simple *diktat* du vainqueur, rejeté dans son cœur par le vaincu, qui doit s'y plier à cause de sa faiblesse. Pour durer, un traité doit être accepté par le vaincu : c'est-à-dire que le vaincu doit avoir plus d'intérêt à le maintenir qu'à le rejeter. Ainsi en est-il de toutes les règles de droit : imposées par les groupes les plus forts aux groupes les plus faibles, elles ne se maintiennent que si elles sont plus avantageuses que leur absence, que si elles comportent une part de compromis authentique, que si elles expriment aussi, au moins partiellement, l'idée que la société se fait de la justice!

Règles et procédures sont inséparables d'un certain formalisme dont le rôle est important dans le processus d'intégration sociale. A l'origine, le formalisme juridique a une base religieuse et magique. Parce qu'on fait certains gestes, qu'on prononce certains mots, l'engagement devient sacré, aux yeux de tous. On retrouve aujourd'hui ce caractère dans la force juridique du serment, dans l'importance qu'on attache à l'écrit en dehors de sa valeur de preuve, dans les cérémonies d'investitures, etc. Mais la base essentielle du formalisme est devenue plus empirique. Il n'y a pas de vie sociale possible sans règles du jeu, et toutes règles du jeu comportent un certain formalisme. Il faut qu'un jour les procès s'arrêtent, qu'on ne puisse pas remettre en question les décisions. Il faut une autorité de la chose jugée, même si elle a été mal jugée. Il faut que la décision de l'arbitre s'applique, même si elle est contestable. Sans quoi, il n'y a plus de vie sociale possible. Qu'en Grande-Bretagne, par suite de l'inégalité de la répartition des suffrages à travers les circonscriptions, le parti travailliste ait plus de voix dans le pays que le parti conservateur, mais moins de sièges au Parlement, et qu'il soit ainsi maintenu dans l'opposition bien qu'il représente la majorité, (comme cela s'est produit en 1951), c'est contraire aux principes de la démocratie. Mais c'est conforme à la règle du jeu, c'est légal : il faut s'y tenir, à moins de détruire les fondements du régime politique anglais.

Par lui-même, le formalisme est ailleurs un facteur d'intégration. La politesse n'est pas seulement le résultat d'une absence de brutalité : elle est aussi un moyen d'empêcher la brutalité de resurgir, elle accoutume à réprimer la violence individuelle. De même, les formes juridiques aident à contenir la violence sociale. Le droit est rarement ce qu'il doit être : il exprime des rapports de force plutôt que l'équité ; il dissimule la violence plutôt qu'il ne la supprime. Mais, en proclamant ce qu'il n'est pas, il progresse un peu au-delà de ce qu'il est. Enfin, politesse et formalisme sont aussi des systèmes de signes, à quoi se reconnaissent les membres d'une même société, qui prennent ainsi plus clairement conscience de leur appartenance : la solidarité s'en trouve renforcée.

ORGANISATION COLLECTIVE

Le libéralisme classique limite le rôle intégrateur de l'État à cette activité juridique d'élaboration de règles et procédures. Sans doute, il admet la nécessité de services d'intérêt collectif : voies de communication, correspondance postale, moyens d'information et d'éducation, organisation d'hygiène et de santé, monnaie, etc. Mais il pense que l'initiative privée et la libre entreprise en assurent le fonctionnement avec le maximum d'efficacité, à quelques exceptions près : justice, police, armée, diplomatie. Dans ces domaines seulement, modestes et résiduels, apparaît la nécessité d'une organisation sociale assurée par le pouvoir politique.

Cette doctrine exprime la situation de sociétés encore peu développées techniquement, cloisonnées en groupes de base plus ou moins repliés sur eux-mêmes, où la production se développe dans le cadre de petites unités, où le pouvoir central joue effectivement un assez faible rôle. Dans les économies agraires fermées, où chaque communauté tend à vivre entièrement de ses terres, les services collectifs sont inexistants. Dans la première phase du capitalisme, l'économie s'ouvre, le commerce et l'échange se développent : les services collectifs se multiplient. Mais ils sont assurés par l'initiative privée, en général, et leur importance demeure assez faible dans la vie de la communauté. L'individualisme, la méfiance à l'égard de l'État correspondent à ces types de structures sociales. On les retrouve aujourd'hui dans la mentalité des artisans, des petits commerçants, des paysans traditionnels, repliés sur eux-mêmes et sur leurs relations personnelles. L'étouffement progressif de ce capitalisme archaïque par le développement d'un capitalisme moderne entraîne de la part de ces groupes des réactions agressives, du type poujadiste.

La structure des sociétés industrielles contemporaines est toute différente. Les services collectifs y sont nombreux et importants. L'économie en a besoin : aménagement du territoire, grands travaux du type T. V. A., routes, télécommunications, recherche technique dans les domaines fondamentaux, prévisions globales, etc. Les services sociaux s'étendent nécessairement : éducation, protection contre les risques, assistance, santé publique, etc. Le service de défense extérieure devient très complexe, très vaste et très coûteux : les armées modernes constituent l'une des plus grandes organisations humaines, dont l'équipement est le plus cher. Une partie de ces services peut être assurée par le jeu des activités privées et de la concurrence. Mais cette partie diminue de plus en plus, par rapport à l'ensemble. Nul ne le conteste aujourd'hui. Des économistes américains ont eux-mêmes démontré que le secteur collectif reste sous-développé, dans une économie purement capitaliste, et que ce retard freine l'expansion d'ensemble. Seul, l'État peut assurer convenablement les services communs. Sa fonction d'organisation sociale devient donc très importante.

Elle dépasse d'ailleurs ce domaine des services communs, qui concerne seulement des secteurs particuliers de la vie sociale. L'évolution technique fait du pouvoir l'organisateur général de la communauté, qui coordonne l'activité de tous les secteurs particuliers dans le cadre d'une planification globale. Cette planification économique n'est qu'un aspect de la fonction d'organisation sociale, dans les nations modernes. Plus exactement :

l'économie n'est qu'une partie de la planification globale. A travers les choix du plan concernant les investissements, les priorités de développement, etc., tous les aspects de la vie nationale sont en cause. L'éducation, la culture, l'art, le progrès scientifique, l'aménagement du territoire, l'urbanisme, le style de vie — et aussi la puissance militaire, l'assistance technique aux nations sous-développées, c'est-à-dire les bases de la diplomatie — sont déterminés en grande partie par les orientations du plan. L'organisation de la société par le pouvoir politique s'étend à l'ensemble des activités collectives.

Le développement de sa fonction d'organisation communautaire a des conséquences sur la structure même de l'État. La croissance de l'exécutif, par rapport au législatif, en découle directement. La priorité du législateur correspond à des sociétés encore faiblement intégrées, où les principales activités collectives sont assurées par des entreprises privées, où le rôle essentiel du pouvoir est de restreindre les conflits entre individus et groupes, d'aider à l'élaboration des compromis qui les terminent, de définir des compromis généraux et de gérer des services communs de nature administrative (police, armée, fiscalité). Dans une société planifiée, où l'État coordonne l'ensemble des activités collectives, cette fonction d'organisation ne peut être remplie par les mécanismes législatifs, mais seulement par le gouvernement, qui devient le centre d'impulsion et de décision politique. L'affaiblissement des Parlements, le développement des exécutifs, traits communs à l'évolution contemporaine de toutes les démocraties, sont les conséquences politiques de la transformation des structures socio-économiques, engendrée elle-même par le progrès technique.

ÉDUCATION DES CITOYENS

L'intégration ne dépend pas seulement des structures de la société, mais aussi de la psychologie de ses membres. Sans doute, celle-ci reflète en partie celles-là : mais en partie seulement. L'éducation peut accroître l'intégration de diverses façons. D'abord, en faisant prendre conscience aux citoyens de la nécessité de réduire les antagonismes qui les opposent et de l'importance des solidarités matérielles qui les unissent. Ensuite, en développant en eux des sentiments communautaires.

Le pouvoir politique, l'État, utilisent largement l'éducation pour développer l'intégration. Parfois il s'agit d'une fausse intégration, servant à masquer la domination des groupes et des classes qui tiennent en main l'État. On verra plus loin cet aspect du problème. Même dans ce cas, tout n'est pas camouflage et mensonge. L'éducation a presque toujours une fonction d'intégration réelle, à côté de sa fonction de camouflage, la proportion de chacune variant suivant les régimes et les époques. Dans toutes les sociétés, l'éducation est le moyen fondamental d'intégrer les générations nouvelles dans la société. Le pouvoir politique ne l'assume jamais entièrement. Même dans les régimes les plus totalitaires, la famille exerce une influence considérable dans les premières années ; ensuite, le milieu familial et les relations proches (amis, camarades, etc.) dispensent une éducation par « osmose » très importante. Mais le pouvoir politique participe toujours plus ou moins à l'éducation, et sa participation est surtout orientée vers l'intégration sociale.

L'intégration par l'éducation prend deux formes, dans les nations modernes. D'abord, celle d'un enseignement direct des solidarités qui lient l'individu à la communauté, ce qui constitue l'éducation civique. Certaines civilisations insistent sur leur aspect moral et apprennent les devoirs du citoyen envers la collectivité. D'autres soulignent leur aspect commercial, pourrait-on dire, et montrent les avantages qu'on tire de la vie communautaire. Les deux points de vue sont complémentaires, et enseignés en même temps la plupart du temps. D'autre part, l'éducation civique repose toujours largement sur l'histoire : l'image que les membres d'une communauté se font de son passé est un facteur important d'intégration sociale. Par la force des choses, l'éducation civique est toujours plus ou moins nationaliste, puisque sa fonction même est de développer l'attachement à la communauté, qui est la nation dans le monde moderne. Elle risque ainsi de développer des antagonismes vis-à-vis des autres nations. Aussi des efforts ont été tentés depuis quelques années pour limiter le nationalisme dans l'éducation : notamment l'enseignement de l'histoire.

L'éducation tend à l'intégration sociale sous une autre forme : celle de l'adaptation technique des individus aux fonctions qu'ils devront remplir dans la collectivité. Si cette adaptation est correctement réalisée, l'intégration sociale est évidemment plus forte que si la société est encombrée par une masse d'inadaptés et de ratés. Pendant des siècles, cette adaptation s'est faite sous deux formes : pour les élites, par une éducation correspondant à leurs fonctions ; pour les masses, par une absence d'instruction qui les empêchait de mesurer leur oppression et de se révolter contre elle, et par une éducation religieuse qui leur prêchait la résignation. Dans les sociétés industrielles, où une instruction poussée est nécessaire pour tout le monde, l'adaptation aux fonctions sociales futures est plus difficile. Elle n'est pas possible sans une vision prospective de l'évolution de la société dans les proches années. Elle rentre dans la tâche de planification globale que l'État seul peut assurer. Ainsi, le rôle du pouvoir dans l'éducation tend à augmenter.

Celle-ci ne concerne pas seulement les enfants, d'ailleurs, mais aussi les adultes, sous la forme de l'information, qui n'est pas facile à distinguer de la propagande. Dans les démocraties, information et propagande sont utilisées par les individus et les groupes (partis politiques, journaux, firmes privées, groupes de pression), en concurrence avec l'État. Elle sont donc, d'une part des armes du combat politique, d'autre part des instruments d'intégration. La première forme limite évidemment le développement de la seconde. La propagande du pouvoir porte moins, s'il n'a pas le monopole des moyens d'information, si sa voix n'est pas seule à parvenir aux citoyens. Elle retentit plus fort que les autres, cependant. Les déclarations solennelles des gouvernements ont toujours la vedette des journaux, parce qu'elles sont des nouvelles importantes. Dans une démocratie libérale, avec télévision privée, de Gaulle et Khrouthchev paraîtraient sur les petits écrans chaque fois qu'il leur plairait, parce qu'ils attirent le public. Dans un système de « vedettisation », les gouvernants sont des vedettes. On peut aussi distinguer la propagande pour le pouvoir et la propagande pour la nation. La démocratie limite plus la première que la seconde, laquelle est précisément orientée vers l'intégration sociale. Le rôle de l'État dans ce domaine demeure beaucoup plus restreint que dans les régimes autoritaires : il reste grand, cependant.

LA CONTRAINTE SOCIALE

Le recours au gendarme, à la police, à l'armée, aux prisons, au bourreau : tel est le dernier moyen du pouvoir, pour intégrer la société. Qu'il monopolise à son profit la violence, qu'il retire les armes militaires aux individus et aux factions, c'est déjà une première forme d'intégration : puisque c'est empêcher les citoyens et les groupes d'utiliser eux-mêmes la violence dans leurs conflits politiques. Menacer de recourir à la force, si des parties en lutte ne veulent pas accepter un compromis, c'est aider beaucoup la conclusion de celui-ci. Car chacun ne considère plus seulement ce qu'il gagne et ce qu'il pert par rapport à l'autre, mais ce qu'il perdrait si le glaive du pouvoir s'abattait sur lui. Si les plaideurs sont mécontents de leur juge, ils doivent tout de même s'incliner devant l'exécution *manu militari*. Les compromis généraux, tels qu'ils résultent des codes et des réglementations, s'appliqueraient difficilement, quel que soit leur degré d'équité, si les citoyens pouvaient les refuser : mais « force reste à la loi », parce que la loi s'appuie sur la force. Sous l'aspect négatif de limitation et de suppression des conflits, l'intégration sociale doit beaucoup à la contrainte du pouvoir, laquelle est d'autant plus employée que les antagonismes sont plus profonds et plus aigus, que la lutte des classes, des groupes et des individus est plus vive, donc que l'intégration est plus faible.

Certains disent que la contrainte assure aussi l'intégration positive, c'est-à-dire le développement des solidarités. A première vue, cela paraît étrange. S'il faut violenter les individus pour les maintenir dans la communauté, n'est-ce pas que leurs sentiments communautaires sont faibles ? Mais certains moralistes pensent que la violence arrache les humains aux passions mauvaises, les libère du mal, leur fait prendre conscience de leurs véritables intérêts et les rend ainsi plus sociables. Quand Joseph de Maistre faisait du bourreau le principal fondement des sociétés, il pensait que la terreur peut seule empêcher que les individus ne soient dominés par leurs mauvais penchants, et les tourner vers une vie sociale authentique. Ces vieilles théories, plus ou moins inspirées du pseudo-christianisme de l'Inquisition, sont aujourd'hui reprises par les fascistes, qui pensent, comme M. de Montherlant, que « c'est à coups de pied dans le derrière qu'on forge la moralité des peuples ». Beaucoup de conservateurs en apparence modérée le pensent aussi, mais n'osent le dire.

La droite n'est pas seule à réclamer que le pouvoir use de la violence pour développer la sociabilité. La doctrine jacobine de la Terreur, instrument nécessaire pour faire régner la « vertu » — c'est-à-dire le sens civique — aboutit aux mêmes conclusions. Mais le raisonnement est différent. Pour la droite, l'homme naît mauvais. Sa nature est insociable : « L'homme est un loup pour l'homme. » Elle s'oppose au développement de toute vie communautaire réelle. Le pouvoir emploie la force à l'égard des citoyens, comme le dompteur à l'égard des animaux : pour les dresser, pour substituer à leur première nature, mauvaise, une seconde nature, bonne. Ainsi, dans l'éducation d'autrefois, on usait de la férule pour plier les écoliers au bien. Pour les jacobins, au contraire, disciples de Rousseau, « l'homme naît bon, la société le corrompt ». La violence n'a pas un but psychologique — modifier la nature humaine — mais sociologique : détruire les institutions et les habitudes sociales qui ont corrompu l'homme, pour le libérer.

Un marxiste dirait : pour mettre fin à son aliénation. La théorie de la dictature du prolétariat prolonge exactement la doctrine jacobine de la Terreur. L'homme naît bon, le capitalisme le corrompt. Pour supprimer le système d'oppression, d'exploitation, d'aliénation ainsi développé, la violence est nécessaire. Violence contre l'État, d'abord, tant qu'il est aux mains des exploiteurs : c'est la Révolution. Ensuite, quand la classe ouvrière s'est emparée du pouvoir, elle tourne la force de l'État contre les exploiteurs, elle l'utilise pour détruire tous les vestiges de l'exploitation : c'est la dictature du prolétariat. Le mot dictature implique un pouvoir dur, impitoyable, violent, parce que les anciens exploiteurs sont encore puissants, parce que les institutions et les mœurs du capitalisme sont profondément enkystées dans la société, et qu'on ne peut les en extirper par la douceur. Quand ce nettoyage est accompli, quand tous les restes d'exploitation sont entièrement abolis, alors les hommes peuvent vivre dans une société fraternelle et solidaire, conformément à leur propre nature, que le capitalisme avait aliénée. Dans cette société, la violence cesse, et le recours à la force devient inutile : le pouvoir lui-même tend à disparaître.

Une autre différence sépare la droite et la gauche, quant à l'usage de la violence pour développer la sociabilité. Pour les conservateurs, il s'agit d'un usage permanent. Les hommes resteront toujours mauvais. Si sévère et si complet qu'ait été leur dressage, il n'est jamais définitif. Comme le lion qui menace à chaque instant de dévorer son dompteur, auquel il doit tout, les humains risquent à tout moment de retomber dans leurs passions mauvaises. La culture, la politesse, la civilisation sont des édifices fragiles qu'une vigilance constante, ininterrompue, peut seule maintenir. Le pouvoir doit toujours avoir le glaive en main, prêt à frapper. Au premier mouvement suspect, il doit frapper, et durement, pour éviter la ruée de masses populaires retombées dans leur sauvagerie, qui détruiraient aveuglément les bases de l'ordre dont elles profitent elles-mêmes. Ainsi, disait Maurras, « tout ce qu'on ôte à la férule n'est pas ôté à la férule et à l'autorité qui la tient : cela est retranché à la masse entière du peuple ; c'est la nation et le genre humain qui sont les premiers dépouillés ».

Au contraire, pour les jacobins et les marxistes, l'usage de la violence par l'État, pour développer la solidarité, est purement provisoire. L'égoïsme et la méchanceté des hommes viennent seulement des structures sociales, qui établissent entre eux l'inégalité et l'exploitation, qui donnent à certains le pouvoir d'en dominer d'autres et de les « aliéner ». Une fois ces structures détruites complètement, les hommes retrouveront leur sociabilité naturelle, et la violence disparaîtra définitivement. Alors, l'État dépérira en tant qu'instrument de contrainte. Il en subsistera seulement un appareil technique assurant la planification et l'organisation de la société, un peu comme les feux de signalisation automatiques assurent la circulation automobile dans les villes. Il n'y aura plus ni police, ni gendarmes, ni militaires, ni prisons, ni bourreaux. L'intégration sociale se maintiendra et se développera naturellement, sans contrainte, par le seul jeu de la nature humaine, enfin restituée à elle-même. Le pouvoir use de la violence simplement pour trancher le nœud gordien : libérés de leurs liens, les hommes vivent ensuite sans violence.

Les néo-libéraux contemporains occupent une position intermédiaire. Comme les jacobins et les marxistes, ils ne pensent pas que les États soient fondés sur un recours permanent à la force ; ils jugent que les hommes sont naturellement bons et sociables, que la violence est inutile en général pour les intégrer dans la communauté, et même nuisible. Comme les fascistes et les conservateurs, ils ne croient pas que le pouvoir puisse jamais renoncer à la contrainte ; ils estiment au contraire qu'il doit en user parfois pour développer la sociabilité. Mais ce recours à la violence est secondaire, marginal, résiduel, en quelque sorte. Il s'exerce contre quelques individus incapables de s'intégrer dans la collectivité : ces asociaux sont aussi des anormaux, c'est-à-dire des malades. Ils relèvent plus d'une violence médicale que d'une violence policière, de l'hôpital que de la prison. Ces idées, très répandues chez certains sociologues occidentaux, sont fort dangereuses. Définir l'anormal, le malade, par son caractère asocial, c'est-à-dire atypique, c'est condamner tous les originaux, tous les gens très minoritaires. Qu'on propose contre eux la violence aseptisée, la violence en blouse blanche, au lieu des policiers et des bourreaux, n'est pas plus rassurant.

Au-delà de ces théories, on peut se demander si le progrès technique ne transforme pas la contrainte sociale. La substitution des infirmiers aux geôliers relève de cette évolution. D'une façon plus générale, le développement de l'organisation collective conduit à une contrainte de nature bureaucratique, résultant d'une solidarité mécanique semblable à celle des pièces d'un engrenage. Chaque rouage de la machine est assujetti par force à l'ensemble, et ne peut y échapper. Le remplacement de l'agent de police par les signaux automatiques n'est pas une suppression, mais une transformation de la contrainte sociale. Les rapports du citoyen avec l'État moderne ressemblent de plus en plus aux romans de Kafka. Certes, les contempteurs du progrès technique exagèrent beaucoup dans leurs descriptions. Leurs propos ne peuvent être négligés, cependant.

III

Intégration ou pseudo-intégration?

En décrivant les procédés d'intégration utilisés par le pouvoir, on n'a pas cherché s'il agit dans le sens d'une intégration authentique ou d'une pseudo-intégration, masquant en réalité sa participation aux luttes politiques au service d'un des combattants. Les règles et les procédures, l'organisation collective, l'éducation et la propagande, les gendarmes, les policiers, les prisons : tous ces moyens sont-ils employés par l'État pour développer l'ordre, l'harmonie sociale, la justice, ou ces buts officiels en masquent-ils d'autres, tout à fait différents, et moins avouables ? Depuis toujours, les doctrines conservatrices répondent dans le premier sens, et les doctrines révolutionnaires dans le second. Encore celles-ci distinguent-elles entre le pouvoir établi, qu'elles combattent, et le pouvoir futur, qu'elles veulent mettre à sa place : en passant de l'un à l'autre, on passerait d'une pseudo-intégration à une intégration authentique.

L'INTÉGRATION ILLUSOIRE

Certains disent que la théorie de l'État intégrateur, ordonnateur du bien commun, créateur d'ordre et de justice, n'est qu'une illusion. L'État affirme qu'il incarne l'intérêt général, et qu'il agit pour faire triompher cet intérêt général sur les intérêts particuliers. Il se proclame un arbitre au-dessus de la mêlée, un juge indépendant des parties. Tout cela ne serait que mensonge et mystification. En réalité, l'État est aux mains de certains hommes et de certaines catégories sociales, qui l'utilisent essentiellement dans leurs intérêts propres : il est dans la mêlée, aux côtés d'une des parties en lutte, il combat contre les autres. Il maintient la domination d'une minorité privilégiée sur une masse exploitée. Gouvernants, fonctionnaires, juges, policiers, militaires, bourreaux n'agissent pas pour établir la justice, l'ordre et la solidarité, au profit de tous, c'est-à-dire pour réaliser une intégration sociale authentique, mais pour conserver une situation qui les favorise, eux et ceux qu'ils représentent, situation qu'ils appellent l'ordre, et qui constitue en réalité un « désordre établi », suivant la belle expression de Mounier.

Dans cette illusion, l'attirance naturelle de tous les hommes pour la paix matérielle et l'ordre physique, leur peur de la violence jouent un très grand rôle. L'État assure toujours une certaine espèce d' « ordre » : l'ordre dans la rue, l'absence de guerre civile et de conflits armés. Il propage l'idée que cet ordre matériel est un ordre véritable, authentique. Le rêve d'ordre, de justice, d'harmonie, de solidarité, que tous les hommes portent en eux, ce grand espoir d'échapper à leurs solitudes et de s'épanouir dans une communauté authentique, dans une société vraiment intégrée, sert le pouvoir. On voit toujours les choses un peu comme on voudrait qu'elles soient.

L'attachement naturel de chaque homme à la société globale, de chaque citoyen à la nation, aide aussi l'État dans cette entreprise. On a montré l'ambivalence des valeurs nationales : d'un côté, elles expriment des sentiments communautaires, des intérêts authentiquement généraux; de l'autre, elles dissimulent plus ou moins les antagonismes intérieurs au profit de l'ordre établi. Opposer le sentiment national aux « divisions des partis », c'est masquer l'oppression de certaines classes par d'autres derrière des éléments communs à toutes, le second phénomène étant grossi et le premier minimisé. Dans ce processus de camouflage, l'utilisation de « l'ennemi » est très efficace. En face d'une menace, d'un danger, d'une agression, tout groupe social tend à renforcer sa cohésion et à réduire ses antagonismes internes. Souligner un ennemi réel, le décrire plus important qu'il n'est, inventer de toutes pièces un pseudo-ennemi : ces procédés classiques sont employés par tous les États. Tantôt il s'agit d'un ennemi intérieur : les chrétiens, les juifs, les rouges, les capitalistes, les communistes. Tantôt il s'agit d'un ennemi extérieur : l'Angleterre pour la France d'avant l'Entente cordiale, l'Allemagne pour la France de 1871-1949, l'U. R. S. S. pour les occidentaux, etc.

Par ailleurs, l'État moderne reste l'héritier des formes primitives du pouvoir basées sur la magie et la religion. Dans les sociétés archaïques, les gouvernants sont les interprètes des forces magiques ou des dieux qui régissent le monde et les hommes : l'ordre social ne peut résulter que de la soumission à ces commandements supérieurs. On obéit donc au pouvoir parce qu'il exprime la volonté des divinités ou la puissance des forces obscures. Il le fait dans la mesure où il agit suivant des rites et des formes : comme le prêtre administre un sacrement. Peu importe la personne du prêtre, qu'il soit bon ou mauvais : parce qu'il prononce les formules sacramentelles, la force divine agit. L'autorité des gouvernants archaïques a la même nature. Celle des gouvernants modernes n'a pas une nature très différente. Les notions de légitimité, et surtout de légalité, aboutissent à reconnaître comme valables les décisions du pouvoir, d'après leur forme et non leur contenu, d'après l'investiture des chefs et non leur capacité et leur équité. Il suffit de revêtir la pourpre et le sceptre, d'être sacré à Reims ou d'avoir reçu l'approbation populaire, pour que les commandements deviennent la loi, la justice et l'ordre social.

Les juristes prêtent la main à cette mystification, le plus souvent de façon inconsciente, en considérant les choses dans la théorie et non dans la pratique. Ils disent que la loi est l'expression de la volonté générale, alors qu'elle est celle d'une assemblée élue dans telle ou telle condition, qui aboutit peut-être à fausser l'expression de l'opinion publique ; que les juges rendent la justice, alors qu'ils expriment leurs conceptions de la justice, laquelle reflète leur appartenance sociale, leur éducation, leurs passions. Le droit est l'un des grands moyens de dissimulation du pouvoir. Même les juristes idéalistes, qui le distinguent de la justice, qui opposent le droit positif, établi par le pouvoir, au droit naturel, fondé sur l'équité vraie, sont complices de cette entreprise. Car le droit positif emprunte au droit naturel un peu de son prestige, sous le même nom de Droit, avec une majuscule.

AMBIVALENCE DE L'ÉTAT

Certains théoriciens conservateurs ne nient pas que la minorité privilégiée utilise le pouvoir pour maintenir ses privilèges et ses richesses, vis-à-vis d'une masse confinée dans la pauvreté et les privations. Ils disent que le partage des biens des riches ne modifierait guère la situation des pauvres, tandis que les richesses de la minorité lui permettent de développer l'art, la culture, la science, la civilisation, et de faire progresser ainsi l'humanité dans son ensemble. En protégeant leurs intérêts particuliers, les privilégiés, détenteurs du pouvoir, favoriseraient indirectement l'intérêt général, puisque ces privilèges sont utiles à la masse. D'autres prétendent que le pouvoir tombe naturellement entre les mains des plus aptes, des « élites », à la suite du *struggle for life*, et que la société est ainsi gouvernée de la meilleure façon possible, bien que de façon inégalitaire. Toutes ces thèses admettent que l'intégration politique est en partie illusoire : mais elles affirment que tout n'est pas illusion.

Même les théories marxistes, qui dénoncent avec tant de vigueur le caractère illusoire de l'intégration, lui reconnaissent certaines limites. L'État est un produit de la lutte des classes. Il se développe à un moment de l'évolution de cette lutte. Le pouvoir politique correspond à une transformation dans les méthodes d'oppression de la classe dominante. A une domination violente, brutale, grossière, se substitue une domination plus modérée en apparence, plus organisée, plus juridique, mais plus efficace. Les moyens d'action de l'État — règles et procédures, organisation collective, éducation et propagande, contrainte sociale — ne servent pas à créer un ordre véritable, à développer une intégration authentique, mais seulement à consolider la domination d'une classe sur les autres, sous les apparences de l'ordre et de l'intégration. L'appareil législatif, administratif et policier de l'État a pour but véritable le maintien des privilèges de la classe dominante par l'exploitation des classes dominées. Ainsi, l'État a été d'abord entre les mains des propriétaires fonciers qui s'en servaient pour maîtriser les esclaves, puis les serfs. Il est tombé ensuite dans les mains de la bourgeoisie propriétaire des entreprises industrielles et commerciales, qui s'en sert pour dominer la classe ouvrière.

Cependant, le marxisme admet que l'État n'est pas au service exclusif d'une classe, dans les circonstances exceptionnelles et transitoires où s'établit un certain équilibre entre plusieurs classes. Quand une classe déclinante (jusqu'alors dominante) garde encore assez de force pour n'être pas éliminée complètement, et qu'une classe montante (jusqu'alors dominée) n'en a pas encore assez pour chasser sa rivale, pour un temps bref l'État assure l'équilibre entre les deux. Tel est le cas de la monarchie absolue des XVIIe et XVIIIe siècles, du bonapartisme français sous le Premier et le Second Empire, de Bismarck en Allemagne, et de Kérensky en Russie. Dans ces situations, l'État a une certaine position d'arbitre. Il est un peu au-dessus de la mêlée. Il n'agit pas dans l'intérêt exclusif d'une classe. Il s'efforce de dégager des compromis entre les classes en équilibre : il va donc dans le sens de l'intégration. Cette intégration demeure partielle : l'État ne considère pas les intérêts de toutes les classes de la société, mais seulement ceux des classes en équilibre. La monarchie absolue des XVIIe-XVIIIe siècles, le Premier Empire, tenaient compte des intérêts de l'aristocratie et de la bourgeoisie, mais non de ceux de la paysannerie et de la classe ouvrière.

Cependant, les marxistes ne repoussent pas entièrement l'idée que l'État agit pour une intégration sociale authentique. Dans le cadre du régime capitaliste, il est au service de la bourgeoisie, qui maintien par lui sa domination. La révolution consiste, pour le prolétariat, à s'emparer de cet appareil d'État, à l'enlever à la bourgeoisie et à le tourner contre elle, en le faisant servir à l'édification du socialisme. Dans cette seconde phase, l'État demeure toujours un appareil de coercition aux mains de la classe dominante, qui est alors la classe ouvrière. Celle-ci l'utilise dans son intérêt propre, qui est de détruire les restes de l'ordre bourgeois, et les séquelles de sa propre exploitation. Mais, ce faisant, elle agit dans l'intérêt général de tous les hommes : car elle supprime ainsi toute exploitation, toute domination, toute oppression. Elle détruit du même coup les bases des antagonismes qui engendraient les luttes de classes et permet d'édifier une société pleinement intégrée, où l'État dépérira, où il n'y aura plus besoin de pouvoir politique ni de coercition. En suivant son intérêt de classe, le prolétariat agit au profit de l'humanité entière. Ainsi, quand il détient l'État, dans la phase post-révolutionnaire où le socialisme se construit, cet État accomplit une œuvre d'intégration, et la plus authentique : grâce à lui, grâce à la dictature que le prolétariat exerce par lui, peut être édifiée une communauté humaine fondée sur la justice, l'harmonie, la coopération, c'est-à-dire pleinement intégrée.

On a reproché à cette théorie de constituer elle-même une illusion. Chaque parti tend à considérer que le pouvoir est exercé dans l'intérêt général quand lui-même le détient, et dans l'intérêt par-

ticulier quand il est aux mains de ses adversaires.
Il est vrai. Mais cette relativité des points de vue
n'empêche pas que certains correspondent mieux
que d'autres à la réalité. Une philosophie des
fins et des moyens a contribué à répandre une
confusion favorable aux classes privilégiées et au
« désordre établi ». Certains moyens sont injustifiables, quelles que soient les fins qu'on prétend
atteindre par eux. Cela n'empêche pas que toutes
les fins n'ont pas la même valeur et qu'à moyens
équivalents, ce sont elles qui jugent le pouvoir.
La dictature est mauvaise en soi. Mais une dictature qui s'efforce d'établir l'égalité entre les
hommes, de détruire la domination des privilégiés,
de libérer le peuple de l'exploitation et du mépris,
est moins mauvaise qu'une dictature maintenant
l'oppression d'une oligarchie sur une population
enfermée dans la misère et l'humiliation. Castro
est meilleur que Battista, non seulement parce
qu'il use de moyens moins horribles, mais parce
qu'il en use dans un autre but. Le communisme
et le fascisme ne peuvent pas être mis dans le
même panier. La confusion sur les fins, la morale
appliquée seulement aux moyens, servent le désordre établi, qu'elles tendent à camoufler.

Le rôle réel de l'État en matière d'intégration
n'est pas séparable de ceux qui animent effectivement l'État. Toute analyse formelle, qui confond le contenant et le contenu, l'épée et celui qui
la tient, ne peut appréhender la réalité. L'intégration politique est toujours partiellement illusoire. Le pouvoir n'est jamais au service exclusif

de l'ordre social et de l'intérêt général. Inversement, il y a toujours un peu d'intégration, même dans les pires régimes : ils construisent des routes, règlent la circulation, assurent l'évacuation des ordures ménagères, entretiennent des sapeurs-pompiers. Entre ces limites extrêmes, la répartition de l'intégration authentique et de la pseudo-intégration est très variable. Elle dépend d'abord de ceux qui exercent le pouvoir. Quand l'État est aux mains des classes privilégiées, elles l'utilisent essentiellement dans leurs intérêts propres, et accessoirement dans l'intérêt général : la part d'illusion augmente, celle d'intégration diminue. Quand l'État tombe aux mains des classes jusque-là dominées, exploitées, en essayant de supprimer la domination et l'exploitation, elles agissent dans l'intérêt général à travers leurs intérêts propres : la part d'illusion diminue, la part d'intégration augmente, au moins jusqu'au moment où les anciens exploités sont devenus exploiteurs à leur tour. Cependant, en détruisant leur propre exploitation, ils anéantissent définitivement certaines formes de camouflage.

Par ce processus, les marxistes affirment qu'on aboutira un jour à une intégration totale, authentique, sans illusion, la classe ouvrière ne pouvant supprimer sa propre exploitation qu'en détruisant pour toujours toutes les formes d'exploitation. Les occidentaux contestent le mécanisme de cette évolution, mais en proposent un autre qui pousserait dans le même sens. Ils pensent que le développement technique et économique, en supprimant la pénurie, en établissant l'abondance, fera cesser les antagonismes, les inégalités et l'exploitation de certaines classes par d'autres, et qu'un jour le pouvoir exercera donc véritablement sa fonction d'intégration.

IV

Intégration et niveau de développement

Occidentaux et marxistes ne sont pas d'accord sur les itinéraires de l'évolution des sociétés modernes. Mais ils sont d'accord sur le but auquel aboutissent ces itinéraires différents, et sur le moteur qui entraîne l'évolution. Ils pensent que le mouvement naturel de l'histoire tend à réduire les antagonismes et à développer l'intégration sociale, et que ce mouvement est provoqué par le développement technique. Pour les occidentaux, ce développement agit directement, en réduisant la pénurie, principal facteur de conflits : dans une société d'abondance, les antagonismes n'ont plus de base, et l'intégration s'établit naturellement. Pour les marxistes, l'action du développement est indirecte. Les nouveaux modes de production qui découlent du progrès technique engendrent de nouveaux systèmes de production : ils tendent notamment à supprimer la propriété privée, donc à faire disparaître la lutte des classes qui en découle, pour établir une société sans classes, c'est-à-dire une société sans conflits.

L'observation des faits confirme en partie cet optimisme. Que le progrès technique développe l'intégration sociale, cela n'est guère douteux. La difficulté surgit, quant aux limites d'une telle évolution. Certains occidentaux rejoignent les marxistes dans la vision d'une société future pleinement intégrée, où tous les conflits auraient disparu, où régnerait une harmonie parfaite. On peut douter de la possibilité d'une telle Cité parfaite. Mais l'analyse des processus qui conduiraient à cet Eldorado, tels que les décrivent les doctrines en présence, éclaire l'influence du progrès technique sur l'intégration politique. Sans admettre les conclusions, il est donc intéressant de préciser le raisonnement qui y conduit.

CROISSANCE DE L'INTÉGRATION

Le progrès technique développe l'intégration sociale par trois moyens principaux : en diminuant les tensions engendrées par la pénurie, en donnant à tous les hommes la possibilité de mieux comprendre les autres et la société même où ils vivent, en développant la solidarité entre tous les membres de la communauté. La disproportion entre les besoins des individus et les biens disponibles a toujours été considérée comme un facteur essentiel des conflits sociaux et politiques. Des hommes trop nombreux se disputant des biens trop rares : cette image d'Épinal illustre la situation de l'humanité, depuis ses origines jusqu'au xxe siècle.

Sans doute, on aurait pu atténuer les antagonismes en établissant une rigoureuse justice dans la répartition des biens. Cet idéal, décrit par les théoriciens, n'a presque jamais été appliqué.

Avec le progrès technique, on voit poindre la possibilité d'une société d'abondance, où le niveau de production permettrait de satisfaire, non seulement les besoins élémentaires de ses membres (nourriture, logement, vêtement) mais aussi leurs besoins secondaires (confort, loisir, culture). Certes, aucun pays n'est encore parvenu à ce degré de développement : mais quelques-uns s'en approchent. Certes, les besoins humains sont extensibles, et s'accroissent en même temps qu'on les satisfait : mais à mesure que les besoins fondamentaux sont remplacés par des besoins secondaires, l'insatisfaction est moins profonde, et moins vives les luttes qu'elle engendre. Cette évolution tend à réduire les antagonismes de deux façons. D'abord, elle rend plus supportables les inégalités sociales. Quand le gâteau est trop petit, on fixe naturellement les yeux sur le découpage des parts, et la dispute est violente si elles sont inégales. En face d'un gâteau énorme, capable de rassasier tout le monde ou presque, la taille respective des morceaux importe moins. Il y a cent trente ans, les canuts de Lyon, révoltés, pouvaient inscrire sur leurs bannières : « Du pain ou la mort. » La lutte politique était réellement une lutte pour la vie. Aujourd'hui, en Europe occidentale et en Amérique du Nord, elle est devenue une lutte pour le confort, le loisir, la culture, ce qui la rend moins acharnée.

D'autre part, le progrès technique supprime les formes les plus brutales d'oppression de l'homme par l'homme. Aujourd'hui, on mesure le niveau de développement d'un pays en calculant le nombre « d'esclaves mécaniques » à la disposition de chacun de ses habitants : l'esclave mécanique étant défini par une quantité d'énergie provenant de moyens techniques, équivalent à celle qu'un homme pourrait fournir par sa force de travail physique. Les esclaves mécaniques remplacent ainsi les esclaves humains, qui furent longtemps une sorte de nécessité. Certains disent que l'invention du collier d'attelage, au xe siècle, a seule permis de supprimer l'esclavage et le servage. Tant que les esclaves mécaniques n'existaient pas, la minorité privilégiée ne pouvait s'assurer une existence agréable qu'au moyen d'esclaves humains. Aujourd'hui, des machines lui suffisent. L'inégalité repose sur moins de sueur, moins de larmes, moins de sang. Cette inégalité même diminue, car le progrès technique tend vers des sociétés de classes moyennes, où l'écart entre riches et pauvres est beaucoup plus faible qu'avant.

Le progrès technique ne tend pas seulement à l'intégration négative, en diminuant les antagonismes. Il accroît aussi l'intégration positive, en développant les contacts, la compréhension et la solidarité entre les hommes. En multipliant les communications et les informations, il met fin à l'isolement et aux cloisonnements ; il rend la société présente à tous ses membres. En élevant la culture, il permet à chacun de mieux comprendre

De l'antagonisme à l'intégration

les autres et l'ensemble de la communauté. En développant la division du travail, il augmente l'interdépendance des hommes, ce que l'encyclique « Mater et Magistra » appelle la socialisation. Cependant, ces résultats sont moins concluants que les précédents. La solidarité, la compréhension, les contacts étaient peut-être plus profonds et plus authentiques dans le cadre des petites communautés traditionnelles que dans celui des grandes communautés modernes, où ils restent souvent superficiels, voire factices.

Quoi qu'il en soit, l'observation confirme que l'intégration progresse à travers l'histoire, au fur et à mesure du progrès technique. Dans les sociétés archaïques à économie fermée, les services rendus à la collectivité par le pouvoir sont peu nombreux, qu'il soit incarné par l'État lointain ou le féodal proche. Il rend tout de même quelques services : la sécurité contre les invasions des seigneurs voisins, des armées étrangères ou des bandes pillardes ; l'arbitrage et la justice ; la répression des délits contre les personnes et les propriétés; l'usage du moulin ou du four collectifs ; le contrôle de la monnaie ; etc. Mais ils coûtent cher. Le pouvoir prend finalement beaucoup plus qu'il ne donne. Ses titulaires vivent sur le pays, et ils vivent dans le luxe et l'opulence au milieu d'un pays très pauvre. Le pouvoir les sert plus qu'il ne sert la communauté : il protège surtout les privilèges ; il maintient l'inégalité. Aussi doit-il s'appuyer sur la violence et les armes. Les châteaux forts ne servaient pas seulement à protéger les habitants de la contrée contre les invasions extérieures : mais plus encore les châtelains contre la population. Les palais des rois furent d'abord des forteresses, bien armées et bien défendues, pour que le monarque soit à l'abri de l'hostilité de son peuple.

Cette situation persiste dans une grande partie du monde actuel. En Amérique latine, en Afrique, en Asie, la majorité de la population vit encore dans une économie semi-fermée. Elle reçoit très peu d'avantages de l'État. Elle supporte beaucoup d'inconvénients, à cause de lui. Il sert essentiellement à maintenir la domination d'une minorité privilégiée, qui exploite la masse populaire. Dans les sociétés de type intermédiaire, les services publics se développent : le pouvoir construit des routes, des chemins de fer, des ports, des canaux, des aérodromes, des lignes téléphoniques et électriques ; il stimule et régularise le crédit ; il entreprend des investissements de base (grands travaux d'irrigation, d'exploitation des mines, de barrages). Mais ces travaux publics sont utiles surtout à la minorité privilégiée de la population : aristocratie et bourgeoisie. Les admirables autoroutes de certains pays sous-développés profitent seulement aux propriétaires d'automobiles, cette chevalerie des temps modernes, faible minorité au milieu de la « piétaille ».

Par rapport aux sociétés archaïques, il y a progrès de l'intégration. Les gens qui profitent du pouvoir sont plus nombreux ; leur cercle s'élargit. Auparavant, ils n'étaient qu'une poignée d'aristocrates : maintenant, s'y ajoutent une bourgeoisie qui s'étend en classe moyenne, et même les quelques éléments de la paysannerie et de la classe ouvrière qui bénéficient des écoles et des œuvres d'assistance et de sécurité sociale. Pour ces derniers, les avantages de l'État restent beaucoup plus faibles que ses inconvénients : malgré tout, ils deviennent plus sensibles et accroissent le sentiment .pintégration. Cette situation intermédiaire correspond à la première phase du capitalisme. L'Europe du xixe siècle, l'Amérique latine d'aujourd'hui, l'Afrique du Nord et le Moyen-Orient, l'Asie non communiste, peuvent être rangées dans cette catégorie.

Dans les sociétés sur-développées d'Occident, l'intégration politique est beaucoup plus poussée. L'élévation générale du niveau de vie diminue les antagonismes et accroît le consensus social. Les services d'intérêt commun, gérés par l'État, se multiplient. Le pouvoir étend sa fonction d'organisation collective. Même si l'économie n'est pas entièrement planifiée, l'État y joue un rôle de régulation de plus en plus grand : il prévient les crises et en atténue les effets, il corrige les distorsions engendrées par l'initiative privée, etc. Services communs et organisation collective ne concernent plus seulement un « cercle intérieur » restreint, au sein de la société globale : ils s'étendent progressivement aux limites de celles-ci. Cela tient d'abord à l'élévation du niveau de vie : les autoroutes, qui concernent seulement une minorité privilégiée en Amérique latine, intéressent presque tous les citoyens aux États-Unis et en Europe occidentale. Cela tient ensuite au développement de la sécurité sociale, et des services publics ayant pour but de corriger les inégalités entre les hommes, en aidant particulièrement les plus faibles.

D'autre part, l'État tend à échapper aux mains d'une classe particulière qui l'utilise pour maintenir sa domination et ses privilèges. D'abord, le progrès technique rend de plus en plus complexe la division en classes, de sorte que le pouvoir n'est jamais aux mains d'une catégorie sociale homogène, mais toujours de plusieurs. Ensuite, les classes populaires pèsent de plus en plus lourd sur le pouvoir, grâce au développement du suffrage universel, des partis politiques, des syndicats, des autres organisations de masse. L'État ne peut plus être entièrement contrôlé par des classes minoritaires ; elles doivent au moins composer avec les classes majoritaires. Enfin, l'évolution de la société et de l'État tend à développer une classe d'administrateurs-techniciens qui s'identifient eux-mêmes à l'intérêt général, et qui l'incarnent réellement, au moins en partie, comme l'avait pressenti Hegel. L'idée marxiste que les hauts fonctionnaires sont au service de la classe dominante, dans laquelle ils sont recrutés en majorité, a été longtemps vraie. Elle le reste encore partiellement. Mais, dans certains pays, les administrateurs constituent de plus en plus une classe distincte, qui refuse consciemment de servir les intérêts capitalistes ; ils tendent à jouer le rôle d'arbitres impartiaux.

On pourrait transposer à leur égard l'argument

célèbre employé par Maurras voici un demi-siècle, pour établir la supériorité de la monarchie : régime où l'intérêt personnel du gouvernant se confond avec l'intérêt du pays, puisque la nation est le patrimoine du roi. Ce phénomène est encore restreint, et il comporte certains dangers. Mais il est important. Soulignons à titre d'exemple, le rôle d'arbitre joué par les « Sages » dans la grève des mineurs, en 1962. Nul n'a contesté l'impartialité de leurs conclusions. Certains ont suggéré de confier à de hauts fonctionnaires la mission permanente de « dire le fait », en matière de répartition du revenu national, comme les juges disent le droit. Les classes dominantes, menacées ainsi dans leur influence, critiquent vivement cette action des administrateurs de l'État. Elles camouflent en général cette attitude derrière le mythe de la « technocratie », exagérant un danger par ailleurs réel. Quand des administrateurs ou des techniciens de l'État interviennent dans l'élaboration d'une décision, on parle de technocratie : mais on n'en parle pas en cas d'intervention des techniciens et administrateurs des firmes privées.

L'influence du développement technique sur l'intégration politique n'est pas contestable. Mais il ne faut point l'exagérer. Deux autres facteurs au moins se combinent avec celui-là et en accélèrent ou en atténuent l'effet, suivant qu'ils agissent dans le même sens que lui ou en sens contraire. D'abord, la vitesse d'évolution. On a dit que la distinction des sociétés stables et des sociétés immobiles est aussi importante que celle des sociétés sur-développées et sous-développées. Dans les sociétés stables — c'est-à-dire en évolution lente, peu perceptible dans le cadre d'une vie humaine — le sentiment d'intégration est beaucoup plus fort. L'ordre social, établi depuis plusieurs générations, apparaît naturel, si injuste qu'il soit ; comme tel, il tend à être accepté. Les sociétés en mouvement rapide sont au contraire des sociétés partiellement désintégrées. L'ordre établi n'apparaît plus un ordre, à partir du moment où il n'est plus établi, où sa désagrégation est visible. Alors l'injustice cesse d'être naturelle et supportable. Les antagonismes latents se réveillent, et provoquent des conflits graves. Les grandes luttes de classes du xixe et du xxe siècle correspondent à un changement du rythme d'évolution. Bien que leur niveau de développement fût plus faible, les sociétés aristocratiques du xviie siècle étaient plus intégrées que les sociétés bourgeoises de 1900.

L'intégration varie aussi suivant le type de sociétés. Dans les communautés archaïques, la fusion de l'individu dans la communauté semble avoir atteint un degré qu'elle ne retrouvera jamais plus. Le primitif est totalement absorbé dans le groupe, dont il est un élément ; il ne conçoit pas une existence séparée ; il se perçoit comme membre de la collectivité plutôt que comme un individu. Les sociologues de l'école de Durkheim ont décrit l'«institutionalisation» du pouvoir : l'autorité appartenant d'abord au groupe entier, à la collectivité en tant que telle, aurait été accaparée progressivement par certains membres du groupe, qui deviennent ainsi des chefs. On pourrait décrire aussi le processus d'individualisation des citoyens. Les marxistes le rattachent à l'apparition de la propriété privée. Quoi qu'il en soit, aucune société postérieure ne paraît avoir été aussi intégrée que les sociétés primitives, les seules jusqu'ici, avec certaines collectivités monastiques ou les premiers kibboutz israéliens, qui aient pratiqué un communisme presque total.

Le développement de l'intégration n'apparaît que dans les sociétés de type moderne, constituées après l'individualisation des citoyens. Auparavant, le progrès des techniques paraît avoir entraîné des conséquences inverses. Il a été probablement le facteur essentiel de la formation d'une conscience de l'individualité, qui a séparé partiellement les hommes de la communauté et fait naître des conflits entre eux, et des conflits entre le groupe et ses membres. Même si l'on conteste le raisonnement marxiste, expliquant la dissolution d'un communisme primitif par l'apparition de la propriété privée, et celle-ci par l'évolution des techniques de production, cette évolution paraît avoir joué un rôle capital dans le phénomène d'individualisation.

Dans les sociétés modernes, d'ailleurs, le progrès technique agit en partie dans le même sens : le développement du capitalisme correspond à un développement de l'individualisme. A la fin du XIXe siècle, dans la première moitié du XXe, les moralistes et réformateurs dénonçaient ainsi les excès de l'individualisme. Mais, d'un autre coté, le progrès technique accroît les solidarités suivant les différents processus qu'on a plus haut décrits. Le second mouvement tend peu à peu à l'emporter sur le premier, semble-t-il. Depuis la seconde guerre mondiale, on reproche plutôt au progrès technique, non d'accroître l'individualisme, mais d'écraser l'individu dans l'organisation collective. Ainsi le développement de l'intégration, sous l'influence du progrès technique, comporte certaines contradictions. Les contempteurs de la société moderne la décrivent tantôt comme une gigantesque machine, réduisant les hommes à des rouages, tantôt comme une juxtaposition d'individus isolés dans leur confort, et sans liens véritables avec leurs semblables. Peut-être faudrait-il distinguer l'intégration sociale et l'intégration politique. Le développement technique favorise plus la seconde, c'est-à-dire la fonction intégratrice de l'État; que la première, c'est-à-dire le développement d'une solidarité authentique entre les hommes. Le pouvoir joue un rôle croissant dans l'intégration sociale. Mais celle-ci n'est peut-être qu'une pseudo-intégration, moins réelle, moins vécue, que celle existant dans des sociétés moins développées.

LE MYTHE DE L'INTÉGRATION TOTALE

Peu de gens prétendent que l'intégration totale est réalisée dans des sociétés existantes : l'observation des faits les démentirait aussitôt. Certains pensent qu'on a été proche de l'atteindre dans des sociétés historiques. Quelques descriptions de l'Ancien Régime ou du Moyen Age leur prêtent ainsi des couleurs de Paradis terrestre. Elles rajeunissent le vieux mythe de l'Age d'or. Intéressantes comme œuvres romanesques ou témoignages psychologiques, elles ne relèvent pas de la sociologie. Les seules théories sérieuses de l'intégration totale la reportent dans l'avenir, en prolongeant vers le futur les lignes d'évolution qu'on discerne actuellement. Il y a convergence entre les doctrines marxistes et certaines conceptions occidentales dans ce domaine. Américains et soviétiques ne se font pas la même idée de la société future, ni des étapes de son développement, mais ils l'imaginent les uns et les autres comme une société parfaitement intégrée, où les conflits auront disparu, où la solidarité régnera. Dans les deux cas, l'abondance des biens matériels, rendue possible par le progrès technique, est une base importante de cette intégration totale. Les théoriciens de l'Ouest le disent ouvertement ; les théoriciens marxistes le reconnaissent implicitement, le principe « à chacun selon ses besoins » qui réglera la répartition des biens dans la « phase supérieure du communisme » n'étant pas applicable sans l'abondance. Les différences entre les deux thèses, qui restent profondes, portent sur deux points principaux : sur le processus qui conduit à la société intégrée, et sur la nature de cette société.

Les occidentaux pensent que l'intégration résultera de l'abondance, tandis que les marxistes croient plutôt que l'abondance résultera de l'intégration. Pour les premiers, les conflits sociaux proviennent de la compétition entre des hommes trop nombreux pour des biens trop rares, c'est-à-dire de la pénurie. Si elle fait place à l'abondance, grâce au progrès technique, si chacun peut satisfaire à peu près tous ses besoins, non seulement de nourriture, de vêtement, de logement, mais aussi de confort, de culture, de loisir, les antagonismes entre les hommes disparaîtront, les luttes politiques cesseront : on parviendra donc à la société unitaire, intégrée. Pour les marxistes, l'abondance réelle n'est pas possible en régime capitaliste, car il est malthusien par nature. L'aliénation du travailleur diminue la productivité de son travail. L'entrepreneur freine l'application des progrès techniques, préférant conserver jusqu'à totale usure les anciennes machines, déjà amorties, que faire de nouveaux investissements, coûteux et longs à amortir. Pas mal d'inventions et de méthodes nouvelles sont tenues sous le boisseau par l'accord des firmes qui dominent le marché. Surtout, à partir d'un certain niveau technique, l'organisation de la recherche, la prévision et la planification globales, ne peuvent pas se faire dans le cadre des entreprises privées, mais seulement dans celui d'une production dirigée par l'État. Les plus grandes découvertes des dernières décades — l'atome, les fusées, etc. — sont le résultat d'une recherche socialisée, et non d'une recherche capitaliste. Les études nucléaires aux U. S. A. ont été faites par le gouvernement, à cause de la guerre :

elles n'auraient pu se faire par les mécanismes de l'économie privée.

La suppression de la lutte des classes et la fin des antagonismes politiques ne sont donc pas la conséquence de l'abondance économique, mais la condition même qui permet d'y parvenir, dans la théorie marxiste. Cette idée paraît contredite par les faits. Les nations les plus développées, celles qui s'approchent le plus de l'abondance dans le monde actuel, sont capitalistes et non socialistes. L'argument n'est pas décisif. Le socialisme a été appliqué jusqu'ici dans des pays sous-développés ou semi-développés, dont le retard était très grand par rapport à l'Amérique du Nord et à l'Europe occidentale quand ils ont abandonné le capitalisme. Que ce retard n'ait pas encore été comblé ne prouve pas grand-chose. Que le taux de croissance des pays socialistes dépasse celui des pays capitalistes semble au contraire justifier les thèses marxistes. Mais cela non plus n'est pas décisif : le taux de croissance diminue peut-être naturellement au fur et à mesure que le niveau de développement devient plus élevé.

Pour les occidentaux, l'abondance engendre par elle-même une intégration sociale complète. Pour les marxistes, l'abondance est une condition nécessaire de l'intégration, mais non une condition suffisante. Tant que les hommes agiront seulement dans leurs intérêts égoïstes, tant que leur activité collective sera orientée vers une compétition économique tendant à la domination des uns sur les autres, tant que l'exploitation capitaliste aboutira à l'aliénation des travailleurs, la véritable intégration n'est pas possible. L'analyse marxiste est plus profonde ici que l'analyse occidentale. Elle rend compte de la contradiction qu'on rencontre dans l'évolution des sociétés modernes, entre une tendance au développement des solidarités et une tendance à l'isolement des individus, enfermés chacun dans leur confort et leur égoïsme.

Même si l'abondance suffisait à détruire tous les antagonismes, c'est-à-dire à réaliser une intégration négative, on peut douter qu'elle développe aussi une intégration positive, basée sur une communion sociale authentique, et non sur les simples solidarités techniques naissant de la division du travail et de l'organisation collective. Seule, la substitution de l'altruisme à l'égoïsme, du but collectif à l'intérêt privé, comme mobile fondamental des actes humains, peut engendrer une société pleinement intégrée. Il n'est pas sûr que la suppression du capitalisme suffise à détruire l'égoïsme et la recherche de l'intérêt privé. Il n'est pas sûr que la fin de l'aliénation suffise à restituer au travail son caractère de libre activité créatrice, où l'homme trouve son épanouissement et sa joie, comme le croyait déjà Platon. Il n'est pas sûr que ce travail « désaliéné » soit orienté automatiquement vers l'intérêt de la collectivité. Bref, il n'est pas sûr que le communisme puisse atteindre, dans sa phase supérieure, l'intégration totale de tous les hommes dans la communauté, qui permette le dépérissement de l'État en tant qu'instrument de contrainte. Mais il est sûr que ces buts ne seront jamais atteints, même dans une société d'abondance totale, si l'intérêt privé demeure le ressort fondamental des hommes : c'est-à-dire si le capitalisme subsiste, dont ce principe est une base essentielle.

La théorie marxiste du dépérissement de l'État est reprise depuis quelque temps en Occident sous une autre forme : celle de la « dépolitisation ». Dans les nations sur-développées, on a cru déceler ces dernières années une atténuation des conflits, une diminution des antagonismes. L'affaiblissement du rôle des partis, et leur tendance à se rapprocher, à se ressembler, ont beaucoup frappé les observateurs. L'écart entre conservateurs et libéraux, énorme au xixe siècle, a presque entièrement disparu. L'écart entre partis socialistes et partis bourgeois, considérable avant 1914, est aujourd'hui assez faible. Même l'écart entre communistes et non-communistes, immense en 1945, a diminué. L'idée de révolution, qui a dominé les partis de gauche dans certains pays, depuis plus d'un siècle, n'y reste plus aujourd'hui qu'une nostalgie vague : l'esprit révolutionnaire disparaît dans les classes ouvrières des nations développées. Beaucoup voient dans ce phénomène la conséquence directe de l'élévation du niveau de vie et de la marche à l'abondance. La dépolitisation partielle des sociétés actuelles, basées sur une abondance également partielle, constituerait une étape : le terme de l'évolution étant la dépolitisation totale, c'est-à-dire le dépérissement complet de l'État, engendrée par l'abondance totale.

Le succès du concept de « dépolitisation » vient de son ambiguïté. S'il veut dire que les antagonismes politiques tendent à prendre des formes moins violentes dans les sociétés développées, et notamment que les méthodes révolutionnaires y font place à des méthodes réformistes, il exprime une réalité indiscutable, qui tient certainement à l'élévation du niveau de vie, mais aussi à d'autres facteurs, notamment la complexité des sociétés modernes, qui n'est pas compatible avec l'emploi de procédés grossiers et brutaux. L'idée qu'une révolution bouleverserait profondément l'appareil de production, lequel serait très long ensuite à remettre en marche, qu'elle se traduirait donc nécessairement par une baisse prolongée de la production et du niveau de vie, par une longue période de pénitence, est assez répandue. Elle correspond à une certaine réalité. Qu'il s'agisse des organismes biologiques, des machines ou des sociétés, plus on remonte dans l'échelle de la complexité, plus les structures sont fragiles, et plus on doit les manier avec précaution. On peut faire deux vers de terre avec un seul, en le coupant : mais ce traitement n'est pas applicable aux vertébrés supérieurs. On peut réparer une charrette à coups de marteau, mais non un Boeing 707. On peut faire des révolutions brutales dans des sociétés assez peu développées, mais non en France ou aux États-Unis.

Le terme « dépolitisation » demeure critiquable, car cette élimination de la violence, son remplacement par des procédures de discussion et de compromis, caractérisent précisément la politique, qui tend par sa nature même à remplacer les combats physiques, les batailles par les armes, les guerres civiles, par des luttes organisées et modérées. Au lieu de « dépolitisation », il faudrait donc parler de « politisation » ; au lieu de dépérissement de l'État, de sa restauration après sa dissolution partielle dans la violence des luttes révolutionnaires du XIXe siècle. D'autre part, si la « dépolitisation » signifie que les conflits disparaissent, que les antagonismes prennent fin, que la politique s'anéantit, ce concept ne correspond pas à la situation actuelle des sociétés développées ; il est entièrement erroné. Le désintérêt pour la politique, que certains croient déceler en Europe occidentale et en Amérique du Nord, est un désintérêt pour certaines expressions de la politique, rendues archaïques par l'évolution des structures sociales. Il correspond à un intérêt accru pour d'autres expressions de la politique.

Le déclin des partis en France, et l'indifférence pour certaines formes traditionnelles de représentation, coïncide avec l'ascension des syndicats, des organisations paysannes, des clubs politiques, et le développement de formes neuves de représentation. Ce déclin des partis n'est d'ailleurs pas général en Occident. A beaucoup d'égards, l'intérêt pour la politique augmente au lieu de diminuer : en ce sens aussi, on pourrait parler de « politisation » et non de dépolitisation. La politique technique tend à éliminer la politique héroïque, la politique au détail remplace la politique en gros, la lutte sur le régime cède le pas à la lutte à l'intérieur du régime, les revendications concrètes l'emportent sur la critique globale du système. La liberté et l'égalité se défendent moins aujourd'hui sur les barricades que dans des commissions, moins dans les discours romantiques que dans les grèves organisées : mais le combat pour la liberté et l'égalité continue.

V

L'impossible âge d'or

Il paraît certain que les luttes politiques diminuent, que l'intégration de la société s'accroît, au fur et à mesure du développement technique. Il est plus douteux que l'évolution ainsi commencée se poursuive jusqu'à son extrême aboutissement, c'est-à-dire jusqu'à la disparition complète des conflits et l'avénement d'une totale intégration, comme le prétendent la théorie marxiste de la phase supérieure du communisme et la théorie occidentale de la société d'abondance. Plusieurs faits s'opposent à une telle fin de l'histoire et de la politique. La pénurie dénoncée par les occidentaux, le capitalisme dénoncé par les marxistes, ne sont pas les seuls facteurs d'antagonismes sociaux. Eux disparus, d'autres survivront, qui semblent difficiles à supprimer.

Même si l'âge d'or pouvait régner véritablement dans quelques sociétés sur-développées, elles ressembleraient à des oasis perdues dans les sables, à des îles pressées de tous côtés par la mer. Seuls quelques rares pays peuvent espérer atteindre l'abondance dans un proche avenir. Pour les autres, elle reste un mirage inaccessible : au contraire, les difficultés de l'accumulation primaire du capital et la pression démographique y aggravent les antagonismes. Une opposition fondamentale se dessine de plus en plus entre nations riches et nations prolétaires. Croire que les premières pourront négliger les secondes et s'en protéger par des cordons sanitaires, c'est tomber dans l'erreur de la bourgeoisie du xixe siècle vis-à-vis des classes ouvrières.

LES CONFLITS IRRÉDUCTIBLES

Le concept d'abondance reste superficiel. D'abord, les besoins croissent au fur et à mesure de leur satisfaction. La poursuite de l'abondance ressemble un peu à la course d'Achille et de la tortue. Des besoins nouveaux apparaissent, au fur et à mesure que les anciens disparaissent. Sans doute, ils sont moins essentiels, moins vitaux, objectivement. Mais sont-ils moins profondément ressentis, subjectivement ? Ce n'est pas sûr. Ensuite, et surtout, l'abondance en question ne concerne que les biens économiques. Or, la pénurie dans d'autres secteurs engendre aussi des antagonismes sociaux, qui tendent naturellement à croître quand les antagonismes économiques disparaissent. Qui a le ventre vide ne pense qu'à manger et lutte pour vivre. Qui est rassasié de nourriture n'y pense plus, mais combat pour satisfaire d'autres désirs.

Arthur Koestler raconte que, prisonnier souffrant de la faim, il rêvait la nuit de festins avec la même intensité qu'il rêvait de femmes dans son adolescence. Les sociétés d'abondance, imaginées par les marxistes et les capitalistes contemporains, mettent fin à la première privation, mais pas à la seconde. Certains psychanalystes la considèrent comme plus importante que l'autre, dans le développement des antagonismes. Le conflit entre les impératifs sociaux et les désirs humains, entre le principe de réalité et le principe du plaisir, leur paraît plus fondamental que les disputes à propos de la répartition du revenu national ou des libertés d'expression. Il pourrait le devenir en tout cas, quand ces libertés existent et que l'abondance économique rejette au second plan les revendications matérielles. On pourrait étudier sous cet angle le développement contemporain de l'érotisme et de ce que les sociologues américains appellent — avec beaucoup d'exagération — la « révolution sexuelle ». Ne serait-ce pas, sous des formes contestables, la revendication et la conquête progressive d'une liberté, la lutte contre une privation, qui se développe à mesure que les autres libertés s'affermissent, que les autres privations disparaissent ?

Certaines raretés ne peuvent pas être supprimées, parce qu'elles tiennent à la nature des choses. Tous les Français ne pourront pas avoir une villa sur la Côte d'Azur, parce que la place est limitée. Tous les Parisiens pourront avoir un jour un appartement confortable : mais tous ne pourront pas ha-

biter dans un site également convenable (près de
leur bureau, de leur usine, de leurs loisirs, etc.)
Tous les travailleurs pourront toucher un salaire
suffisant : mais tous les travaux ne seront pas
également intéressants ou supportables. Les postes
de direction seront toujours plus agréables que
les postes de subordination, mais resteront toujours plus rares. La compétition autour des bonnes
places sera toujours vive. Les mieux doués l'emporteront toujours sur les moins doués, ce qui entraînera inévitablement des rancœurs et des frustrations.

Même en régime socialiste, les inégalités ne
resteront pas purement individuelles. Les classes
ne disparaîtront jamais complètement, parce que
les enfants des individus mieux doués, occupant
les postes les plus élevés de la société, auront toujours des chances plus grandes que les fils des individus mal doués, situés aux postes inférieurs. Le
fils du directeur de ministère ou d'entreprise publique sera mieux placé dans la compétition que
le fils de l'huissier ou du manœuvre : grâce à l'éducation par osmose qu'il reçoit de son milieu, aux
relations de ses parents, aux facilités matérielles
qu'ils lui donnent. Certes, il aura moins de privilèges
que le fils d'un grand patron capitaliste. Mais ils
choqueront plus peut-être, parce qu'ils seront plus
contraires au système de valeurs établi. Dans un
monde égalitaire, une faible inégalité sera peut-être
plus ressentie qu'une forte inégalité dans un monde
inégalitaire.

Une autre division en classes paraît plus difficile encore à supprimer : celle des hommes et des femmes. Dans le socialisme comme dans le capitalisme, les femmes sont des opprimées, par rapport aux hommes. Les modifications de leur statut de droit, la suppression de leurs incapacités, la fin des discriminations de salaires, ne pourront empêcher que la maternité et les soins aux enfants leur imposent des charges supplémentaires. Si la femme demeure au foyer, elle se trouve dans une dépendance économique par rapport à l'homme. Si elle travaille comme l'homme, elle ajoute des tâches familiales et ménagères à son labeur professionnel. Le statut américain des rapports entre les sexes, qui met l'homme à la merci de la femme, n'est guère plus satisfaisant que le statut français, qui met la femme à la merci de l'homme, ou que le statut italien, qui les enferme l'une et l'autre dans une hypocrisie permanente. Les antagonismes qui naissent de cette lutte des sexes, pour n'être pas directement politiques, ont une grande importance dans toute la vie sociale.

Les conflits de générations ne semblent guère pouvoir disparaître non plus. A l'entrée dans la société les jeunes s'opposeront toujours plus ou moins aux anciens, naturellement peu pressés de céder des places qu'on est impatient de leur prendre. L'allongement de la vie, grâce au progrès technique, aggrave l'antagonisme. D'un côté, il impose aux nouvelles générations un lourd fardeau de retraites. De l'autre, il réduit les anciennes à la situation de classes opprimées. Les civilisations traditionnelles, qui entouraient la vieillesse de prestige et de respect, atténuaient un peu sa tristesse naturelle. Dans les sociétés sur-développés, l'âge devient deux fois oppresseur : par l'effet de la nature et par l'effet de la société. En régime capitaliste, au-delà de quarante-cinq ans, l'homme qui a perdu sa place en trouve très difficilement une autre et risque de devenir une épave. La situation est meilleure en régime socialiste. Mais, partout, l'abaissement nécessaire de l'âge de la retraite, joint à l'allongement constant de la durée de la vie, crée une classe de vieillards que la société réduit à un rôle secondaire, alors qu'ils pourraient et voudraient participer pleinement à ses activités, pendant beaucoup d'années encore. Ils sont aliénés, au sens marxiste du terme.

On n'oubliera pas d'autre part que des psychanalystes pensent que le progrès technique tend à construire un monde mécanisé, artificiel, tout à fait contraire aux besoins réels de l'homme, à ses désirs les plus profonds, à sa nature même. Ainsi, l'abondance matérielle, en libérant les individus de la nécessité de travailler sans relâche pour vivre, leur permettrait seulement de mieux prendre conscience de cette contradiction et d'en souffrir plus profondément. Les antagonismes entre les hommes et la société s'aggraveraient donc au lieu de dépérir. La croissance des maladies mentales ; la renaissance de certaines formes de violence ; le développement de la nervosité, de l'anxiété, de l'angoisse ; l'absence d'une véritable joie de vivre, seraient des tares congénitales des sociétés les plus modernes, donc permanentes, et non des phénomènes transitoires d'adaptation à de nouvelles formes d'existence.

De toute façon, même si le progrès technique diminue les antagonismes entre les individus et les groupes, l'antagonisme entre le pouvoir et les citoyens ne suit pas la même évolution : il semble s'aggraver au lieu de s'atténuer. Sans doute, quant aux buts, le pouvoir est moins oppresseur. Il agit plus dans l'intérêt général, il est plus utile. Quant aux moyens, sa croissance augmente son emprise sur les hommes, et la gêne qu'ils en éprouvent. « Je pardonne à la République de gouverner mal, parce qu'elle gouverne peu », disait Anatole France. L'État moderne gouverne mieux, mais il gouverne plus. Dans les sociétés anciennes, les hommes n'avaient guère de contact avec le pouvoir, qui restait lointain. Ils se passaient de lui en presque toutes choses. Dans la société moderne, tous les citoyens dépendent de l'État pour une grande partie de leur existence. Les rapports avec le pouvoir se multiplient, donc les occasions de sentir sa férule.

L'oppression du pouvoir devient plus complexe. La tendance des chefs à abuser de leur autorité n'est pas supprimée ni restreinte par le progrès technique, mais au contraire développée : accroître les moyens de la puissance, c'est accroître les possibilités d'en abuser. Les procédés modernes de communication et de propagande donnent aux dictateurs d'aujourd'hui une emprise sur les nations sans commune mesure avec celle des tyrans antiques. Quand ceux-ci devenaient insupportables, d'ailleurs, ils risquaient fort d'être renversés. Aujourd'hui, le pouvoir dispose d'armes puissantes qui rendent plus difficiles la résistance des citoyens. Quand militaires et policiers étaient armés de sabres ou de lances, la révolte des masses était facile. Contre les chars, les mitrailleuses, les avions, les blindés, les peuples ne peuvent rien : on l'a vu dans la guerre d'Espagne.

De plus, l'oppression psychologique qui tient à la volonté de puissance des gouvernants se double, dans les sociétés sur-développées, d'une oppression de nature sociologique engendrée par l'évolution des structures du pouvoir. L'extension de l'appareil de l'État entraîne la multiplication de ceux qui prennent des décisions au nom de l'État. Le cercle des gouvernants s'élargit, c'est-à-dire le nombre de personnes à qui les citoyens doivent obéir. Au lieu d'un seul tyran, et de quelques acolytes, on trouve une foule de petits tyranneaux. Chacun n'a qu'un champ d'action limité. Mais la pression de tous aboutit à paralyser plus ou moins la liberté de mouvement des hommes, qui ressemblent un peu à Gulliver, attaché au sol par des milliers de liens lilliputiens, chacun peu important, mais contraignants par leur nombre même.

Surtout, l'État moderne tend progressivement à n'être plus seulement un ensemble de chefs, de gouvernements, d'administrateurs, qui abusent individuellement de leurs pouvoirs. Il devient une énorme machine, dont le fonctionnement global dépasse l'activité de chacun de ses rouages. Son mécanisme même est oppresseur, indépendamment des intentions des hommes qui la composent. On appelle « bureaucratie » ce phénomène. Il n'est pas limité à l'État, c'est-à-dire au pouvoir dans la nation. Il s'étend à toutes les formes de pouvoir dans les grandes communautés modernes : firmes géantes, partis politiques, organisations de masses, etc. Pour être abstraite, mécanique, sans passion, sans violence physique, propre, l'oppression qui en résulte n'est pas moins lourde que celle engendrée par la volonté de puissance des chefs.

Elle constitue probablement le facteur essentiel d'antagonisme dans les sociétés sur-développées. Au fur et à mesure qu'on s'approche du niveau d'abondance, les luttes de classe et les compétitions entre citoyens diminuent, sous les réserves qu'on a formulées plus haut. Au contraire, les conflits entre le pouvoir et les citoyens s'accroissent. Le problème de la liberté tend à revenir ainsi au centre de la politique, comme il l'était pour les libéraux du xixe siècle. Ceux-ci l'avaient posé à l'intérieur de ce microcosme d'abondance relative qu'était alors la bourgeoisie, au milieu de masses populaires réduites à la pénurie. Pour elle, les problèmes matériels étant résolus, la résistance des citoyens au pouvoir devenait l'essentiel. Pour les classes ouvrières, au contraire, le combat pour l'existence, pour l'égalité, pour la dignité, restait beaucoup plus important. Les libertés politiques, réelles pour une bourgeoisie qui avait les moyens de les exercer, restaient formelles pour le prolétariat. La lutte des classes était l'antagonisme fondamental.

Dans la société d'abondance, le microcosme bourgeois s'élargit aux dimensions de la communauté entière. Il reste des conflits importants entre individus et entre groupes : les classes tendent toujours à renaître sous diverses formes. Mais ces antagonismes deviennent secondaires, par rapport à celui qui oppose les citoyens au pouvoir. D'abord, la liberté prend désormais une signification et une valeur pour tous les citoyens, parce que tous ont les moyens matériels de l'exercer. Ensuite, tout en développant l'abondance et en diminuant ainsi les antagonismes nés de la pénurie, le progrès technique accroît la puissance du pouvoir et sa capacité d'opprimer les hommes. La liberté retrouve ainsi son sens originaire, que lui donnaient les libéraux du XIXe siècle. « Les libertés sont des résistances », disait Benjamin Constant, qui opposait cette conception moderne à ce qu'il appelait « la liberté des anciens, qui se compose de la participation active au pouvoir collectif ».

En fait, cette liberté des anciens est devenue peu à peu la liberté des modernes, notamment en pays anglo-saxons, où la démocratie consiste surtout dans la participation active de chacun aux décisions collectives, laquelle se réalise grâce à la décentralisation et à un pullulement d'associations et d'organisations civiques, à travers lesquelles chaque individu est inséré plus étroitement dans la vie communautaire. En même temps, le socialisme a montré que l'État pouvait être libérateur, contrairement aux doctrines capitalistes : « Entre le riche et le pauvre, entre le faible et le fort, c'est la liberté qui opprime et la loi qui affranchit », disait déjà Lacordaire. La suppression des aliénations est une libération. La suppression des pénuries en est une autre. A côté de la « liberté-participation », on voit naître ainsi le concept d'une « liberté-épanouissement ». Les théories de la société d'abondance et de la phase supérieure du communisme reposent sur l'idée que chaque homme doit pouvoir se développer suivant sa propre nature, en disposant de tous les moyens nécessaires.

Pendant que se formaient ces notions de libération par l'État, de liberté-épanouissement, de liberté-participation, l'idée de liberté-résistance se dévalorisait peu à peu. L'évolution des sociétés modernes tend à la ressusciter, probablement même à lui restituer la première place. Certes, le progrès technique et l'abondance relative permettent un épanouissement plus libre de chaque homme. Certes, l'action de l'État contre les dominations et les exploitations privées est généralement libératrice. Certes, la participation des citoyens aux décisions, à tous les échelons, est un élément essentiel de leur liberté. Mais, plus la société est développée, plus le pouvoir politique y devient puissant et bureaucratique, plus il est nécessaire de lui résister. La liberté a toujours été une résistance. Elle est de plus en plus une résistance. La société d'abondance ne tend pas au dépérissement de l'État, mais à sa croissance et à sa bureaucratisation. L'opposition du citoyen au pouvoir y devient l'antagonisme fondamental. Rien n'autorise à penser qu'il puisse disparaître ou même diminuer. Sous forme d'un combat pour la liberté, la lutte politique n'a pas de fin prévisible.

NATIONS BOURGEOISES ET NATIONS PROLÉTAIRES

Un martien qui visiterait la terre, comme les Persans de Montesquieu visitaient l'Europe, serait peu sensible aux différences entre pays occidentaux et pays socialistes. Mais la différence entre nations industrielles et nations sous-développées lui sauterait aux yeux. Certes, les unes et les autres représentent deux pôles extrêmes, entre lesquels on trouve beaucoup d'intermédiaires. Le Japon, par exemple, est un pays moyennement développé. L'Amérique latine, l'Afrique noire, le Moyen-Orient et l'Extrême Asie ne sont pas sous-développées au même degré, ni de la même façon. Par-delà ces nuances, le sous-développement présente partout les mêmes éléments : la prédominance de l'agriculture, son caractère primitif, l'insuffisance alimentaire, la faiblesse de l'industrie et de la consommation d'énergie mécanique, l'hypertrophie du secteur commercial, le bas niveau du revenu national, le caractère arriéré des structures sociales, la grande inégalité entre une masse très pauvre et une poignée de privilégiés très riches, l'absence de classes moyennes, l'écart considérable entre les modes de vie urbains et les modes de vie ruraux, l'analphabétisme, la forte natalité et la forte mortalité, etc. Tous ces phénomènes sont liés les uns aux autres bien que, suivant le pays, certains soient parfois plus accentués, d'autres moins. L'ensemble dessine une physionomie très caractéristique, qui ne prête pas à confusion.

Deux mondes sont face à face, l'un riche, l'autre pauvre. Tandis que le premier voit poindre à l'horizon la société d'abondance, le second reste plus proche du Moyen Age, de ses famines, de ses pandémies, de sa misère. Le revenu national par tête d'habitant est dix à vingt fois supérieur en Europe occidentale et en Amérique du Nord à ce qu'il est en Asie et en Afrique. La consommation d'énergie mécanique par individu est de dix à trente fois supérieure. Par contre, la mortalité infantile est dix fois moindre. Dans les nations industrielles, 3 à 4 % de la population seulement est illettrée : ce taux est de 90 % dans certains pays africains et asiatiques. L'écart entre les nations bourgeoises et les nations prolétaires est aussi grand qu'entre la bourgeoisie et le prolétariat d'un même pays, dans l'Europe du xixe siècle.

Cet écart s'accroît au lieu de diminuer. On dit que les nations d'Afrique, d'Asie et d'Amérique latine sont en voie de développement accéléré. C'est vrai, par rapport à l'évolution très lente qu'elles ont suivie pendant les siècles précédents. C'est faux, par rapport à l'évolution des nations industrielles, qui se développent beaucoup plus vite. En général, le taux d'accroissement annuel

du revenu national est plus élevé en Europe et en
Amérique du Nord que dans le Tiers Monde. Les
riches continuent à s'enrichir, et les pauvres à
s'appauvrir. La part des nations industrielles dans
les richesses mondiales s'accroît, cependant que
celle des pays sous-développés décroît.

Cette situation provoque deux sortes d'antagonismes : des antagonismes internes, au sein des
pays sous-développés ; des antagonismes externes,
entre eux et les pays sur-développés. Les nations
prolétaires sont déchirées par tous les conflits
qu'engendre la pénurie. Ils sont aggravés par
l'accroissement des contacts et des communications, et par les efforts mêmes de développement.
Quand les Indiens d'Amérique latine, les paysans
de la brousse africaine ou des plaines d'Asie, étaient
enfermés dans leur solitude, plus ou moins isolés
du monde, la pauvreté et l'inégalité leur pesait
moins qu'aujourd'hui, où la radio, le cinéma, la
télévision, leur ont appris l'existence de civilisations différentes, qui diminuent la peine des
hommes. Quand on vit dans un monde immobile,
où l'injustice et la misère semblent des calamités
naturelles, impossibles à éviter, elles sont plus
supportables. Elles le deviennent moins quand
le monde commence à bouger, quand il devient
possible d'espérer plus de justice et moins de
misère. L'entrée dans le développement accéléré
provoque cette mutation. Mais les conditions
mêmes de ce développement font reculer l'espoir
qu'il engendre et aggravent dans l'immédiat les
souffrances qu'il a pour but de supprimer. On a

déjà signalé ces contradictions de la période intermédiaire, et les antagonismes qu'elles provoquent.

La distorsion entre une mortalité qui s'abaisse et une natalité qui reste immobile entraîne une formidable expansion démographique, laquelle annule pour chaque citoyen les effets du développement économique. Le gâteau grandit : mais ceux qui doivent le partager se multiplient plus vite, de sorte que chacun voit réduire une part déjà trop petite. La nécessité d'enlever à la production d'objets de consommation la main-d'œuvre nécessaire pour construire l'infrastructure d'une société moderne tend à faire baisser un niveau de vie déjà très bas. L'Amérique latine, le Moyen-Orient, l'Afrique, l'Extrême-Asie, se débattent aujourd'hui dans les difficultés de l'accumulation primaire du capital, qui ont engendré la terrible exploitation des classes ouvrières européennes au XIXe siècle, et la dictature stalinienne dans la première moitié du XXe.

La contradiction politique n'est pas moindre que ces contradictions économiques et démographiques. Même par temps calme, la démocratie ne peut guère fonctionner dans les pays sous-développés. L'inculture d'une population analphabète ne lui permet pas de comprendre les problèmes politiques. Elle la rend vulnérable à toutes les influences, à toutes les démagogies. La profondeur de l'inégalité, la violence des antagonismes qu'elle fait naître n'assurent pas le minimum de consensus sans lequel le jeu des partis et des élections ne peut pas se dérouler librement. Ainsi, les pays sous-développés sont condamnés à des régimes autoritaires. Mais ceux-ci tendent naturellement vers le désordre et l'inefficacité, voire le despotisme et la corruption. La minorité évoluée est si peu nombreuse que l'encadrement technique est difficile. Si grand est l'écart entre les privilégiés et la masse, et si arriérée celle-ci, que l'abus du pouvoir est facile, et forte la tentation d'y recourir. La nature même des pays sous-développés fait que le contrôle démocratique y est impossible ; l'absence d'un tel contrôle abandonne les gouvernés à l'arbitraire.

Parallèlement à ces contradictions intérieures, se développe un conflit fondamental entre les nations prolétaires et les nations industrielles. A mesure que les antagonismes sociaux diminuent dans les sociétés industrielles, la lutte des classes tend à passer du plan national au plan international. Que les peuples riches s'enrichissent de plus en plus, que les peuples pauvres s'appauvrissent de plus en plus, cela dresse naturellement les seconds contre les premiers. L'antagonisme est d'autant plus profond que les peuples riches exploitent les peuples pauvres, comme la bourgeoisie exploite le prolétariat en régime capitaliste. L'assistance technique n'est qu'un mirage, qui ressemble, toutes proportions gardées, à celui de la charité dans l'Angleterre de Dickens. Dans quelques cas particuliers, pour des raisons politiques, certaines nations riches donnent à certaines nations pauvres plus qu'elles n'en reçoivent, et parfois beaucoup plus : c'est le cas de la France en Afrique, des

États-Unis au Vietnam. En général, globalement, l'ensemble de sacrifices consentis par les nations riches pour aider les pays sous-développés est inférieur aux bénéfices qu'elles tirent du bas prix des matières premières qu'elles achètent dans ces mêmes pays. Les sociétés industrielles exploitent les sociétés agricoles, en profitant de leur faiblesse économique.

Les bons sentiments ne peuvent pas plus supprimer cette exploitation qu'ils n'ont pu supprimer celle du prolétariat par la bourgeoisie, au XIXe siècle. En régime capitaliste, l'intérêt économique est le moteur de la vie sociale, auquel tout le reste est subordonné. En utilisant les thèmes de la charité chrétienne et du danger communiste, les gouvernements d'Occident peuvent obtenir de leurs contribuables quelques sacrifices pour aider les pays sous-développés. Ils ne peuvent jamais obtenir que les grandes organisations capitalistes ne cherchent à payer le moins cher possible les matières premières provenant de ces pays ; ils ne peuvent empêcher que ces organisations n'aient finalement le dernier mot. Par son essence même, le capitalisme s'oppose à une véritable assistance internationale pour aider les pays sous-développés à sortir des contradictions de la phase intermédiaire.

Cependant, le conflit entre nations industrielles et nations prolétaires ne peut guère conduire à un affrontement direct. La nouvelle lutte des classes diffère de l'ancienne sur un point fondamental. Au XIXe siècle, les classes privilégiées étaient littéralement assiégées par le prolétariat : leurs policiers et leurs militaires ne suffisaient point à les défendre. La pression ouvrière a donc forcé les bourgeoisies à abandonner progressivement une partie de leurs privilèges. Aujourd'hui, protégées par la distance, par les océans, par les déserts, et plus encore par la puissance de leurs engins de destruction, l'Europe, l'U. R. S. S., l'Amérique du Nord ne risquent pas l'assaut des peuples prolétaires. Aucun pays sous-développé ne peut affronter les nations industrielles. Le conflit des nations riches et des nations prolétaires n'est pas un antagonisme politique fondamental, parce que les deux adversaires sont trop inégaux.

Mais ce conflit aggrave les antagonismes entre les sociétés industrielles. Les deux mondes développés, celui de l'Est et celui de l'Ouest, sont relativement fixés, stabilisés : chacun d'eux a renoncé à conquérir l'autre, et leurs frontières sont bien délimitées. Cet antagonisme-là a perdu sa violence, comme la lutte des classes dans les sociétés industrielles. Au contraire, le Tiers Monde sous-développé est instable. En penchant d'un côté ou de l'autre, il peut donner à l'Est ou à l'Ouest un atout important dans leur rivalité. Les réactions incontrôlées et incontrôlables des nations prolétaires réveillent la lutte des deux empires industriels, qui s'apaiserait sans elles. Qu'une partie importante de l'Amérique latine devienne communiste, et Washington réagira fortement. Les nations prolétaires ne peuvent pas affronter les nations surdéveloppées, mais elles peuvent les pousser à s'affronter entre elles. Cette aggravation des conflits internationaux réveille les antagonismes intérieurs. A l'Ouest, aujourd'hui, la peur du communisme, c'est-à-dire d'un risque extérieur, est une base essentielle des conflits politiques internes. Tant qu'il y aura des nations prolétaires, les nations riches ne connaîtront pas l'intégration totale, à supposer que celle-ci soit possible.

CONCLUSION

Vers le socialisme

Malgré l'ampleur de leurs désaccords, occidentaux et marxistes sont plus proches qu'ils ne pensent dans leur conception de la politique. Les premiers ont pratiquement renoncé à un idéalisme qui camouflait mal des comportements concrets tout différents. Ils admettent aujourd'hui que les facteurs socio-économiques jouent un rôle essentiel dans le développement des antagonismes politiques. Au niveau primitif, où les techniques sont rudimentaires, ces facteurs socio-économiques sont surtout géographiques : ils dépendent du climat et des ressources naturelles. Ensuite, ils deviennent des facteurs techniques : le degré d'équipement conditionne le niveau de vie, qui conditionne lui-même les luttes politiques. Cette analyse reste éloignée des schémas marxistes. Mais les différences portent finalement sur des points secondaires. Pour l'essentiel, occidentaux et soviétiques croient que le développement technique est la base de l'évolution des structures sociales, dont dépend l'évolution des luttes et de l'intégration politiques.

De leur côté, les marxistes commencent à donner plus d'importance aux facteurs culturels. Ils maintiennent toujours formellement la distinction de la base et des superstructures. En pratique, ils reconnaissent à celles-ci une influence et une autonomie croissantes. Certes, ils pensent que les facteurs culturels restent secondaires par rapport aux facteurs socio-économiques, au moins dans la phase actuelle du développement humain. Mais beaucoup d'occidentaux ont la même opinion, qui est sans doute fondée. Même les théories psychologiques ne sont pas convaincantes, à cet égard : car les tempéraments et les complexes psychiques, et le « moi » lui-même, dépendent plus peut-être de l'environnement social que de dispositions innées. Il est probable que marxistes et occidentaux sous-estiment l'influence des systèmes de valeurs : les croyances désintéressés, les idéaux, les grands desseins, jouent un rôle politique fondamental, qui paraît même s'accroître au fur et à mesure que l'élévation du niveau de vie permet à tous les hommes de se libérer du *primum vivere* pour accéder au *deinde philosophari*. Cette erreur est commune aux deux doctrines : elle les unit plus qu'elle ne les sépare.

Sur le passage de la lutte à l'intégration, le rapprochement est encore plus net. Les programmes khrouchtchéviens, relatifs au communisme de 1980, ressemblent étrangement aux descriptions de l'*American way of life*, faites de l'autre côté de l'Atlantique. L'image occidentale de la société d'abondance, confortable et dépolitisée, est très

proche de l'image soviétique de la phase supérieure
du communisme et du dépérissement de l'État.
Les deux pèchent par le même excès d'optimisme.
Occidentaux et marxistes n'ont certes pas la même
vision globale de la politique. Mais les uns et les
autres n'imaginent plus des univers radicalement
différents, sans commune mesure. Désormais, les
ressemblances entre leurs conceptions respectives
sont presque aussi fortes que les différences.

La convergence des évolutions de fait est probablement plus forte encore. En apparence, on l'a
dit, les deux mondes développés — l'Est et l'Ouest
— sont figés chacun sur leurs positions, sans con-
version possible de part et d'autre. En réalité,
une transformation en profondeur les rapproche
lentement l'un de l'autre. L'U. R. S. S. et les démocraties populaires ne deviendront jamais capitalistes ; les U. S. A. et l'Europe occidentale ne
deviendront jamais communistes. Mais les uns et
les autres semblent marcher vers le socialisme, par
un double mouvement : de libéralisation à l'Est,
de socialisation à l'Ouest. Que ce double mouvement se heurte à d'énormes obstacles, qu'il soit
très long, qu'il comporte beaucoup de retours en
arrière, c'est probable. Mais il semble irrésistible.

Naturellement, chaque pays voit mieux l'évolution de l'autre que la sienne. En Occident, on a
pris conscience du processus de libéralisation du
monde soviétique, lié au progrès technique et au
développement économique. Dans les sociétés
industrielles, où le bien-être devient possible, l'aspiration au bien-être devient irrésistible. Les citoyens

des régimes socialistes ont envie de profiter de la vie, de cueillir l'heure qui passe, de goûter aux fruits des arbres que la Révolution a plantés. Ils veulent le faire en toute tranquillité, en toute « sûreté », comme on disait en 1789, sans la férule des maîtres et le contrôle de la police. L'aspiration à la liberté est inséparable de cette aspiration au bien-être. On veut sortir du pays, voir l'étranger, connaître ses œuvres. On veut exprimer ses propres opinions, dire ce qu'on pense, discuter les points de vue officiels, connaître d'autres points de vue. En un mot, on veut se promener sur toutes les routes, et même en dehors des routes, au lieu de rester entre deux rails d'acier, traîné par la locomotive de l'État.

En même temps, les nécessités du développement technique obligent à diffuser largement une culture supérieure, qui nourrit l'esprit de comparaison, l'esprit critique, c'est-à-dire l'esprit de liberté. Les contacts avec l'étranger sont essentiels pour la recherche scientifique et le progrès des inventions : le stalinisme a provoqué des retards importants dans plusieurs secteurs. La multiplication des moyens de communication empêche l'isolement nécessaire aux dictatures. Bientôt, tous les soviétiques pourront prendre sur leurs écrans la télévision occidentale, et voudront le faire, sans que leur gouvernement soit capable de les en empêcher. La libéralisation sera lente et difficile. Les gens de l'appareil feront tout pour la retarder. Les crises internationales provoqueront des ajournements et des retours en arrière provisoires. Mais

toute l'évolution économique et technique empêche
que la marche du communisme vers le socialisme
démocratique puisse être effectivement stoppée.

Les pays du Tiers Monde peuvent beaucoup pour
l'accélérer ou la freiner. Tout porte à croire que
les nations prolétaires déboucheront un jour, elles
aussi, sur le chemin du socialisme démocratique.
Le problème est de savoir si elles s'y engageront
directement, ou si elles feront le détour par le
communisme ou le capitalisme, comme les autres.
Dans le premier cas, elles hâteront l'évolution vers
le socialisme démocratique ; dans le second cas,
elles le ralentiront. Que beaucoup de pays d'Afrique, d'Asie ou d'Amérique latine, dans les prochaines décennies, s'alignent plus ou moins sur la
Chine, et la libéralisation sera freinée en U. R. S. S.
et dans les démocraties populaires d'Europe.
D'abord, parce que les staliniens s'y trouveront
renforcés. Ensuite, parce que les réactions inévitables de l'Occident rendront plus fragile la coexistence pacifique et réveilleront plus ou moins la
guerre froide.

Aucune hypothèse d'ensemble ne peut être formulée, quant à un comportement futur des nations
sous-développées. Seuls quelques points paraissent
acquis. Le Tiers Monde ne pourra pas se moderniser
par la voie capitaliste. Ses pays ne disposent pas
de capitaux intérieurs suffisants. Les capitaux
étrangers ne s'investissent dans les nations prolétaires que s'ils y trouvent avantage, c'est-à-dire
sous forme d'entreprises à caractère colonial, exploi-
tant telle ou telle richesse naturelle exceptionnelle,

sans souci de l'équilibre général du pays (bananes en Amérique centrale, sucre à Cuba, diamants au Katanga, pétrole dans divers pays). Cependant, laisser les capitaux étrangers créer des entreprises de ce genre, pendant un certain temps, et nationaliser celles-ci ensuite, peut aider à l'équipement des pays sous-développés. Ils utilisent assez souvent cette technique, dans la mesure où les entreprises colonialistes ne dominent pas leurs gouvernements, par l'intermédiaire de policiers ou de militaires.

L'établissement direct d'un socialisme réellement démocratique paraît également exclu. On a dit que les structures des nations prolétaires y rendent très difficiles le fonctionnement de la démocratie et le développement des libertés. Le socialisme du Tiers Monde sera nécessairement autoritaire. Le choix se limite finalement au degré d'autorité et à la forme du socialisme. Il n'est pas sûr que la voie la plus brutale soit la plus efficace. Le modèle chinois demeure contestable à cet égard. Mais il n'existe pour l'instant aucun autre modèle. On peut imaginer un socialisme moins violent, développant quelques libertés politiques, qui constituerait une première étape vers le socialisme démocratique. Plusieurs pays, en Afrique et au Moyen-Orient, cherchent leur voie dans cette direction. On ne peut dire qu'ils l'aient encore trouvée.

La socialisation de l'Ouest sera peut-être plus longue et plus difficile encore que la libéralisation de l'Est. Mais elle semble également impossible à

éviter. Elle ne suivra probablement pas la voie
tracée par le marxisme. La lutte des classes s'affaiblit plutôt qu'elle ne s'aggrave, dans les sociétés
industrielles, et la révolution prolétarienne y est
d'autant moins possible que nul n'a plus l'esprit
révolutionnaire, et que le prolétariat est en train de
disparaître. Cependant, trois faits massifs se développent, dont les occidentaux ne paraissent pas mesurer les conséquences : la supériorité technique de
la production planifiée sur la production capitaliste ;
l'impossibilité de construire une véritable communauté humaine sur la base des principes capitalistes ;
enfin, la dévalorisation même de ces principes.

Les économistes américains eux-mêmes prennent
conscience de l'infériorité du capitalisme dans le
secteur tertiaire. Beaucoup de services ne peuvent
être assurés convenablement que par la collectivité,
en abandonnant la règle de la rentabilité : c'est-à-
dire par des méthodes socialistes. Or, plus les sociétés sont développées, plus le secteur tertiaire est important, et plus il commande l'ensemble de l'économie. D'une façon plus générale, la supériorité du
socialisme sur le capitalisme n'est pas autre chose
que la supériorité de l'organisation sur l'absence
d'organisation. Le capitalisme assure une organisation parfois excellente à l'intérieur des firmes et des
entreprises : mais, par sa nature même, il est insuffisant dans le cadre d'une économie globale. Tant que
les techniques de la prévision restent peu développées, aucune organisation générale de l'économie
n'est possible. A ce niveau, le socialisme est inférieur
au capitalisme, parce que la coordination d'en-

semble de la production, suivant un plan ajustant chaque partie au tout, reste encore plus grossière, plus approximative, moins satisfaisante, que la coordination établie spontanément par les mécanismes de la concurrence. Les progrès de l'analyse économique ont changé la situation. Si imparfaites que soient encore les techniques de prévision, elles permettent déjà d'établir des plans aboutissant à une meilleure coordination que celle résultant de la libre entreprise et des lois du marché. Et leur précision progressera certainement dans les années à venir.

Cette planification globale n'est pas possible dans le cadre du capitalisme. Chaque firme peut établir des plans pour son propre compte, basés sur des analyses et des calculs concernant sa branche d'activité. Mais ces plans sont nécessairement erronés, parce qu'ils ne peuvent pas tenir compte des facteurs généraux du comportement des consommateurs, de l'évolution des coûts des matières premières et de la main-d'œuvre, etc. Dans le système capitaliste, la planification et l'organisation peuvent atteindre, au maximum, le niveau d'une catégorie de production, par le développement des ententes et des trusts. Mais il ne peut y avoir une planification et une organisation globale, considérant la société entière. Seul, le pouvoir politique, l'État, peuvent appliquer les techniques de calcul et de prévision à toute la collectivité, et baser sur elles un plan d'ensemble. Ce plan n'a pas de signification si les différentes activités privées ne sont pas contraintes de s'y soumettre. Cette contrainte implique elle-même la limitation de la liberté des propriétaires de firmes, base fondamentale du capitalisme.

Ainsi l'évolution tend au socialisme, par un processus qu'on peut résumer ainsi : 1° le développement technique permet l'organisation globale de l'économie ; 2° cette organisation globale est plus efficace que les ajustements approximatifs résultant de la concurrence ; 3° elle ne peut pas être réalisée dans un système capitaliste ; 4° celui-ci devient moins efficace pour satisfaire l'ensemble des besoins sociaux et individuels ; 5° donc il tend à disparaître au profit d'un système de production planifiée, impliquant la disparition du pouvoir des propriétaires de firmes, quant aux décisions fondamentales (volume des investissements, orientation de la production, etc.). Cela dit, deux formes de socialisation sont concevables : la suppression pure et simple de la propriété privée des instruments de production, c'est-à-dire le socialisme au sens courant, ou la diminution des prérogatives des propriétaires, par ailleurs maintenus dans leur fonction.

Le capitalisme peut suivre deux voies dans son évolution vers le socialisme, analogues à celles qu'a suivies l'autocratie pour faire place à la démocratie : la voie de la République ou la voie de la monarchie britannique. On peut imaginer que les propriétaires de firmes n'aient un jour, dans leurs entreprises, pas plus de pouvoirs que la reine d'Angleterre aujourd'hui. Cette évolution est déjà commencée dans beaucoup de pays occidentaux, où l'entreprise a cessé d'être une monarchie absolue

pour devenir une monarchie constitutionnelle.
François Bloch-Lainé a fait la théorie de ce capitalisme « orléaniste ». Si le mouvement se poursuit
jusqu'à son terme, il reste à savoir par quoi se
justifierait le maintien des monarques-patrons et
celui de leur « liste civile », c'est-à-dire de leurs
profits. Cependant, le sociologue constate que des
institutions demeurent longtemps après qu'elles
ont cessé d'être utiles, pourvu qu'elles ne soient
point trop gênantes.

Certes, la planification globale de l'économie
comporte des inconvénients. Les erreurs de prévision inévitables, les freinages impliqués par la
coordination des efforts, les « pertes de charge »
au long des transmissions administratives, tout
cela diminue l'efficacité du système. L'excès de
centralisation entraîne des défauts sérieux, dont
l'U. R. S. S. et les démocraties populaires fournissent beaucoup d'exemples. Le problème de
la décentralisation nécessaire n'est pas facile à
résoudre. Cependant, beaucoup des défauts de la
planification tiennent encore à son imperfection
actuelle. Ils se corrigeront progressivement. De
toute façon, les pertes qui résultent de la planification sont moins graves que celles engendrées
par l'énorme gaspillage des économies capitalistes
développées. Parce que nous sommes dedans, nous
mesurons mal l'absurdité vertigineuse d'un système
qui repose de plus en plus sur la création de besoins
artificiels par la publicité, afin de vendre des
produits inutiles dont les consommateurs ne reti-
rent pas de véritable satisfaction, pour assurer les

profits de capitalistes qui peuvent ainsi se procurer un peu plus d'objets également inutiles. La supériorité de la planification ne tient pas seulement à l'organisation des moyens, mais à la définition des buts. Elle substitue une démarche normale, cohérente, orientée, aux mouvements aberrants de l'économie capitaliste, qui font penser à ceux des animaux décervelés, dans les expériences de vivisection.

On rejoint ici le second facteur de l'évolution de l'Occident vers le socialisme : l'impossibilité de construire une véritable communauté humaine sur la base des principes capitalistes. Par sa nature, le capitalisme est anti-social : il centre l'activité de chaque individu sur lui-même, il enferme chaque homme dans son égoïsme. Faire de l'intérêt personnel le moteur essentiel de la vie collective, c'est lui ôter tout caractère véritablement collectif, c'est détruire le principe de toute société, qui est la solidarité de ses membres. Dans le système capitaliste, cette solidarité n'est qu'une interdépendance matérielle : la société assure seulement une meilleure satisfaction des intérêts individuels, un épanouissement plus complet des égoïsmes. La théorie du « service social » n'est qu'un camouflage publicitaire. Le producteur ne cherche pas à « servir » le consommateur, mais à réaliser le maximum de profits. Même s'il était vrai qu'en poursuivant ainsi son intérêt personnel il assure la meilleure satisfaction possible des besoins de tous, cette orientation égoïste de toute l'activité humaine n'en serait pas moins contraire à une véritable vie communautaire.

Le parallélisme entre le développement contemporain du confort et celui de la solitude, entre la croissance de l'interdépendance matérielle des hommes et l'affaiblissement de leur sentiment de solidarité, illustre bien ce vice fondamental du capitalisme. La renaissance du sentiment religieux en Occident en découle probablement. Elle repose moins sur un besoin de transcendance et d'éternité que sur une soif de communion. Elle s'oppose directement aux principes mêmes du capitalisme. Entre le christianisme et le capitalisme, il a toujours existé une contradiction fondamentale. Quand les sociétés occidentales se réclament à la fois de l'un et de l'autre, elles prétendent servir deux maîtres incompatibles ; en fait, elles n'en servent qu'un, l'autre n'étant qu'un alibi. Dans une première phase, leur christianisme a surtout servi à camoufler leur capitalisme. On peut se demander si l'on n'approche pas d'une seconde phase, où le retour à un christiasnime plus authentique contribuerait à détruire les bases mêmes du capitalisme, où la religion cesserait d'être « l'opium du peuple », pour contribuer à sa délivrance.

La supériorité de la planification sur l'anarchie, l'impossibilité de construire une véritable communauté sur la base des principes capitalistes, entraînent déjà une dévalorisation de ceux-ci. De façon plus profonde et plus générale, la propriété privée des moyens de production, base même du système, est en train de perdre sa légitimité, aux yeux des citoyens d'Occident. Ses justifications pratiques disparaissent une à une. Le progrès technique résulte aujourd'hui de recherches fondamentales, de nature désintéressée, conduites avec des moyens énormes, que seuls l'État ou des institutions non capitalistes peuvent mener à bien. Les risques sont plus grands pour les salariés, qui n'ont pas la sécurité de l'emploi, que pour les propriétaires d'entreprises. La poursuite de l'intérêt personnel, comme moteur de l'activité économique, ne signifie plus grand-chose pour les patrons des grandes firmes. Cet intérêt peut être développé pour les dirigeants salariés par la participation aux bénéfices. Le système de la gérance fonctionne aussi bien dans les succursales des magasins d'État que dans les succursales des chaînes capitalistes. L'organisation des entreprises géantes est à peu près analogue en U. R. S. S. et aux États-Unis. La compétition est possible entre les firmes publiques, dans une économie socialiste décentralisée, plus peut-être qu'entre les oligopoles privés du capitalisme moderne.

Sur le plan des valeurs, la propriété privée des moyens de production est encore plus contestée. L'évolution est moins avancée en Amérique : mais déjà les techniciens et les savants y sont placés au sommet de l'échelle des valeurs, et non plus les entrepreneurs et le « big business ». En Europe, la propriété des entreprises apparaît de plus en plus sous son vrai jour : un pouvoir sur les hommes, de nature héréditaire. Vis-à-vis des salariés, le capitaliste est un chef, un gouvernant. Ouvriers et employés sont plus soumis à son autorité qu'à celle de l'État. Plus de la moitié de leur vie consciente (sommeil déduit) en relève directement ; et l'autre en dépend indirectement, qui est liée au niveau des salaires, à l'aménagement des congés et des heures de travail, etc. Certes, toute entreprise, toute organisation, capitaliste ou non, a besoin d'un chef ; mais le caractère fondamental de l'entreprise capitaliste, c'est que l'autorité y repose sur le même droit divin qui fondait le pouvoir dans l'État, il y a des siècles.

Sous cet angle, la propriété privée des moyens de production est foncièrement contraire au système de valeurs occidentales. On n'admet plus que le fils succède au père dans l'armée, dans l'administration, dans la politique, dans la science, etc. Qu'il succède encore au père dans l'économie, cela paraît de moins en moins naturel. Dans les sociétés industrielles, où la majorité de la population est salariée, où les vieux jours sont assurés par des retraites, où l'éducation est plus rentable que l'héritage, la propriété privée des moyens de production fait figure d'anachronisme. On l'admet mieux pour les petites entreprises familiales que pour les grandes firmes, car elle s'y confond plus avec la propriété des biens d'usage. Mais celles-ci, moins bien adaptées aux techniques modernes, disparaissent progressivement. Même dans l'agriculture, même dans la paysannerie, la propriété privée perd sa valeur. L'hérédité du pouvoir économique apparaît de moins en moins justifiable, comme toutes les autres formes d'hérédité.

Finalement, le capitalisme n'a plus guère, en

Occident, qu'une légitimité négative. On croit de moins en moins à ses principes de base. Mais on préfère la société qu'ils engendrent à la seule forme de socialisme qui a fonctionné jusqu'ici : la dictature communiste. Staline a renforcé le capitalisme, en assimilant le socialisme au totalitarisme, comme les Jacobins avaient renforcé la monarchie, en assimilant la République à la Terreur. Les maladies infantiles des nouveaux régimes freinent les évolutions qui conduisent vers eux : elles ne peuvent les stopper définitivement. Le jour où l'U. R. S. S. et les démocraties populaires d'Europe seront parvenues à un véritable socialisme démocratique, on s'apercevra que la peur du communisme totalitaire restait le principal fondement du capitalisme, en Occident. Il est possible d'ailleurs que le capitalisme disparaisse avant ce jour, par une évolution interne, et que le socialisme démocratique s'établisse à l'Ouest avant d'apparaître à l'Est. Aucune prévision valable ne peut être faite à cet égard.

Une seule chose paraît certaine : la convergence des évolutions de l'Est et de l'Ouest vers le socialisme démocratique (les pays du Tiers Monde marchant dans le même sens, avec un décalage important). Néanmoins, cette convergence reste limitée. Les différences de cultures et de traditions sont trop profondes pour disparaître un jour entièrement : les structures nouvelles n'abolissent jamais complètement les systèmes de valeurs et les mentalités engendrées par les structures anciennes. Pas plus que les hommes n'échappent à leur passé, les sociétés ne se libèrent totalement de leur histoire. Le fait même que les marxistes aient commencé d'abord par la socialisation, puis développent ensuite la libéralisation dans le cadre ainsi créé, alors que les occidentaux ont établi premièrement la démocratie politique et construisent le socialisme après elle et en elle, suffit à exclure que l'Est et l'Ouest aboutissent finalement au même type de régime, bien que le progrès technique général pousse à l'uniformité.

AVERTISSEMENT 9

INTRODUCTION : LES DEUX FACES DE JANUS 13

PREMIÈRE PARTIE. — LES FACTEURS DE LUTTE 25

    I. *Facteurs biologiques.* 31
    II. *Facteurs psychologiques.* 53
    III. *Facteurs démographiques.* 71
    IV. *Facteurs géographiques.* 85
    V. *Facteurs socio-économiques.* 101
    VI. *Facteurs culturels.* 126

DEUXIÈME PARTIE. — LES FORMES DU COMBAT 153

    I. *Les cadres du combat.* 157
    II. *Les organisations de combat.* 183
    III. *Les armes du combat.* 209
    IV. *Les stratégies politiques.* 241
    V. *Les limites du combat.* 255

TROISIÈME PARTIE. — DE L'ANTAGO-
NISME A L'INTÉGRATION 271
  I. *Théorie de l'intégration.* 275
  II. *Technique de l'intégration.* 291
  III. *Intégration ou pseudo-intégration ?* 311
  IV. *Intégration et niveau de développement.* 323
  V. *L'impossible âge d'or.* 343

CONCLUSION : VERS LE SOCIALISME 363

*Impression Bussière à Saint-Amand (Cher),
le 25 septembre 1985.
Dépôt légal : septembre 1985.
Numéro d'imprimeur : 2372.*
ISBN 2-07-032322-6./Imprimé en France.

36201